股票交易公式编写

熟练学习版

领 风 余 裕◎著

中国铁道出版社有限公司
CHINA RAILWAY PUBLISHING HOUSE CO., LTD.

图书在版编目（CIP）数据

股票交易公式编写:熟练学习版/领风，余裕著. —北京:
中国铁道出版社有限公司，2024.1
ISBN 978-7-113-25271-7

Ⅰ.①股… Ⅱ.①领… ②余… Ⅲ.①股票交易-基本知识
Ⅳ.①F830.91

中国国家版本馆CTP数据核字（2023）第215613号

书　　名：股票交易公式编写（熟练学习版）
GUPIAO JIAOYI GONGSHI BIANXIE（SHULIAN XUEXI BAN）
作　　者：领　风　余　裕

责任编辑：杨　旭　　**编辑部电话：**（010）63583183　　**电子邮箱：**823401342@qq.com
封面设计：宿　萌
责任校对：刘　畅
责任印制：赵星辰

出版发行：中国铁道出版社有限公司（100054，北京市西城区右安门西街8号）
印　　刷：番茄云印刷（沧州）有限公司
版　　次：2024年1月第1版　2024年1月第1次印刷
开　　本：710 mm×1 000 mm 1/16　**印张：**16　**字数：**265千
书　　号：ISBN 978-7-113-25271-7
定　　价：79.00元

前言

表面上，我们只是在计算机屏幕上多显示一行；实质上，我们的确是要领先一步。

对现有的知识越熟练，创新就越容易、越自然而然。

练习不足，就是难点。

克服难点的方法就是练习及足够的练习。

打个形象的比喻：适用且有效的股票公式就如同房子、大厦，函数和句子就如同砖瓦、钢筋、构件。房子、大厦有多么美观、实用，就要看我们对构成它的砖瓦、钢筋、构件的熟悉程度和灵活运用的本事。

本书的特色内容如下：

（1）集中分析、解释了股票软件自带的 350 多个股票公式中的典型部分，给股票公式学习者提供了足够的练习例子。

（2）对有典型意义的股票公式进行了改编、优化、综合，给股票公式学习者提供了充分熟练和融会贯通的机会。

（3）公式统一系统。这是创新的公式编写新方法，编写出“编辑、显示、排序、主图标记、交易、输出”六种技术指标公式，完成讲解、显示、标记、选股、排序、比较、引用等各项功能，完全替代四组类别股票公式的功能， 成倍提高公式编写效率， 也使编写公式的过程更加明晰、直观、易懂。

我们从接触和了解股票公式开始、到学会解析股票公式的语句，再到编写和应用股票公式进行投资操作需要一个过程。要达到熟练应用的程度，还要进行大量的练习。最好和最适合的练习素材就是股票软件（通达信类）自带的各种股票公式。同时，我们也可以对这些公式进行改编、合并、引用、发展，从而创造出更好的公式。

一万小时定律是作家格拉德威尔在《异类》一书中指出的定律：“人们眼中的天才之所以卓越非凡，并非天资超人一等，而是付出了持续不断的努力。一万小时的锤炼是任何人从平凡变成世界级大师的必要条件。”

投资股市已经成为人们理财的重要选择之一。这是因为当前社会经济已经处于稳定发展之中，人们已经习惯于用发展来解决一切问题，股市对社会经济发展的倍增效应得到体现。简单地说就是股市投资收入会放大社会经济总体发展带来的收入，社会经济总体发展越快，股市投资收入越会成倍地增加。

数字化、公式化、自动化、可视化的方法能成倍地提高投资分析工作的效率，它的基础就是股票公式。

股票公式消除了股市投资的神秘色彩。经过大量的练习，在熟悉各类基本的股票公式后，我们就可以方便地编写、优化和发展出独特且适用的股票公式，在股市中扬帆远行，但也应时刻牢记，股市有风险，投资需谨慎。

作　者

2023 年 9 月

目 录

第一章

房子、砖瓦和钢筋，股市、函数和公式

一、练习和熟练

我们先来看一张图（图 1-1）。

图 1-1　美丽的大厦和隐藏着的砖、砂、水泥、钢筋

这是一个令人向往的美丽小区，宽敞、明亮、整齐、美观的住宅楼，整洁、怡人的环境。如果我们再细细深思一下，就会感受到砖头、水泥、沙石、钢筋，就是那些平常的、最不起眼的东西建成了美丽的小区。确切地说，是能工巧匠既熟练又适当地运用那些平常的东西才建成了美丽的小区。

我们投资股市，编写和运用股票公式也是同样的道理：各类函数、句子和小公式就是我们手中的砖头、水泥、沙石、钢筋，我们越熟悉它们，就能越熟练、越适当、越灵活、越有效地运用它们，建设起我们在股市中的房子、小区。

练习就要有素材，而且是标准规范的素材。软件系统自带的 350 多个公式正好是我们需要的理想素材。

"向大处放眼，从小处着手"是我们把理想和现实相结合的切实做法。放眼看到房子，实际却是在摆弄砖瓦、钢筋；放眼股市投资的大收益，却是实实在在地练习函数和公式，达到熟练编写、改进、优化、应用公式的程度。

二、随时随地的股票公式：短期、中期、长期形态

"与时俱进"是这个时代的特征，这一点是我们感受最深的。新的事物层出不穷，旧的事物也不断变化。学习和进步是跟上时代的好方法。

学好、练好股票公式这一技术是我们赶上和保持在股市投资前列的好方法。

打开股票行情列表画面，后移到接近中间的位置，就会看到"短期形态、中期形态、长期形态"三个条目，如图 1-2 所示。这三个条目说的是什么？我们能不能把它们紧密联系到个股的行情画面上？能，当然能。用股票公式来做，现在就做。

1. 形态函数的位置和含义

按【Ctrl+F】组合键打开公式管理器，选择【技术指标公式】下的【超买超卖型】→【KDJ 随机指标】公式，单击【修改】按钮，在弹出的指标公式编辑器中单击【插入函数】按钮，在弹出的对话框中选择左侧的【即时行情函数】，右侧显示的最后三个函数就是形态函数，如图 1-3 所示。

	代码	名称	近日指标提示	短期形态	中期形态	长期形态	开盘%
1	000001	平安银行	R--				0.46
2	000002	万科A	R--				-0.32
3	000004	ST国华	--				-0.61
4	000005	ST星源	--				0.00
5	000006	深振业A	R KDJ金叉				0.56
6	000007	全新好	平台整理				0.13
7	000008	神州高铁	R 平台整理				0.00
8	000009	中国宝安	R--				0.41
9	000010	美丽生态	空头排列				0.00
10	000011	深物业A	--				-0.63
11	000012	南玻A	R 上穿BOLL上轨				0.14

图 1-2　短期形态、中期形态、长期形态

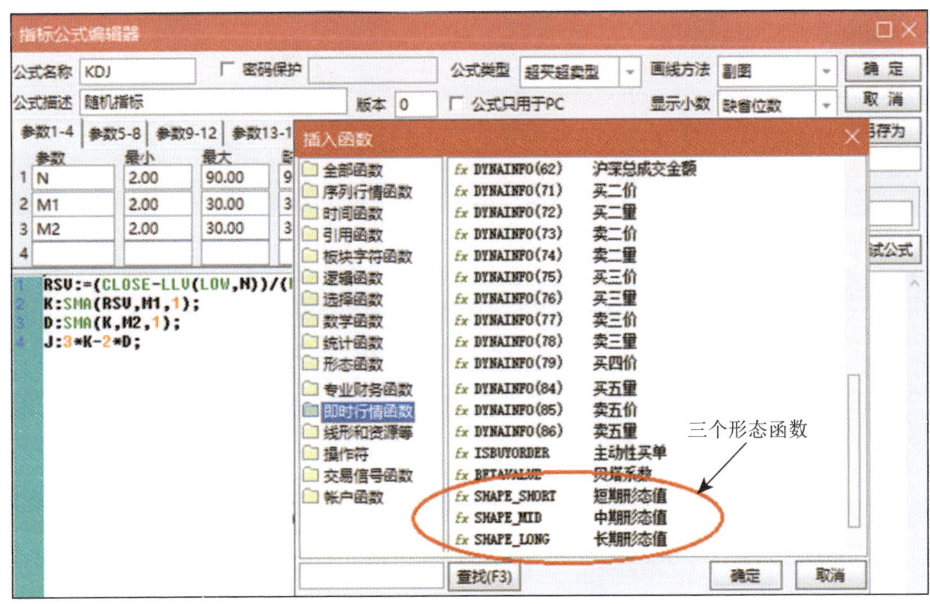

图 1-3　三个形态函数的位置

- SHAPE_SHORT：短期形态值。
- SHAPE_MID：中期形态值。
- SHAPE_LONG：长期形态值。

好像也太难找了，是不是？

对，这就要求我们常常看、常常练，达到熟练的程度。我们需要的东西就在那里，就看我们会不会找、会不会用。

三种形态的含义如下。

(1)短期形态：对最近60日(一个季度)行情走势的形态判断。

(2)中期形态：对最近120日(半年)行情走势的形态判断。

(3)长期形态：对最近240~500日(1~2年)行情走势的形态判断。

将这三种形态分成14类，分别用数值1~14表示。

1——箭头形态，上箭头。

2——箭头形态，下箭头。

3——W形态。

4——M形态。

5——平缓形态。

6——平缓型变种1(之前趋势平缓，目前有上涨趋势)。

7——平缓型变种2(之前趋势平缓，目前有下跌趋势)。

8——趋势上涨。

9——趋势下跌。

10——趋势上涨变种(趋势上涨，近期反转)。

11——趋势下跌变种(趋势下跌，近期反转)。

12——趋势上涨及平缓型变种(之前趋势上涨，目前有平缓趋势)。

13——趋势下跌及平缓型变种(之前趋势下跌，目前有平缓趋势)。

14——不能归入前13类，或者新股上市时间短，不足以判断走势，则标空NA。

2. 将走势形态标注在个股行情K线图上

只要发挥一下股票公式的作用，就可以做很多事情。

现在讲一讲思路：可以使用函数SHAPE_LONG把“长期形态”添加到主图区的公式中，但它显示的是一条平直线，肯定没法区分。我们要使用函数DRAWTEXT把它变成文字说明，直接写在行情画面上，同时要考虑文字的位置，我们使用函数DRAWTEXT_FIX更合适，把描写走势形态的文字写在画面右侧当中的位置上。

借用最普通的主图公式“MA 均线”，加入我们编写的形态公式内容，另存为公式“MA 长期形态”。

我们编写的内容如下

```
    CQXTSM1:DRAWTEXT_FIX(SHAPE_LONG=1,0.90,0.5,0,'向上箭头'),
COLORRED;
    CQXTSM2:DRAWTEXT_FIX(SHAPE_LONG=2,0.90,0.5,0,'向下箭头'),
COLORBROWN;
    CQXTSM3:DRAWTEXT_FIX(SHAPE_LONG=3,0.93,0.5,0,'W形'),
COLORRED;
    CQXTSM4:DRAWTEXT_FIX(SHAPE_LONG=4, 0.93,0.5,0,'M形'),
COLORBROWN;
    CQXTSM5:DRAWTEXT_FIX(SHAPE_LONG=5,0.90,0.5,0,'平缓形态'),
COLORBLUE;
    CQXTSM6:DRAWTEXT_FIX(SHAPE_LONG=6,0.82,0.5,0,'前平缓，将
升'),COLORRED;
    CQXTSM7:DRAWTEXT_FIX(SHAPE_LONG=7,0.82,0.5,0,'前平缓，将
下'),COLORBROWN;
    CQXTSM8:DRAWTEXT_FIX(SHAPE_LONG=8,0.90,0.5,0,'上涨趋势'),
COLORRED;
    CQXTSM9:DRAWTEXT_FIX(SHAPE_LONG=9,0.90,0.5,0,'下跌趋势'),
COLORBROWN;
    CQXTSM10:DRAWTEXT_FIX(SHAPE_LONG=10,0.82,0.5,0,'前上涨，
将反转'), COLORBROWN;
    CQXTSM11:DRAWTEXT_FIX(SHAPE_LONG=11,0.82,0.5,0,'前跌势，
将反转'),COLORRED;
    CQXTSM12:DRAWTEXT_FIX(SHAPE_LONG=12,0.82,0.5,0,'前上涨，
现平缓'),COLORBROWN;
    CQXTSM13:DRAWTEXT_FIX(SHAPE_LONG=13,0.82,0.5,0,'前下跌，
现平缓'),COLORBLUE;
    CQXTSM14:DRAWTEXT_FIX(SHAPE_LONG=14,0.87,0.5,0,'新股时间
短'),COLORBLUE;
    {UPDATE:2022.07.22;};
```

注意事项

（1）在编写时要使用英文半角的输入状态。

（2）中文只能放在两个英文半角字符“ ' ”之间，如“' 向上箭头 '”。有时在复制、保存、粘贴的过程中，“ ' ”和减号“ – ”可能会发生变化，从而导致公式错误。如果遇到这种情况，则检查这两个字符，改回英文半角状态即可。

（3）大括号（英文半角）“{}”之中的内容是不执行的，仅仅用于说明。

按【Ctrl+F】组合键打开公式管理器，选择【技术指标公式】下的【均线型】→【MA 均线】公式，单击【修改】按钮，在弹出的指标公式编辑器中加入我们编写的内容，把公式名称修改为“MA 长期形态”，单击【另存为】按钮，一个名称

为“MA 长期形态”的主图公式就可以使用了，如图 1-4 所示。

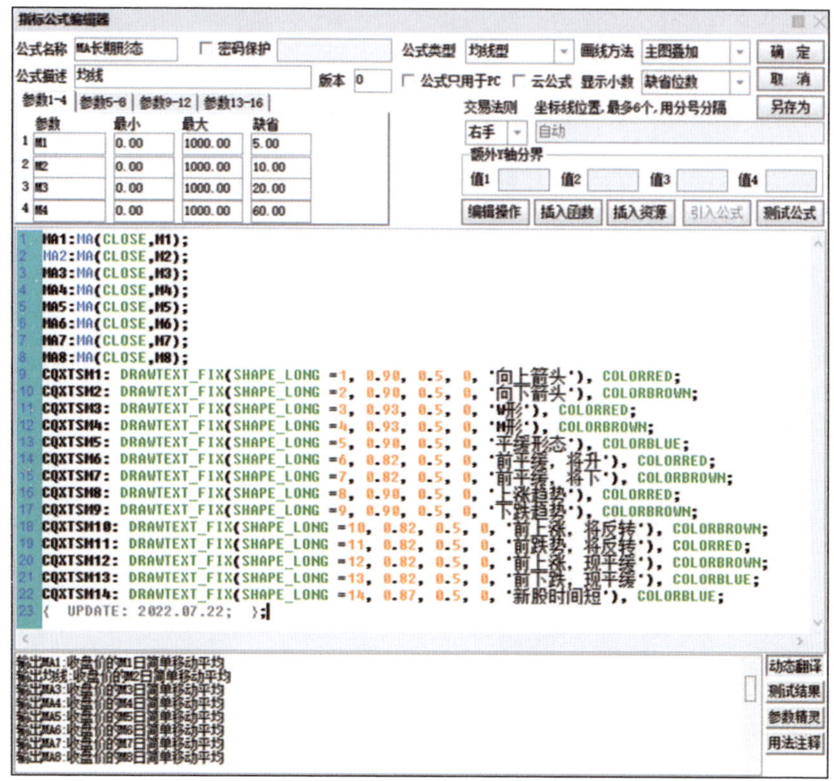

图 1-4　“MA 长期形态”公式

新公式“MA 长期形态”存放的位置：【技术指标公式】→【均线型】→【MA 长期形态均线(用户)】。因为是以公式“MA 均线”为基础改编而来的，并没有改变公式的位置，所以新公式依然在【均线型】这一类别中。

注意：假如遇到编写不顺利的情况，则可以先编写一行，并检查编写不顺利的原因，如写错、没有使用英文半角输入状态(除中文说明外)。成功写完一行后，再写下一行。编写不顺利大都是因为不熟练，违反了公式句子的编写规则。实际上，这些规则是简单的和容易熟练掌握的。我们会在之后的章节中重温股票公式句子的编写规则，在练习中自然而然就会熟练掌握。

3. 修改成果：显示长期走势形态

打开一只股票的行情软件界面，单击主图区空白处，输入“MACQXT”，选中“MA 长期形态”，主图技术指标使用的就是“MA 长期形态”了。利用股票公式，屏幕上多了一条显示“向上箭头”，如图 1-5 所示。这只是表面上的，实质上，股票公式使用数字化、公式化、自动化、可视化的方法为我们直接显示了个股的长期走势形态，让我们能够更快一点，领先一步。这才是我们使用股票公式的目的，即多揭示一点，就领先一步。

14 种长期走势判断已经被标明在个股的行情画面上，一目了然。在这里，为了节省篇幅，我们仅仅给出三个例子，如图 1-5 至图 1-7 所示。

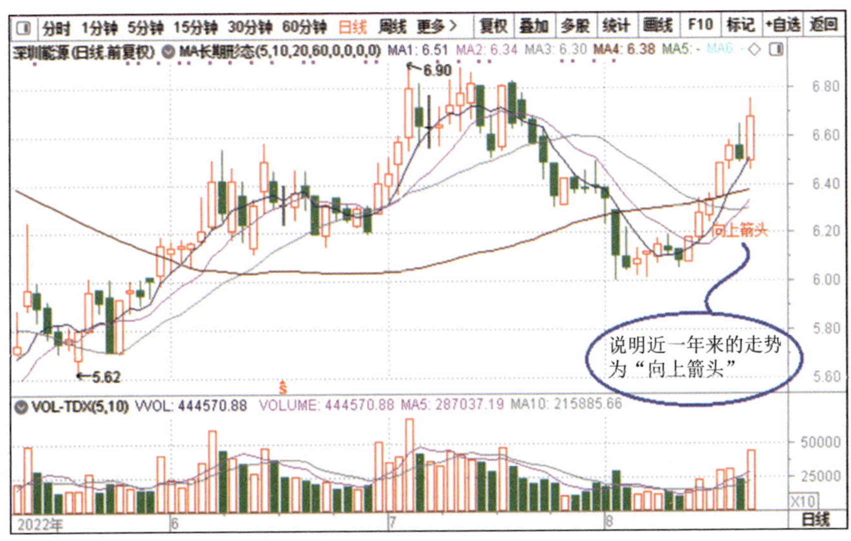

图 1-5　长期形态“向上箭头”

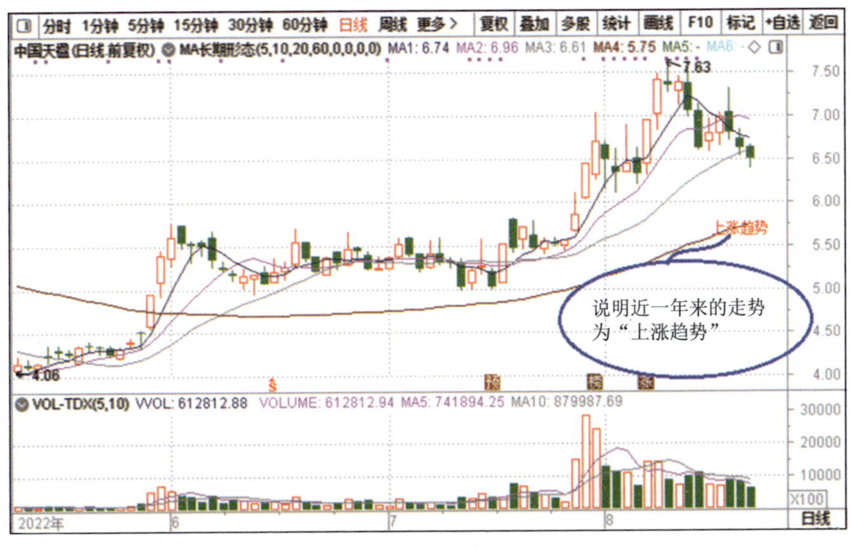

图 1-6　长期形态“上涨趋势”

图 1-7　长期形态“前下跌，现平缓”

4. 公式释义

以公式第 1 句“CQXTSM1: DRAWTEXT_FIX(SHAPE_LONG =1, 0.93, 0.5, 0, '向上箭头'), COLORRED;”为例，各部分的含义如下。

- CQXTSM1：句子名称，表示长期趋势、说明、第 1 类。
- ::操作符，表示赋值和输出。
- DRAWTEXT_FIX：函数，表示在规定的位置上书写文字。
- SHAPE_LONG =1：书写文字的条件，即长期形态的判断值 =1。
- 0.93，0.5，0,：函数 DRAWTEXT_FIX 的参数，表示横向 93%，上下 50%，左起。
- '向上箭头'：文字内容，其中的“ ' ' ”是英文半角状态下的单引号。
- COLORRED：线形和资源函数，文字为红色。
- ;：操作符，是句子结束符号。

之后的 13 句都是类似的含义。

第 15 句“{ UPDATE：2022.07.22； };”仅仅用于提醒编写、更新的日期，不参与计算，所以用英文半角大括号“{}”括起来，表示非计算部分。

三、系统自带的四组公式

通达信类股票软件都带有四组类别的股票公式，是我们学习和运用股票公式最好的练习资料。

（1）技术指标公式：用于指标图形的绘制。

（2）条件选股公式：用于条件选股。

（3）专家系统公式：用于专家系统指示及程序交易评测系统。

（4）五彩 K 线公式：用于 K 线形态显示。

这四组类别的股票公式相互独立，名称可以相同，但其内容和作用是不同的，位置也不能互换。我们都知道严肃的名称是不会乱起的，如果它们有相同的名称，那么它们一定会有相同的基本含义。

技术指标公式是四组类别的股票公式的基础。如果一种走势特征、K 线组合特征和基本面特征被写成技术指标公式，那么这种特征也一定可以用于条件选股、专家系统、五彩 K 线，也就可以被写成条件选股公式、专家系统公式、五彩 K 线公式。

按【Ctrl+F】组合键打开公式管理器，就可以查看软件中现有的各组公式，如图 1-8 所示。本节只是简单地介绍一下这四组类别的公式，在以后的章节中将一一介绍、学习、解析它们。

1. 技术指标公式

技术指标公式是我们最常看到和使用的公式类型，在技术分析界面中见到的主图、副图指标都是技术指标公式，例如，主图区的 MA 均线、EXPMA 指数平均线、SQJZ 神奇九转、唐奇安、中线决策、CFJT 财富阶梯，副图区的 VOL 成交量、HSCOL 换手柱、KDJ、BIAS 乖离率、FSL 分水岭、SLZT 神龙在天、ZJTJ 庄家抬轿、SUPH 主力活跃度、北上资金、两融资金等。

重要的是，我们可以编写新的技术指标公式，优化和改编原来的技术指标公式，丰富技术指标公式的内容，让公式更好地为我们投资股市获取收益服务。

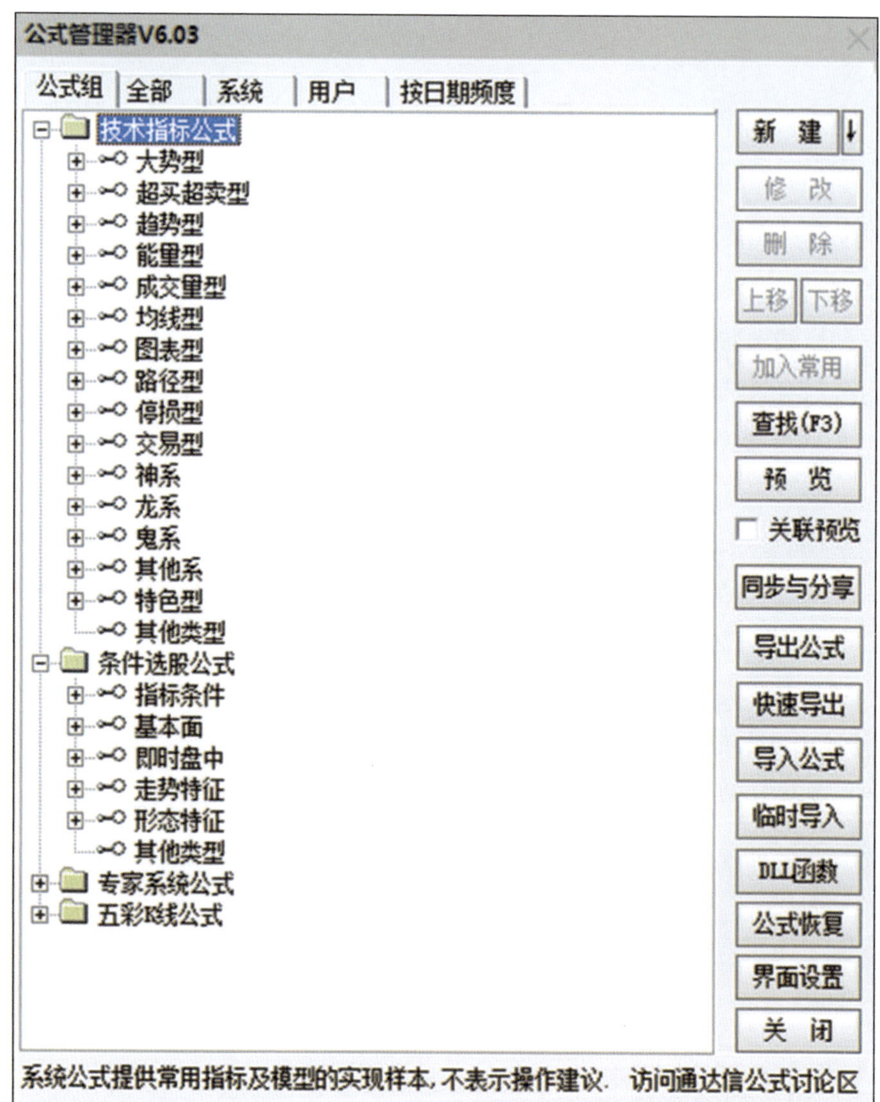

图 1-8　四组类别的股票公式

2. 条件选股公式

条件选股公式用于条件选股，在【功能】【选股器】【条件选股 Ctrl+T】中进行条件选股，把符合一定技术形态的个股挑选出来。例如，KD 买入 / 卖出、MACD 买入 / 卖出、A001 低动态市盈率选股、A008 巴菲特选股、B002 低开高走翻红、C112 阶段放量、MSTAR 早晨之星、QTDS 蜻蜓点水、XRDS 旭日初升等。当然，我们也可以编写新的条件选股公式，改编和优化原有的条件选股公式。

3. 专家系统公式（交易系统公式）

专家系统公式不仅用于在主图区显示买入点、卖出点，还用于“程序交易评测系统”。

在公式中加入了 BUY、SELL、ENTERLONG、EXITLONG 等交易买卖函数，使其能够模拟、标记买点和卖点。例如，KDJ 专家系统、BOLL 专家系统、MACD 专家系统、DPSJ 大盘随机专家系统、PSY 心理线专家系统等。

4. 五彩K线公式

五彩 K 线公式用途直接且简单，用于在主图区显示符合特定标准的 K 线组合，会用不同的颜色在 K 线图上将符合特定标准的 K 线组合突出显示出来。例如，KSTAR2 早晨之星、K300 三个白武士、K190 穿头破脚、CSFR 出水芙蓉、SWORD 剑、HYFG 好友反攻等。

值得注意的是，这四组类别的股票公式背后的后台程序是不同的，所以它们的执行过程、用途也是不同的，我们没必要深究，只需知道有这回事即可。

四、小　　结

（1）股票软件自带的股票公式有 350 多个，是我们学习、熟练和改编的好资料。

（2）在四组类别的股票公式中，以技术指标公式为基础和重点，其他三组公式是技术指标公式的改编和优化。股票软件自带的技术指标公式有 200 多个。我们将在 2~4 章中讲解这些公式中的典型部分，并进行一些改编、优化，启发和推动大家在股票公式编写、优化、应用方面的动力和创造力。

（3）由于四组类别的股票公式有不同的后台程序，所以它们之间不能直接转换和另存为其他的组别。我们将在第六章中讲解创新的公式编写新方法，即公式统一系统。使用方便的转换、另存方法，编写出“编辑、显示、排序、主图、交易、输出”六种技术指标公式，完成讲解、显示、标记、选股、排序、评测、引用等各项功能，完全替代四组类别的股票公式的作用，成倍提高编写效率，也使编写公式的过程更加明晰、直观、易懂。

注意事项

本书后面章节中“动态翻译”段落中的内容，是软件对公式内容给出的自动解释，列在“指标公式编辑器”窗口下部的“动态翻译”栏目中，是软件的一个组成部分。“动态翻译”是机器型的语言，类似 AI 人工智能的翻译结果，简单直译，经常让人读起来很拗口，可提供参考。随着 AI 人工智能的进步，软件的这一自动部分会变得更好。

第二章

技术指标公式

技术指标公式是主要的股票公式组别，用于在行情画面上显示公式所描述的内容，在主图区、副图区都可以应用。按【Ctrl+F】组合键打开公式管理器，就可以查看软件中现有的各组公式，包括系统自带的和我们编写的。

在公式管理器中有五个选项卡，分别为【公式组】【全部】【系统】【用户】【按日期频度】，它们分别将股票公式按不同的规则进行排列，便于我们查看。切换至【系统】选项卡，会列出系统自带的公式；切换至【用户】选项卡，会列出我们编写、改编、导入的公式；切换至【全部】选项卡，将列出所有的公式。

在【全部】选项卡中展开【技术指标公式】类别，将列出所有的技术指标公式，如图 2-1 所示。可以看到，在技术指标公式名称前、后都有标志和说明。

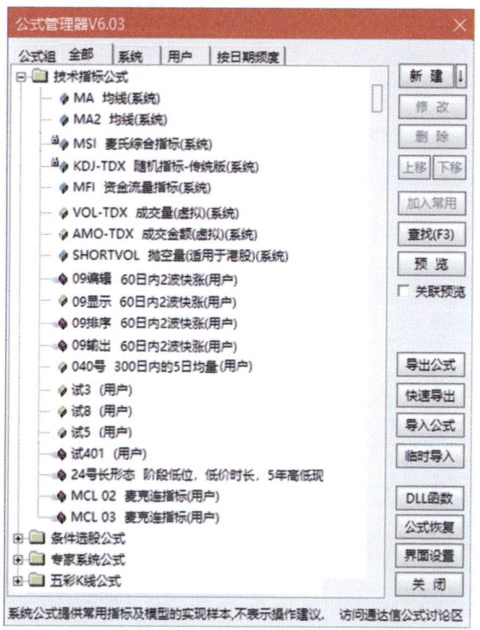

图 2-1　技术指标公式

•（系统）：表明这个公式是软件系统自带的公式。

•（用户）：表明这个公式是用户自己编写、改编、导入的公式。如果用户还没有添加公式，那么这个类别就是空的。

• 锁形图标：表明这个公式是保密的，不能查看其源代码。

• 蓝色立方体图标：表明这是一个系统公式。

• 红色立方体图标：表明这是一个用户公式。

• 黄色立方体图标：表明这个公式已经被加入行情画面底部的公式常用条目中。

根据指标的设计原理和应用法则，技术指标公式被划分为 16 种类型，分别为大势型、超买超卖型、趋势型、能量型、成交量型、均线型、图表型、路径型、停损型、交易型、神系、龙系、鬼系、其他系、特色型、其他类型。这给用户在查找、理解、使用公式时带来很多便利。用户只要知道指标属于哪种类型，就大概知道了该指标的设计原理和应用法则；同样，用户只要明白自己的需求，就可以在相应类型中找到合适的技术指标公式。我们在编写股票公式时，也要注意分门别类。

下面我们来逐一解析、优化、改编一些典型的技术指标公式。

一、超买超卖型

从应用最广泛、人们最熟知的部分着手，不仅是一种有效的方法，而且还是一种态度、一种挑战。人们都熟知，就不容易讲出新意，而是容易老调重弹。我们就要有一种态度，以熟知为良好的基础，引发和创造出新的知识和更新认识。

1. CCI 商品路径指标

按【Ctrl+F】组合键打开公式管理器，在【公式组】选项卡中依次展开【技术指标公式】→【超买超卖型】类别，就可以看到全部的超买超卖型技术指标公式，如图 2-2 所示。股票投资者最熟悉的股票公式类型就是超买超卖型，好像每个人都能对它讲出点什么。但是，我们知道超买超卖型技术指标公式竟然有 27 个之多吗？印象是一回事儿，知道又是一回事儿，熟练、会用才能真正起作用。

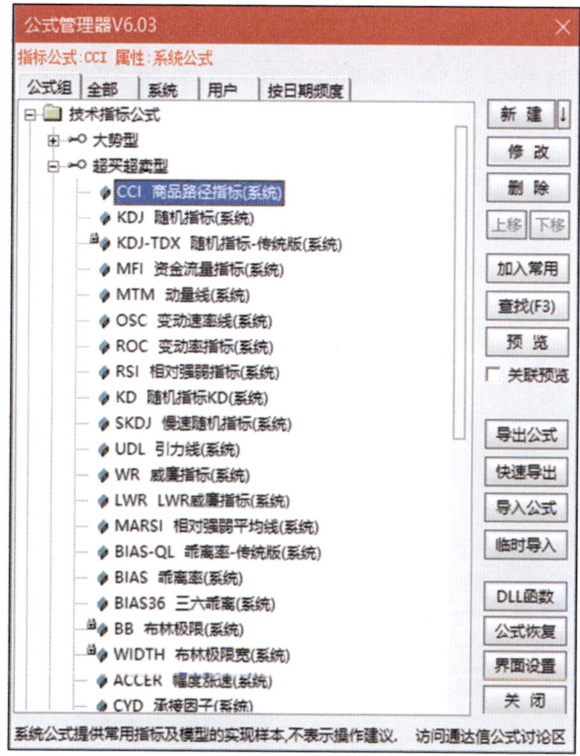

图 2-2　超买超卖型技术指标公式

公式源码

```
TYP:=(HIGH+LOW+CLOSE)/3;
CCI:(TYP-MA(TYP,N))*1000/(15*AVEDEV(TYP,N));
```

参数设置

N: 最小为 2; 最大为 100; 默认为 14。

动态翻译

TYP 赋值: (最高价 + 最低价 + 收盘价)/3。

输出 CCI: (TYP−TYP 的 N 日简单移动平均)*1000/(15*TYP 的 N 日平均绝对偏差)。

用法注释

（1）当 CCI 为正值时，视为多头市场；当 CCI 为负值时，视为空头市场。

（2）常态行情，CCI 波动于 ±100；强势行情，CCI 会超出 ±100。

（3）当 CCI>100 时，买入；直到 CCI<100 时，卖出。

（4）当 CCI<−100 时，放空；直到 CCI>−100 时，回补。

解析和改进:

将它应用一下，就得到 CCI 公式的显示图形，如图 2-3 所示（应用方法为：在副图区空白处单击，输入“CCI”，选择“CCI”）。

图 2-3　CCI 公式显示图形

CCI 公式的这套“用法注释”有 4 行，只有熟记它们才能知道 CCI 公式的指示含义，也就是：CCI>100，看好；CCI<−100，看空。我们使用指标的目的是要数字化、可视化和直接显示，避免背诵的麻烦。可以对 CCI 公式增加语句，在 100 处画一条红线，表示“好”；在 −100 处画一条绿线，表示“不好”。这样即可完成对 CCI 指标的直接可视化改进了。

在公式源码中加上两句

```
GOOD100:100,COLORRED;{GOOD好}
BADNG100:-100,COLORGREEN;{BAD NeGative坏负值}
```

注意：大括号（英文半角）“{}”之中的内容是不执行的，仅仅用于说明，是可以删除的。为了方便讲解和学习，写在这里做说明注释用，在以后的章节中都有类似情况。如果用户觉得不需要注释，则可以略去。

修改公式名称为“CCI 红绿”，单击【另存为】按钮，一个名称为“CCI 红绿”的用户公式就建好了。在副图区空白处单击，输入“CCIHL”，选择“CCI 红绿”，就会在副图区引入这个新公式，显示图形如图 2-4 所示。使用红线、绿线就把用法含义显示得简单明了，根本没必要左看右看地对标尺数据。

图 2-4　“CCI 红绿”公式显示图形

这就够了吗？当然不行，我们的目标是玩转股票公式，揭开它的实质，改进它的作用，明朗它的显示，让用户一看就懂，别拐弯抹角、半露半藏、死记硬背。

第 1 句“TYP:=(HIGH+LOW+CLOSE)/3;”的含义就是价格的平均，把最高价、最低价、收盘价平均一下，不管开盘价。一般来说，这和直接选一个收盘价没有本质的区别。

第 2 句看上去有点儿复杂，实际上很简单。我们分开来看：“1000/15”仅仅是一个常数，约为 67，其作用是调整一下倍数，与 1、2、3、100、2000 没有本质的区别；“MA(TYP,N)”是平均价 TYP 的 14 日（默认值）平均值；“TYP−MA(TYP,N)”是当日的价格比 14 日的平均价格高多少或低多少。“AVEDEV(TYP,N)”是一种数学计算，是 14 日内价格平均值的平均绝对偏差。听起来很拗口，实际上就是 14 日以来这个价格变化差值的平均值（差不多）。

整句“CCI:(TYP−MA(TYP,N))*1000/(15*AVEDEV(TYP,N));”的含义就是把今日的平均价比 14 日平均值高出（或低于）的部分与 14 日的总的标准高出（低于）值比较一下，高出 1.5 倍（100÷67）就是看好，低于 −1.5 倍（−100÷67）就是看空。

以上内容看似对数学有较高要求，实际上一点儿都没有。我们只要多看几个公式、多对照一下，自然就明白了。实际上，这个公式与“BOLL 线”相似。

来一次彻底的改动。

（1）数字没必要那么大，把 1000 改成 100 就足够了。

（2）中间数值参考性低的部分，曲线用白色。

（3）看好的、高于 10 的部分，曲线用红色，再粗一点，明显一些。

（4）看空的、低于 −10 的部分，曲线用绿色，再粗一点，明显一些。

建立一个全新的公式“CCI 多空”。

CCI 多空

```
TYP:=(HIGH+LOW+CLOSE)/3;
CCI:(TYP-MA(TYP,N))*100/(15*AVEDEV(TYP,N)),COLORWHITE;
GOOD10:10,DOTLINE,COLORRED;{GOOD参考线10}
BADNG10:-10,DOTLINE,COLORGREEN;{BAD negative参考线负10}
GDAREA:=CCI>10;{GOOD AREA}
BDAREA:=CCI<-10;{BAD AREA}
GDLINE:IF(GDAREA,CCI,DRAWNULL),LINETHICK3,COLORRED;
BDLINE:IF(BDAREA,CCI,DRAWNULL),LINETHICK3,COLORGREEN;
GDSTICK:STICKLINE(GDAREA,10,CCI,1,0),COLORRED;
BDSTICK:STICKLINE(BDAREA,-10,CCI,1,0),COLORGREEN;
```

在指标公式编辑器中打开原公式“CCI 红绿”，修改公式名称为“CCI 多空”，写入上面的公式内容，单击【另存为】按钮，即可完成新公式的建立，如图 2-5 所示。

图 2-5 “CCI 多空”公式内容

可以用公式管理器查看一下 CCI 改编公式的存储位置，熟悉一下，如图 2-6 所示。

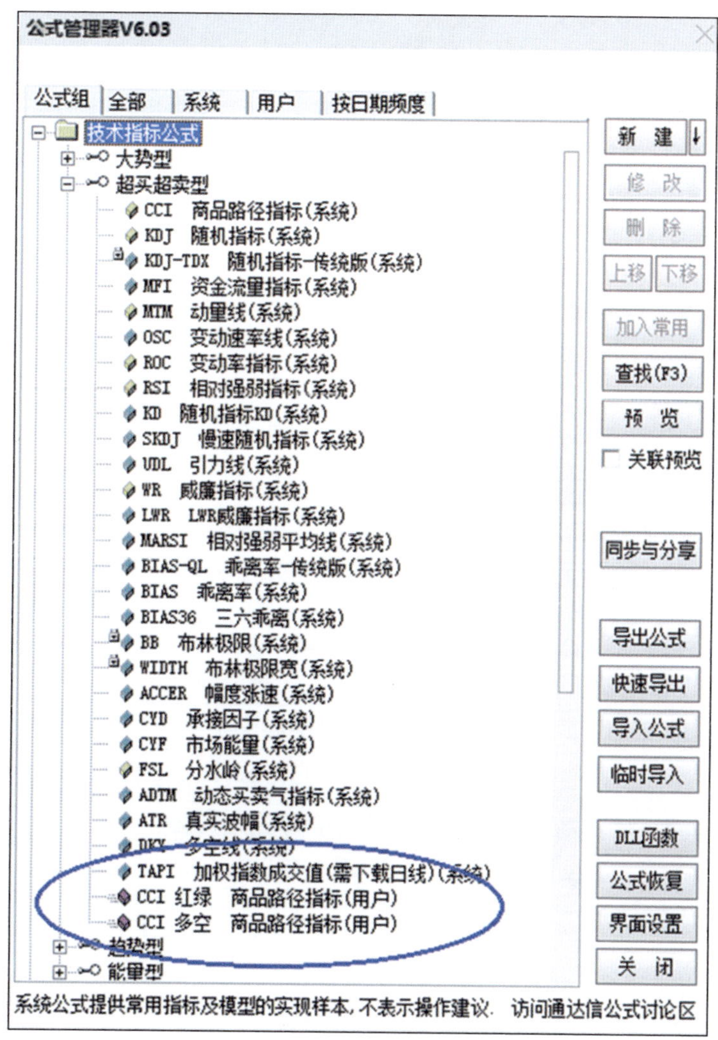

图 2-6　CCI 改编公式的存储位置

把公式“CCI 多空”引入副图区的方法为：在副图区空白处单击，输入“CCIDK”，选择“CCI 多空”，显示图形如图 2-7 所示。

与图 2-3 所示的 CCI 公式显示图形对照一下，可以看到，经过我们的改进、优化，公式“CCI 多空”的显示图形简单明了、直观易懂，根本不需要死记硬背它的那些条条框框，数值也相应缩小 10 倍，变成简单易看的 10、-10，看多买入区用红色曲线、红色竖线清晰标明，看空卖出区用绿色曲线、绿色竖线清晰标明。

图 2-7 “CCI 多空”公式显示图形

股票公式就是通过这样的解析、理解、改进来玩转的。教学相长，大家共同提高。

你也许注意到了，这里的 CCI 线部分是黑色的，而不是公式里写的白色。需要说明一下：我们平时用的页面是红黑页面，但印书不能使用红黑页面，否则黑的页面难以看清楚，还浪费油墨。写书时用的是绿白页面，为求简单明了，不得不对线条的颜色做一些改动，这不会影响对内容的学习和理解。

更大的改编会怎样

CCI 公式中使用的基本数据项目是三价平均(TYP = H + L + C)。我们可以想一下，三价平均是一个价格，只选一个价格也是一个价格，应该会有很大的相似性。现在，直接使用收盘价 C 会如何？把它们同时对照一下看看。

方法为：在 CCI 公式的后面加上“CCICLOSE: (C −MA(C, N)) *1000 /(15 * AVEDEV(C, N)), COLORRED;”，把公式名称修改为“CCI 加收盘”，单击【另存为】按钮，如图 2-8 所示。

再把公式“CCI 加收盘”引入副图区，看看效果，如图 2-9 所示。

蓝色曲线是原来的 CCI(使用三价平均)，红色曲线是 CCICLOSE(直接使用收盘价 C)。它们的形状略有区别，红色曲线尖锐的地方多一些，但是，它们指示 >100 或 <−100 的情况几乎一样。

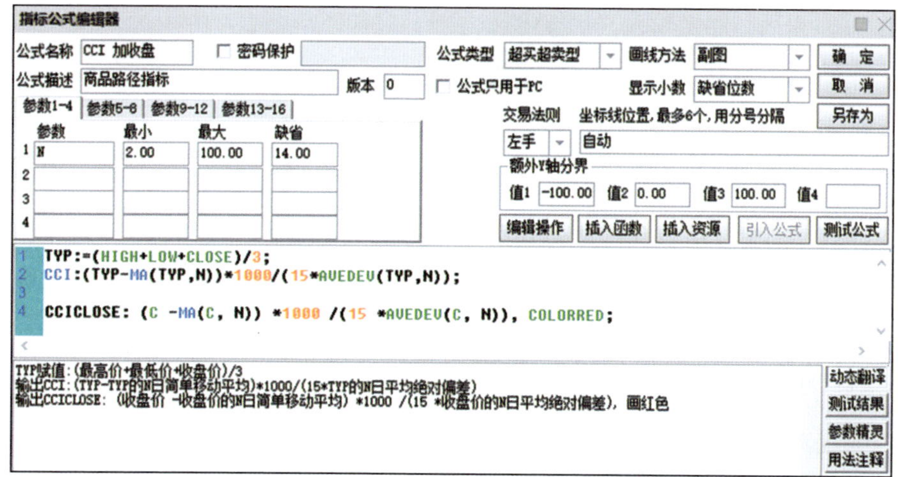

图 2-8　“CCI 加收盘”公式内容

图 2-9　“CCI 加收盘”公式显示图形

最高价 H 是多方攻击的极限，最低价 L 是空方攻击的极限，收盘价 C 是多空双方相互攻击较量后妥协的结果。所以，在一般情况下，三个价格的平均值是比较接近收盘价 C 的。

思考：

（1）采用四价平均（H +O +L +C）会如何？

（2）直接单个采用 H、O、L 会如何？

(3)采用其他相关联、有逻辑的数据项目会如何?

我们可以打开思路,多尝试、多练习。

2.KDJ　随机指标

按【Ctrl+F】组合键打开公式管理器,在【公式组】选项卡中选择【技术指标公式】下的【超买超卖型】→【KDJ 随机指标】公式,单击【修改】按钮,在弹出的指标公式编辑器中就可以看到 KDJ 公式的源码、参数设置、动态翻译和用法注释,如图 2-10 所示。

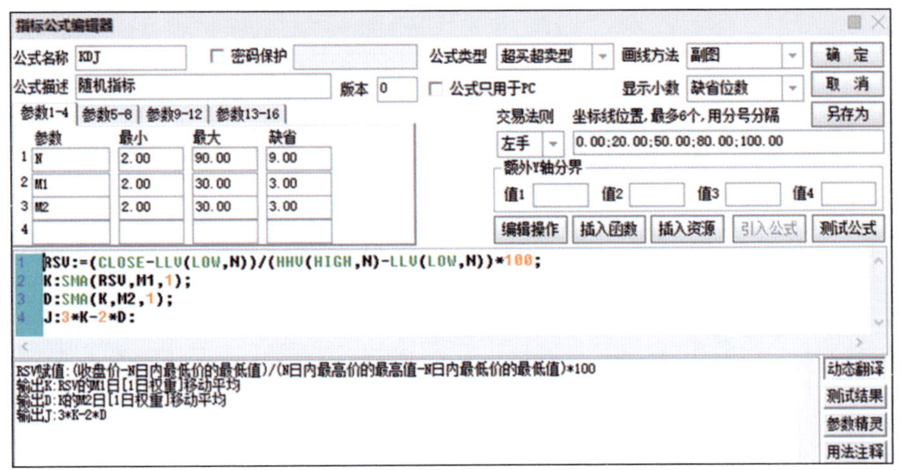

图 2-10　KDJ 公式内容

公式源码

```
RSV:=(CLOSE-LLV(LOW,N))/(HHV(HIGH,N)-LLV(LOW,N))*100;
K:SMA(RSV,M1,1);
D:SMA(K,M2,1);
J:3*K-2*D;
```

参数设置

N: 最小为 2; 最大为 90; 默认为 9。

M1: 最小为 2; 最大为 30; 默认为 3。

M2: 最小为 2; 最大为 30; 默认为 3。

动态翻译

RSV 赋值: (收盘价 -N 日内最低价的最低值)/(N 日内最高价的最高值 -N 日内最低价的最低值)*100。

输出 K: RSV 的 M1 日 [1 日权重] 移动平均。

输出 D: K 的 M2 日 [1 日权重] 移动平均。

输出 J: 3*K-2*D。

用法注释

（1）当指标 >80 时，回档概率大；当指标 <20 时，反弹概率大。

（2）K 在 20 左右向上交叉 D 时，视为买入信号。

（3）K 在 80 左右向下交叉 D 时，视为卖出信号。

（4）当 J>100 时，股价易反转下跌；当 J<0 时，股价易反转上涨。

（5）KDJ 波动于 50 左右的任何信号，其意义不大。

解析和改进

KDJ 几乎是人们最熟悉的指标。它的优点是明显的，但它的缺点也同样明显。下面就它的缺点进行如下说明。

（1）不对称。买入、卖出，上涨、下跌，利多、利空，都是对称的，KDJ 却要用不对称的数值来表示。

（2）加上一条纯粹数学处理的 J 线，徒增麻烦。

（3）严重守旧，在计算机的计算能力已发生天翻地覆的今天，可视化程度一点儿也没有增加。

KDJ 公式的改进

既然我们要学习和利用股票公式，就不能对股票公式的缺点视而不见，并且还要改进和优化股票公式，让它的显示图形更加简洁、明了、直接。

（1）将 KDJ 公式对称化

KDJ 公式第 1 句中的 RSV 是相对强弱变化指标，指的是在 9 日内收盘价处于最高价和最低价之间的相对位置（采用默认参数 N=9）。当行情最强势上涨，以最高价收盘时，RSV=100；当行情上下震荡、不强不弱，收盘价处于最高价和最低价之间的位置时，RSV ≈ 50；当行情极弱下行，以最低价收盘时，RSV=0。

现在，我们把 KDJ 对称化，并且把数值适当简单化，变成最强时 RSV=10；不强不弱时 RSV=0；最弱时 RSV=-10。

把第 1 句修改成：

```
RSV:=(CLOSE-LLV(LOW,N))/(HHV(HIGH,N)-LLV(LOW,N))*20-10;
```

代入公式，修改公式名称为“KDJ 对称”，设置坐标线位置“0; 6; 10; -6;

–10”，单击【另存为】按钮，一个名称为“KDJ 对称”的新公式就建好了，如图 2-11 所示。

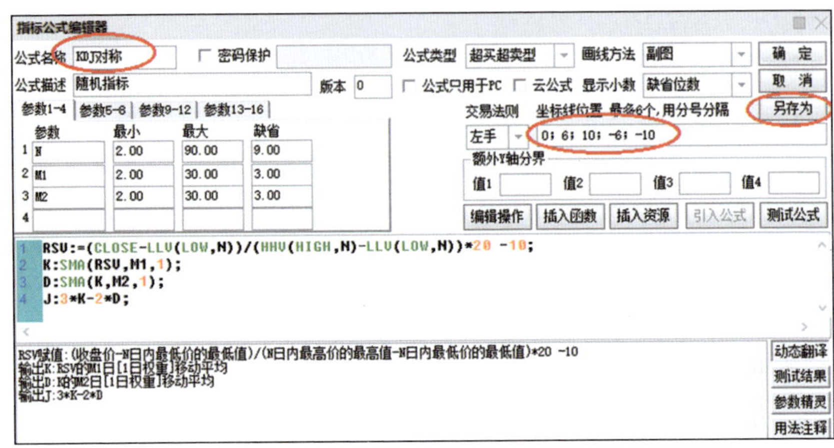

图 2-11　“KDJ 对称”公式内容

单击副图区空白处，输入“KDJDC”，选择“KDJ 对称”，即可把新公式“KDJ 对称”引入副图区，如图 2-12 所示。对照“KDJ”与“KDJ 对称”的显示图形，发现它们的形状完全相同，但数值标尺不同。“KDJ 对称”公式的标尺“–10 ~ 10、超买标准 >6、超卖标准 <–6”更简洁，并且与 KDJ 公式的标尺“0 ~ 100、超买标准 >80、超卖标准 <–20”完全相当，只是变成了上下、正负对称显示，更加直观。

图 2-12　“KDJ 对称”公式显示图形

我们只修改了公式中的一个句子和公式的坐标线数值，就使得显示对称化、数值标识简洁化。虽然只有一点儿改变，实际上却是一个大的开始。我们开始按照自己的需要来改进各类股票指标公式了，让它们的显示更加简洁、直观，一看就懂。接下来，我们继续改进 KDJ 公式。

（2）显示超买超卖的 KDJ 公式

KDJ 公式的第 4 句“J:3*K-2*D;”实质上就是一项数值的数学处理技术，把“K-D”的数值放大 3 倍，没有增加任何的实际意义。

在“J:3*K-2*D;”的两边各加上“-D”，就是“J-D:3*K-2*D-D;”，也就是“(J-D):3*(K-D);”，相当于把“K-D”放大 3 倍变成“(J-D)”，使得 J 线的振幅大一些，放在一起来看就明显一些，但实际含义没有比 K 线有任何的增加。如果简单地追求振幅大，则可以采用 G 线，即“G:6*K-5*D;”，使振幅增加到 6 倍。

后面讲到的系统保密公式“KDJ-KDX 随机指标传统版”中的第 4 句“J: M*K -(M-1) *D;”就采用了这种技巧，把 J 线的倍数设置成参数，变成你想要几倍就几倍，M=10，就是 10 倍。

既然 J 线没有增加实际含义，我们就对它进行修改，去掉三条线的烦琐，保持两条线的简洁。同时，在超买参考位置 6 上画一条绿色的虚线，在超卖参考位置 -6 上画一条红色的虚线，在超买区域中 K 线下穿 D 线的卖出信号用绿色箭头标记，在超卖区域中 K 线上穿 D 线的买入信号用红色箭头标记，改成新的公式“KDJ 买卖信号”。

KDJ 买卖信号

```
RSV:=(C-LLV(L,N))/(HHV(H,N)-LLV(L,N))*20-10;
K:SMA(RSV,M1,1);
D:SMA(K,M2,1);
J:=3*K-2*D;
CHAOBUY:6,DOTLINE,COLORGREEN;{超BUY}
CHAOBAREA:=K>6;{超BUYarea}
CHAOBA:STICKLINE(CHAOBAREA,6,K,1,0),COLORGREEN;
CHAOSELL:-6,DOTLINE,COLORRED;{超SELL}
CHAOSAREA:=K<-6;{超SELL area}
CHAOSA:STICKLINE(CHAOSAREA,-6,K,1,0),COLORRED;
SELLXH:=CROSS(D,K)AND(K>6ORREF(K,1)>6);{SELL信号}
SELLIC:DRAWICON(SELLXH, 7,2);{SELLicon图标}
BUYXH:=CROSS(K,D)AND(K<-6 OR REF(K,1)<-6);{BUY信号}
BUYIC:DRAWICON(BUYXH,-4,1);{BUY icon图标}
```

建立新公式“KDJ 买卖信号”的方法为右击副图区 KDJ 对称后面的数字，在弹出的快捷菜单中选择【修改当前指标公式】命令，在弹出的指标公式编辑器中写入或复制前面的公式源码，修改公式名称为“KDJ 买卖信号”，单击【另存为】按钮，新公式就建好了，如图 2-13 所示。

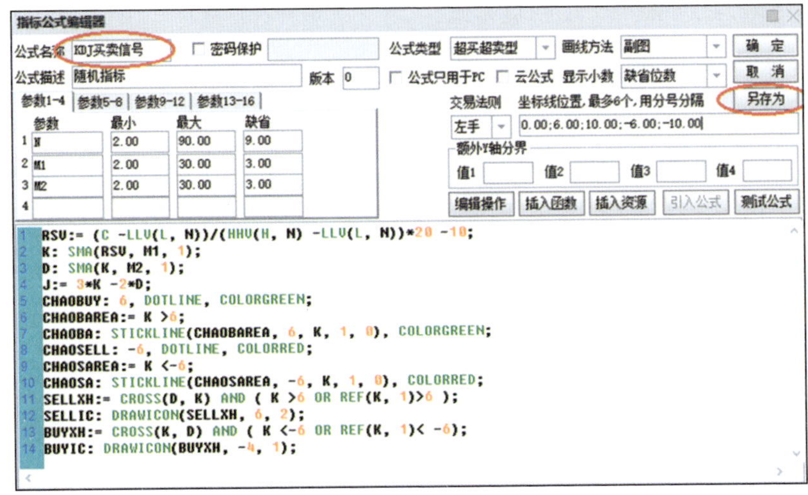

图 2-13 “KDJ 买卖信号”公式内容

在副图区引入公式“KDJ 买卖信号”的方法为单击副图区空白处，输入“KDJMMXH”，选择“KDJ 买卖信号”，一个清晰明了、简单直观的 KDJ 指标就出现在副图区了，如图 2-14 所示。

图 2-14 “KDJ 买卖信号”公式显示图形

与下面的 KDJ 指标公式对照，新改编的公式“KDJ 买卖信号”的优势是明显的。

①用绿色柱线标识超买区域。

②用红色柱线标识超卖区域。

③用绿色向下箭头标识 KDJ 卖出信号的位置。

④用红色向上箭头标识 KDJ 买入信号的位置。

⑤用位置 6 上的绿色虚线标识超买的标准。

⑥用位置 −6 上的红色虚线标识超卖的标准。

全部是可视化的处理，充分利用计算机的计算优势，把数字变成图形标志，一看就懂，再也不必左右看标尺、对数据，再也不必死记硬背那些使用指南和用法注释。

（3）加上中文说明的 KDJ 公式

为了能够直接提示，我们可以把文字、数值等直接写在图形上，使得指标的可视化程度更高，达到一目了然的效果。例如，可以直接把“买入、卖出”和超买超卖的数值标记在信号点上，建立一个新的公式“KDJ 文字说明”。

KDJ 文字说明

前面部分与公式“KDJ 买卖信号”完全一样，在其后添加以下内容：

```
    MAIRUSM:DRAWTEXT(FILTER(BUYXH,6),-3,'买入'),COLORRED;
{买入说明}
    MAIRUKSZ:DRAWNUMBER(FILTER(BUYXH,6),-1,ROUND(K)),COLORRED;
{买入数值}
    MAICHUSM:DRAWTEXT(FILTER(SELLXH,6),4,'卖出'),COLORGREEN;
{卖出说明}
    MAICHUKSZ:DRAWNUMBER(FILTER(SELLXH,6),3,ROUND(K)),COLORGREEN;
```

修改公式名称为“KDJ 文字说明”，单击【另存为】按钮，即可完成新公式的建立，如图 2-15 所示。

将新公式“KDJ 文字说明”引入副图区，显示图形如图 2-16 所示。可以看到，直接在信号点上标记了“买入”“卖出”，以及当时超买或超卖的程度数值。

注意：

①公式句子中涉及中文字符前后的两个“'”一定要用英文半角状态。如果在复制保存中变成中文全角状态，可以直接在指标公式编辑器里进行修改。

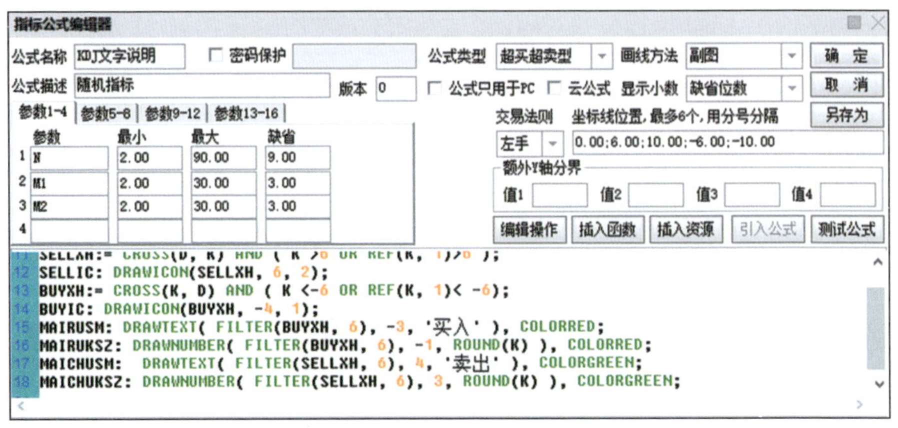

图 2-15 “KDJ 文字说明”公式内容

图 2-16 “KDJ 文字说明”公式显示图形

②“FILTER(BUYXH,6)”的含义是“6 日内不再标记买入信号”，可避免连续出现信号时连续标记，标识的文字挤在一起，相互干扰。

③对于公式中标定显示高低位置的数字 −3、−1、3、4 等，读者可试试自己调节变化，看看对显示位置的影响，选出适当的位置。

（4）在 KDJ 原公式上增加说明和注释

KDJ 公式毕竟是一个经典的公式，很多人已经习惯于它原来的表达形式和超买超卖的数值，我们强行把它改编成对称标尺、小数值，显然不合很多人的习惯。现在，我们就适应习惯的需要，在原来的显示框架下，增加可视化的说明和标记。

我们采用原来的标尺、数值，增加超买超卖区的指示、买入卖出信号点的标识、信号超买超卖的程度数值，建立一个新的公式“KDJ 原式注释”。

KDJ 原式注释

```
    RSV:=(CLOSE-LLV(LOW,N))/(HHV(HIGH,N)-LLV(LOW,N))*100;
    K:SMA(RSV,M1,1);
    D:SMA(K,M2,1);
    J:3*K-2*D;
    CHAOBUYLINE:80,DOTLINE,COLORGREEN;{超买线}
    CHAOSELLLINE:20,DOTLINE,COLORRED;{超卖线}
    CHAOBUYAREA:=K>80;{超买区}
    CHAOSELLAREA:=K<20;{超卖区}
    CHAOBUYZHU:STICKLINE(CHAOBUYAREA,80,K,1,0),COLORGREEN;
{超买柱}
    CHAOSELLZHU:STICKLINE(CHAOSELLAREA,20,K,1,0),COLORRED;
{超卖柱}
    BUYXINHAO:-CROSS(K,D)AND(REF(K,1)<20 OR K<20);{买信号}
    SELLXINHAO:=CROSS(D,K)AND(REF(K,1)>80 OR K>80);{卖信号}
    BUYIC:DRAWICON(BUYXINHAO,30,1);{买图标icon}
    SELLIC:DRAWICON(SELLXINHAO,80,2);{卖图标icon}
    BUYSM: DRAWTEXT(FILTER(BUYXINHAO,6),35,'买入'),COLORRED;
{买说明}
    SELLSM:DRAWTEXT(FILTER(SELLXINHAO,6),65,'卖出'),
COLORGREEN;{卖说明}
    BUYKSZ:DRAWNUMBER(FILTER(BUYXINHAO,6),50,ROUND(K)),
COLORRED;
    SELLKSZ:DRAWNUMBER(FILTER(SELLXINHAO,6),60,ROUND(K)),
COLORGREEN;
```

在指标公式编辑器里打开 KDJ 公式，用上面的公式内容替代原来的内容，修改公式名称为“KDJ 原式注释”，单击【另存为】按钮，然后将它引入副图区，显示图形如图 2-17 所示。

与图 2-16 对照可见，图 2-17 的显示实质完全一样，都能显示超买超卖区、超买超卖标准虚线、买入卖出信号和相应的超买超卖数值，只不过在数值、标尺上各自采用了自己的系统。

3.KDJ–KDX　随机指标 – 传统版

当我们按【Ctrl+F】组合键打开公式管理器，在【公式组】选项卡中选择【技术指标公式】下的【超买超卖型】→【KDJ–TDX 随机指标 – 传统版】公式时，

图 2-17 “KDJ 原式注释”公式显示图形

却发现【修改】按钮变成灰色，不可用，如图 2-18 所示，并且在公式名称前面有一个锁形标记，还有一行红色说明“指标公式：KDJ-TDX 属性：系统公式 加密”。这说明这是一个保密的公式，可以运用，可以修改参数，但源代码保密，不可见、不可修改。

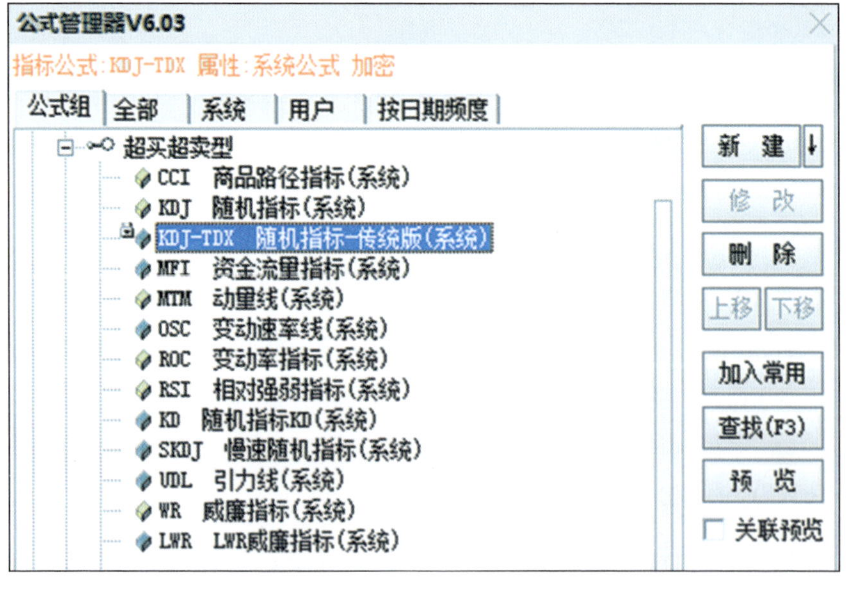

图 2-18 KDJ-TDX 随机指标 – 传统版

但是，信息社会，最不缺少的就是信息。我们完全可以查找到这个公式的源代码，或者通过把它的显示图形与相似的指标公式的显示图形对照来推测出它的源代码。

KDJ-TDX　随机指标 – 传统版

```
RSV:=(CLOSE-LLV(LOW,N))/(HHV(HIGH,N)-LLV(LOW,N))*100;
K:SMA(RSV,M,1);
D:SMA(K,M,1);
J:M*K-(M-1)*D;
```

默认参数：N=9；M=8。

我们在前面讨论 KDJ 公式时说过，KDJ 中的 J 线就是把 K 和 D 的差值放大了 3 倍，使之看上去变化幅度大一些、灵敏一些，但没有增加任何实际意义。现在，KDJ-TDX 公式把 K 和 D 的差值放大了 8 倍（默认 M=8），进一步在形式上放大了变化幅度、夸大了灵敏度。

把 KDJ 和 KDJ-TDX 引入副图区进行对照，KDJ 的参数设置为(9,8,8)，如图 2-19 所示。两个公式中的 K、D 值完全一样，只是两条 J 线的变化幅度相差很大，KDJ-TDX 中 J 线的变化幅度是 KDJ 中 J 线变化幅度的 8/3 倍。

图 2-19　KDJ 与 KDJ-TDX 的对照

如果把 KDJ-TDX 的参数设置为(9,3)，同时把 KDJ 的参数设置为默认的

(9,3,3),就会发现这两个公式的数值、显示是完全一样的。

4. MFI 资金流量指标

公式源码

```
TYP:=(HIGH+LOW+CLOSE)/3;
V1:=SUM(IF(TYP>REF(TYP,1),TYP*VOL,0),N)/SUM(IF(TYP<REF(TYP,1)
,TYP*VOL,0),N);
MFI:100-(100/(1+V1));
```

参数设置

N: 最小为 2; 最大为 120; 默认为 14。

N2: 最小为 2; 最大为 60; 默认为 6。

动态翻译

TYP 赋值: (最高价 + 最低价 + 收盘价)/3。

V1 赋值: 如果 TYP>1 日前的 TYP, 则返回 TYP* 成交量(手), 否则返回 0 的 N 日累和; 如果 TYP<1 日前的 TYP, 则返回 TYP* 成交量(手), 否则返回 0 的 N 日累和。

输出资金流量指标: 100−100/(1+V1)。

用法注释

(1)MFI>80 为超买, 当其回头向下跌破 80 时, 视为短线卖出时机。

(2)MFI<20 为超卖, 当其回头向上突破 20 时, 视为短线买入时机。

(3)当 MFI>80 且产生背离现象时, 视为卖出信号。

(4)当 MFI<20 且产生背离现象时, 视为买入信号。

解析和改进

我们可以看到 MFI 公式引入了成交额。TYP 是一个价格(最高价、最低价和收盘价的平均), 乘以成交量 VOL, 就是成交额。当采用默认值 N=14 时, 它把 TYP 价格上涨日数的成交额累加, 再与 TYP 价格下跌日数的成交额累加进行比较, 得出变化数值 V1。当连续上涨 14 日时, V1=∞; 当涨跌各 7 日时, 成交额就会相近, V1 ≈ 1; 当连续下跌 14 日时, V1=0。相应地, MFI=100; MFI=50; MFI=0。

如果我们把价格上涨时的成交额理解为主动买入的成交额, 把价格下跌时的成交额理解为主动卖出的成交额, 那么, 当累计的主动买入额远远大于主动卖出额时，MFI>80，也就是超买了，行情有极大的可能会反转，转变成主动卖出行情；反之也是同样的道理。

在指标公式编辑器中打开 MFI 公式（打开方法为：单击副图区 MFI 空白处，然后按【Alt+S】组合键；或者按【Ctrl+F】组合键打开公式管理器，在【公式组】选项卡中选择【技术指标公式】下的【超买超卖型】→【MFI 资金流量指标】公式，单击【修改】按钮），如图 2-20 所示。

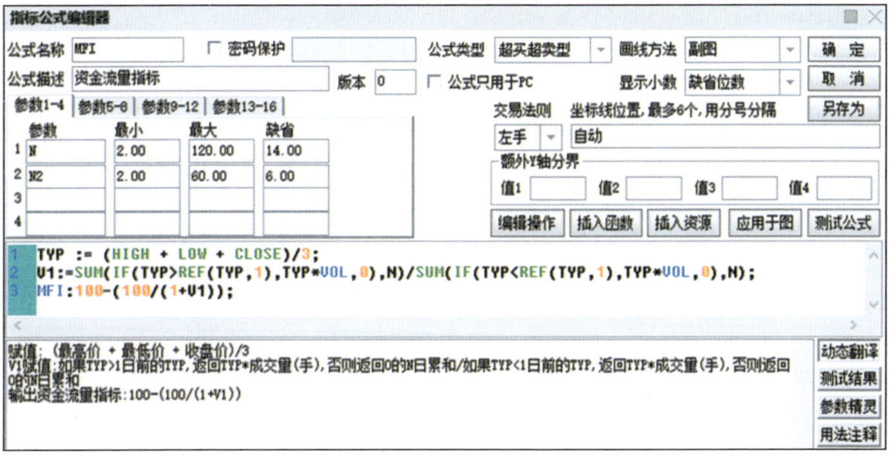

图 2-20　MFI 公式内容

仔细观察就会发现，虽然参数设置中有 N2 的内容，但公式中并没有 N2。我们猜想这可能是公式设计、输入时的疏忽，或者后来修改时在公式中删除了 N2，却忘了从参数设置中删除 N2。还好，这个小漏洞并不会影响 MFI 公式的使用。

也只有我们这些愿意深究股票公式的人才会注意到这类问题。我们的目的不在于单纯地知道多少股票公式，而在于通过对各类股票公式进行分析，发现股票公式的内在含义，融会贯通，从而找到新的解决方案。

我们可以按照 MFI 的用法注释来改进 MFI 公式，让它可以直接把超买超买区域显示出来。我们将坐标线位置修改为“20; 50; 80”，并另存为新的公式“MFI 修改”，如图 2-21 所示。

MFI 修改：

```
    TYP:=(HIGH+LOW+CLOSE)/3;
    V1:=SUM(IF(TYP>REF(TYP,1),TYP*VOL,0),N)/SUM(IF(TYP<REF(TYP,1)
,TYP*VOL,0),N);
    MFI:100-(100/(1+V1));
    CHAOBUYLINE:80,DOTLINE,COLORGREEN;{超买线}
```

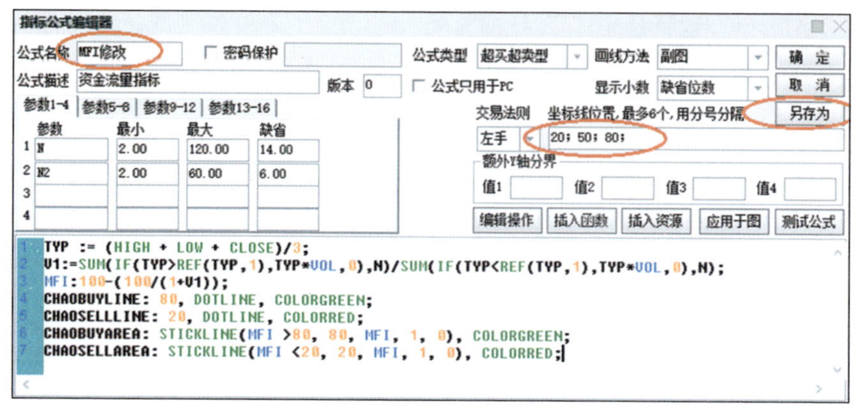

图 2-21 “MFI 修改”公式内容

```
CHAOSELLLINE:20,DOTLINE,COLORRED;{超卖线}
CHAOBUYAREA:STICKLINE(MFI>80,80,MFI,1,0),COLORGREEN;
CHAOSELLAREA:STICKLINE(MFI<20,20,MFI,1,0),COLORRED;
```

把它引入副图区，与 MFI 的显示图形对照一下，如图 2-22 所示。

图 2-22 MFI 修改与 MFI 的对照

在新公式“MFI 修改”的显示图形中，用绿色虚线在 80 位置上标记超买标准线，用红色虚线在 20 位置上标记超卖标准线，用绿色短柱线在 MFI 数值超过 80 时标记超买区域，用红色短柱线在 MFI 数值低于 20 时标记超卖区域。这样一来，超买超卖的位置、建议的信号位置一目了然，没必要在原来的 MFI 公式显示图形中左看右看地对照标尺了。

如果要进一步标记建议的信号和相应的数值，则可以在公式“MFI 修改”后面再加上以下语句：

```
    CHAOBXINHAO:CROSS(80,MFI)AND MAX(MFI,REF(MFI,1))>80;
{超买信号}
    CHAOBUYIC:DRAWICON(CHAOBXINHAO,75,2);{超买图标icon}
    CHABUYSZ:DRAWNUMBER(CHAOBXINHAO,60,ROUND(MFI)),
COLORGREEN;
    CHAOSXINHAO:CROSS(MFI,20)AND MIN(MFI,REF(MFI,1))<20;
    CHAOSELLIC:DRAWICON(CHAOSXINHAO,30,1);{超卖图标icon}
    CHAOSELLSZ:DRAWNUMBER(CHAOSXINHAO,40,ROUND(MFI)), COLORRED;
```

输入后，另存为新公式“MFI 修改信号”即可。将其引入副图区，显示图形如图 2-23 所示。

图 2-23　“MFI 修改信号”公式显示图形

思考：

TYP 是三个价格的平均值。如果只采用收盘价 C，则会怎样？

与 CCI 公式的情况类似，采用均值的曲线会比采用单个数值的曲线更缓和一些。形象地说，就是当采用单个数值时，曲线会有更多的棱角；当采用平均值时，曲线就会变得圆滑一些，就像磨平了一些棱角。平均的范围越大，磨平棱角的效果越明显。

5.MTM 动量线

公式源码

```
MTM:CLOSE-REF(CLOSE,MIN(BARSCOUNT(C),N));
MTMMA:MA(MTM,M);
```

参数设置

N: 最小为 2; 最大为 120; 默认为 12。

M: 最小为 2; 最大为 60; 默认为 6。

动态翻译

输出动量线: 收盘价 - 收盘价的有效数据周期数和 N 的较小值日前的收盘价。

输出 MTMMA: MTM 的 M 日简单移动平均。

用法注释

MTM 线: 当日收盘价与 N 日前的收盘价的差。

MTMMA 线: 对上面的差值求 M 日移动平均(注: 有些软件中误写为 N)。

参数: M 为间隔天数, 也就是求移动平均的天数, 一般取 6。

(1)MTM 从下向上突破 MTMMA, 视为买入信号。

(2)MTM 从上向下跌破 MTMMA, 视为卖出信号。

(3)股价续创新高, 而 MTM 未配合上升, 意味着上涨动力减弱。

(4)股价续创新低, 而 MTM 未配合下降, 意味着下跌动力减弱。

(5)股价与 MTM 在低位同步上升, 将有反弹行情; 反之, 从高位同步下降, 将有回落走势。

解析和改进

MTM 动量线的设计采用了价格差值的概念, 考查现收盘价与 N 日前的收盘价的差值, 作为分析的依据。公式的第 1 句可以简化为 MTM:C -REF(C ,N)。因为 BARSCOUNT(C) 是股票上市的总日数, 除新股外, BARSCOUNT(C) 都会远远大于参数 N, 所以 MIN(BARSCOUNT(C),N) =N。实际上, 很多软件已经把这个公式的源代码直接改成“MTM:CLOSE -REF(CLOSE,N); MTMMA:MA(MTM,M);”了。

新股刚刚上市的那段时间, 尚未进入稳定期, 产生的交易数据少, 对能适用指标公式的要求是很高的, 大多数指标都不太适合。我们也能想象到, 在几十年前，有些指标在开始设计时考虑得并不完善，需要在以后的应用中不断检验、优化、完善。我们还能想象到，如果我们自己加入指标的检验、优化、完善工作中，就会给自己带来收益。

当股价以波浪的方式上升、下降，进入浪的底部区域时，现价与前几天价格的差值会在 0 左右；当股价进入上升浪时，这个差值会是正值，并逐渐增大；当股价进入浪的顶部区域时，这个差值会逐渐缩小到 0 左右；当股价进入下降浪时，这个差值会变成负值、大的负值；当股价进入浪的底部区域时，这个差值又会缩小到 0 左右，然后进入下一轮循环。

我们仔细分析 MTM 公式，就会发现它使用的是价格差的绝对值"MTM:CLOSE -REF(CLOSE,N);"。这时会有一个问题：对于百元级高价股而言，这个差值很大，可能在 10 元以上；而对于低价股而言，这个差值可能只有 0.3 元。这会造成 MTM 公式的标尺极不稳定。这是应该改进的地方。怎么改？答案是使用价格差的相对值。

设想一下：价格在 50 元左右的股票，价格变动差值 10 元，是 20%；价格为 5 元的股票，价格变动差值 1 元，也是 20%。虽然它们的绝对值变化相差 10 倍，但它们的相对值变化都是 20%。这样，我们就找到了稳定标尺的方法：使用变化差值的相对值，把公式的第 1 句改成"MTM:(CLOSE -REF(CLOSE,N))/CLOSE *100;"。

再设想一下：N 的默认值为 12，当出现极端的连续涨停或连续跌停的情况时，这个相对的 MTM 会出现怎样的变化？当出现连续涨停的情况时，现在的 CLOSE 是最高价，差值 (CLOSE -REF(CLOSE, N)) <COLSE，所以相对值 MTM<100；当出现连续跌停的情况时，12 个跌停会跌掉 70%，仅剩 28%，相对变化差值为 -250%。这样算下来，标尺的范围为 -250~100。

过大的标尺范围会带来不方便。偶尔出现的大标尺数据会把常规数据挤压在小的显示范围内，使查看变得困难。我们可以在改编公式时注意这一点，在不影响显示、理解的前提下，限制偶尔出现的大标尺数据，用小的标尺显示，并适当加上说明，这样可使指标的显示更加优化。依据这些想法，我们改编一个优化的 MTM 公式，叫作"MTM 相对值"。

MTM 相对值（指标公式）

```
MTMORG:=(C-REF(C,N))/C*100;{MTM origin起始数值}
```

```
    MTM:IF(MTMORG>-50,MTMORG,-50);
    MTMMA:MA(MTM,M);
    BUYAREALINE:-20,DOTLINE,COLORRED;{买区域线}
    SELLAREALINE:20,DOTLINE,COLORGREEN;{卖区域线}
    BUYXINHAO:=CROSS(MTM,MTMMA)AND(MTM<-20 OR REF(MTM,1)
<-20);
    SELLXINHAO:=CROSS(MTMMA,MTM)AND(MTM>20 OR REF(MTM,1)
>20);
    BUYXHIC:DRAWICON(BUYXINHAO,-15,1);{买信号图标}
    SELLXHIC:DRAWICON(SELLXINHAO,20,2);{卖信号图标}
    BUYAREA:STICKLINE(MTM<-20,-20,MTM,1,0),COLORRED;{买区域}
    SELLAREA:STICKLINE(MTM>20,20,MTM,1,0),COLORGREEN;{卖区域}
```

打开指标公式编辑器，完成公式“MTM 相对值”的建立，如图 2-24 所示。

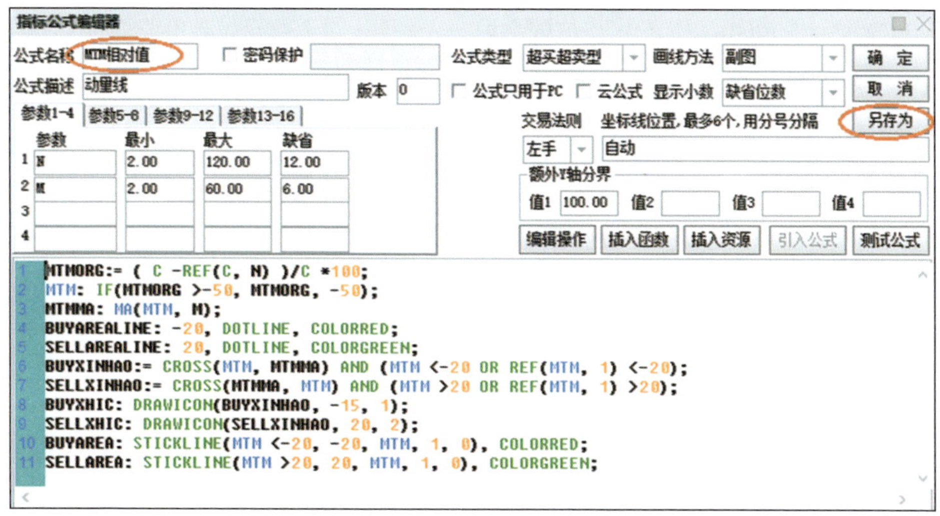

图 2-24 “MTM 相对值”公式内容

把公式“MTM 相对值”引入副图区，显示图形如图 2-25 所示。与原来的 MTM 公式对照，改编的新公式“MTM 相对值”把标尺变成了股价变化的百分(%)值，增加了涨幅过大(20%)提示线、跌幅过大(-20%)提示线、MTM 从涨幅过大区域下穿 MTMMA 时的卖出信号提示、MTM 从跌幅过大区域上穿 MTMMA 时的买入信号提示。

注意：在这里，我们设置了变化差值 20% 为涨幅过大，变化差值 -20% 为跌幅过大。这应该只是一个参考的设定值，它的大小可以根据实际情况进行调节。可以用设置参数的方式来设置这个参考值，以便在实际使用时根据情况进行设置。我们可以改编出新的公式“MTM 相对参数”。

图 2-25 “MTM 相对值”公式显示图形

MTM 相对参数

```
MTMORG:=(C-REF(C,N))/C *100;
MTM:IF(MTMORG>-50,MTMORG,-50);
MTMMA:MA(MTM,M);
BUYAREALINE:-FUDU,DOTLINE,COLORRED;
SELLAREALINE:FUDU,DOTLINE,COLORGREEN;
BUYXINHAO:=CROSS(MTM,MTMMA)AND(MTM<-FUDU OR REF(MTM, 1)
<-FUDU);
SELLXINHAO:=CROSS(MTMMA,MTM)AND(MTM>FUDU OR REF(MTM, 1)
>FUDU);
BUYXHIC:DRAWICON(BUYXINHAO,-15,1);
SELLXHIC:DRAWICON(SELLXINHAO,20,2);
BUYAREA:STICKLINE(MTM<-FUDU,-FUDU,MTM,1,0),COLORRED;
SELLAREA:STICKLINE(MTM>FUDU,FUDU,MTM,1,0),COLORGREEN;
```

参数设置

N: 最小为 2; 最大为 120; 默认为 12。

M: 最小为 2; 最大为 60; 默认为 6。

FUDU: 最小为 5; 最大为 90; 默认为 20。

公式改编过程如图 2-26 所示。

到现在，我们已经把改编、优化公式变成了一件很自由的事情。在保证基本实质不变的前提下，可以改变基本数据，把三个价格（C、H、L）的平均值替换成 C;

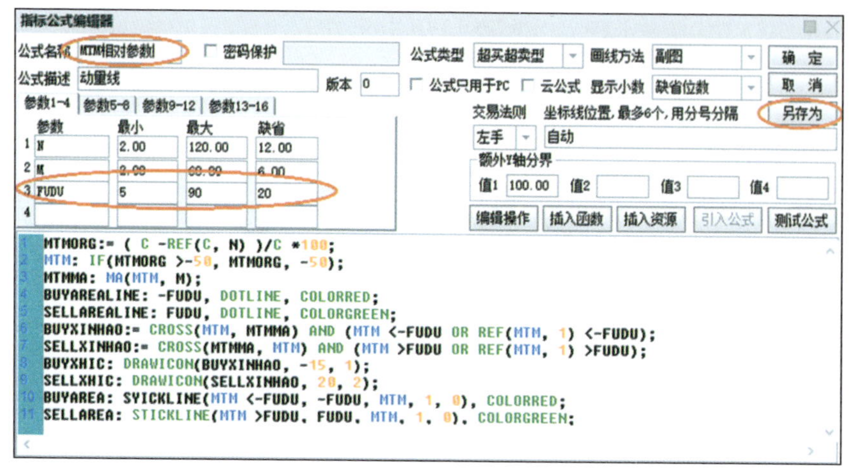

图 2-26 "MTM 相对参数"公式内容

直接标识重要的参考线(超买超卖线等);直接标识参考信号点;直接标识信号点相关数据值;在需要灵活性的时候,使用设置参数的方式设置参考标准数值(如 FUDU)。我们已经上了一个台阶,再勤加练习,必将产生飞跃的效果。

6. OSC 变动速率线

公式源码

```
OSC:100*(CLOSE-MA(CLOSE,N));
MAOSC:EXPMEMA(OSC,M);
```

动态翻译

输出变动速率线:100*(收盘价 - 收盘价的 N 日简单移动平均)。

输出 MAOSC:OSC 的 M 日指数平滑移动平均。

参数设置

N:最小为 2;最大为 100;默认为 20。

M:最小为 2;最大为 60;默认为 6。

用法注释

(1)OSC 以 100 为中轴线,OSC>100 为多头市场,OSC<100 为空头市场。

(2)当 OSC 向上交叉其平均线时,买入;当 OSC 向下交叉其平均线时,卖出。

(3)当 OSC 在高水平或低水平与股价产生背离时,应注意股价随时有反转的可能。

（4）OSC 的超买超卖界限值随个股的不同而不同，使用者应自行调整。

解析和改进

我们可以看出，首先，OSC 公式与 MTM 公式很相似，采用的都是现收盘价与之前收盘价的差值，都采用绝对差值（单位：元）。差别在于，OSC 用的是之前 20 日的平均价（默认参数为 20），MTM 用的是之前第 12 日的收盘价（默认参数为 12）。

其次，MTM 的中轴线是 0，而 OSC 声称自己的中轴线是 100。但是，它们的公式中“MTM:CLOSE -REF(CLOSE,N);”和“OSC:100*(CLOSE-MA(CLOSE,N));”都没有对中轴线的调节因素，所以它们的中轴线应该是相同的，都是 0。

最后，OSC 公式说 OSC<100 为空头市场。我们假设某只股票基本保持 OSC=90，也就是每 20 日上涨 1.8 元、每 10 日上涨 0.9 元、每日上涨 9 分。按照这样的状态一直持续下去，这只股票的涨幅相当可观，特别是它原来还是只低价股（如股价仅有 3 元）。

为什么会出现这些疑问或错误？我们从这些公式产生、发展的历史来看，就会理解这些疑问或错误，也就能改进和发展它们。这些公式都产生于很多年前，也就是在计算机家庭化普及之前，普通人的计算资源是极其有限的，多出任何一点计算步骤，对整个股票的计算总量都是巨大的，所以，能采用直接的绝对差值，坚决不会采用增加一个计算步骤的相对值；当时的美元也很值钱，股票的价格变动经常是 1 美分、1/8 美分，“OSC:100*(CLOSE-MA(CLOSE,N));”中的 *100 就是为了书写记录方便；至于声称 100 是中轴线，则是真的弄错了（或者急于求成，涨得慢一点儿的都看不上）。

计算机的全面普及实质上是计算能力的全面普及，对我们所有人来说都是一次产生巨大变化的机会。在计算能力十分有限的历史时代，日本米市商人用蜡烛图计算法获得了丰厚的收益，股市投资者用 K 线图、指标公式计算法获得了丰厚的收益。现在我们拥有的是前所未有的强大计算能力，利用它来改进、优化原有的股票公式，发展和开发新的股票公式，会给我们带来增加收益的机会。

我们来改进一下这个公式，用股价变化的相对值替代绝对值，权且设 ±15% 为超买超卖的标准，并命名为“OSC 相对值”。

OSC 相对值

```
    OSCORG:=(CLOSE-MA(CLOSE,N))/CLOSE*100;
    OSC:IF(OSCORG>-100,OSCORG,-100);
    MAOSC:EXPMEMA(OSC,M);
    15,DOTLINE,COLORGREEN;{超买卖出标准线}
    -15,DOTLINE,COLORRED;{超卖买入标准线}
    SELLAREA:STICKLINE(OSC>15,OSC,15,1,0),COLORGREEN;{卖出
区域}
    BUYAREA:STICKLINE(OSC<-15,OSC,-15,1,0),COLORRED;{买入
区域}
    SELLXINHAO:=CROSS(MAOSC,OSC)AND(OSC>15ORREF(OSC,1)>15);
{卖信号}
    SELLIC:DRAWICON(SELLXINHAO,15,2);{卖出图标icon}
    BUYXINHAO:=CROSS(OSC,MAOSC)AND(OSC<-15 OR REF(OSC,1)<-15);
{买信号}
    BUYIC:DRAWICON(BUYXINHAO,-10,1);{买入图标 icon}
```

在指标公式编辑器中打开公式 OSC，输入以上公式内容，修改公式名称为“OSC 相对值”，单击【另存为】按钮，即可得到新改进的公式，如图 2-27 所示。把新公式引入副图区，显示图形如图 2-28 所示。与原 OSC 公式的显示对照，新公式的显示优点是很明显的：原公式显示标尺上 250 的含义不是直接的，要想一想才知道大概上涨了 2.5 元；这个绝对值涨幅对于一只价格是 250 元的股票仅仅是 1% 的涨幅，几乎可以忽略不计；而对于一只价格是 5 元的股票已经上涨了 100%，翻倍了（原来 2.5 元加上涨 2.5 元，现价 5 元）。

图 2-27　“OSC 相对值”公式内容

图 2-28　“OSC 相对值”公式显示图形

至于那个“额外 Y 轴分界、值 1: 100”就是一个错误。

新公式的显示更加简单明了，即 15 就是上涨了 15%，超过就有超买的含义；−15 就是下跌了 15%，超过就有超卖的含义。这个 15 的设置有很大的主观经验因素，可以根据具体情况适当调节。当然，为了方便调节，可以像公式“MTM 相对参数”那样，设置成参数的形式。

7. ROC　变动率指标

公式源码

```
ROC:100*(CLOSE-REF(CLOSE,N))/REF(CLOSE,N);
MAROC:MA(ROC,M);
```

参数设置

N: 最小为 2; 最大为 120; 默认为 12。

M: 最小为 2; 最大为 60; 默认为 6。

动态翻译

NN 赋值: 收盘价的有效数据周期数和 N 的较小值。

输出 ROC: 100*(收盘价 −NN 日前的收盘价)/NN 日前的收盘价。

输出 MAROC：ROC 的 M 日简单移动平均。

用法注释

（1）本指标的超买超卖界限值随个股的不同而不同，使用者应自行调整。

（2）本指标的超买超卖范围一般介于 ±6.5。

（3）本指标的用法请参考 MTM 指标的用法。

（4）本指标可设参考线。

注：旧的 ROC 公式是“NN:=MIN(BARSCOUNT(C),N); ROC:100*(CLOSE−REF(CLOSE,NN))/ REF(CLOSE,NN); MAROC:MA(ROC,M);”，同旧的 MTM 公式一样用 “MIN(BARSCOUNT(C),N)”，非要把刚刚上市几天的新股也包含在里面，后来发现没必要，就改成了现在的写法。

看它的源代码，这是一个很眼熟的公式，与 MTM 公式很像，但使用了相对百分（%）值，与我们改进的“MTM 相对值”公式更加相似。区别是“MTM 相对值”公式使用现价 C 作为分母，ROC 公式使用之前的价格 REF(C, N) 作为分母，结果是在上涨时 ROC 值会更大一些，在下跌时 ROC 值会更小一些。

因为它们使用的参数相同，所以我们可以直接把两个公式合并起来，直接对照它们的显示图形。我们命名合并的公式为“ROCMTM 相对”。

ROCMTM 相对

```
    ROC:100*(CLOSE-REF(CLOSE,N))/REF(CLOSE,N);
    MAROC:MA(ROC,M);
    MTMORG:=(C-REF(C,N))/C*100;
    MTM:IF(MTMORG>-50,MTMORG,-50),COLORBROWN;
    MTMMA:MA(MTM,M),COLORRED;
    BUYAREALINE:-20,DOTLINE,COLORRED;{买区域线}
    SELLAREALINE:20,DOTLINE,COLORGREEN;{卖区域线}
    BUYXINHAO:=CROSS(MTM,MTMMA)AND(MTM<-20 OR REF(MTM,1)
<-20);
    SELLXINHAO:=CROSS(MTMMA,MTM)AND(MTM>20 OR REF(MTM,1)
>20);
    BUYXHIC:DRAWICON(BUYXINHAO,-15,1);
    SELLXHIC:DRAWICON(SELLXINHAO,20,2);
    BUYAREA:STICKLINE(MTM<-20,-20,MTM,1,0),COLORRED;{买区域}
    SELLAREA:STICKLINE(MTM>20,20,MTM,1,0),COLORGREEN;   {卖区域}
```

在指标公式编辑器中打开公式 ROC，输入以上公式内容，修改公式名称为“ROCMTM 相对”，单击【另存为】按钮，即可得到新的合并起来的公式，如图 2-29 所示。把新公式引入副图区，显示图形如图 2-30 所示。可以看到，ROC

线和 MTM 线的形状是相同的，在高峰和低谷区域，ROC 线明显在 MTM 线之上；而在靠近 0 的区域，ROC 线和 MTM 线就纠缠在一起，这是由于两个公式的分母不同造成的。峰越高、谷越低，现价 C 和以前价 REF(C, N) 的差别越大；而在 0 附近的区域，现价 C 和以前价 REF(C, N) 几乎相等。

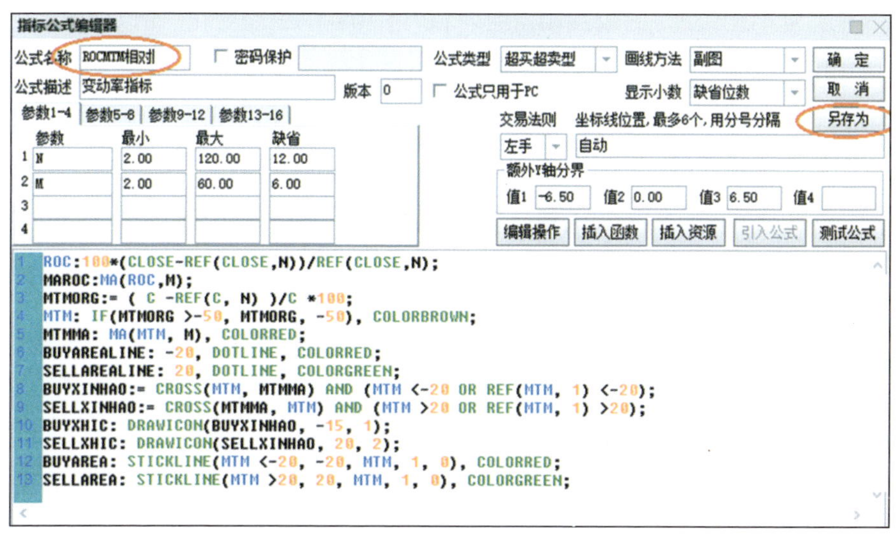

图 2-29　“ROCMTM 相对”公式内容

图 2-30　“ROCMTM 相对”公式显示图形

ROC 用法注释中的“（2）本指标的超买超卖范围一般介于 ±6.5”，意思是 ROC>6.5% 是超买，ROC<−6.5% 是超卖。在图 2–30 中也有这两条虚线。我们凭主观经验设置的是 20% 或 15%，为何用法注释中的只有 6.5%。这就需要发挥一下我们的想象力去设想最早 ROC 的历史场景：可能那时候股市还很稳定，价格的变化通常都比较小、比较缓和，很少有超过 10% 的阶段变化，所以选定 6.5% 为超买超卖的参考线。

这让我们明白了一条原则：超买超卖的标准要同股市阶段涨跌的常规变化幅度相匹配。如果常规变化幅度是 50%，那么超买超卖的标准一定在 35% 上下；如果常规变化幅度只有 5%，那么超买超卖的标准真的可能就在 3% 左右了。我们设置参数、选择基本数据都要依据具体的股市状况来考虑，而不是形而上学的生搬硬套。

通过前面的深入分析，我们知道了 MTM、OSC、ROC 这三个公式的内在实质是相似的，探讨的都是现在的股价 C 与之前的股价 REF(C, N) 或 MA(C, N) 之间的差值，差别是采用差值的绝对值，还是采用差值的相对值；之前的股价是采用某一日的股价 REF(C, N)，还是采用一段时间的平均价 MA(C, N)；在采用相对值时，使用的分母是现价 C，还是 REF(C, N)，或者 MA(C, N)。我们也知道了采用相对值是重要的，能带来最大的优化便利。这三个公式的其他部分没有明显差异。

我们把 ROC 公式适当地改进一下，增加一个参数 FUDU（5~50，默认为 15）来标识超买超卖标准，公式名称为“ROC 改进 1”。

ROC 改进 1

```
    ROC:100*(CLOSE-REF(CLOSE,N))/REF(CLOSE,N);
    MAROC:MA(ROC,M);
    -FUDU,DOTLINE,COLORRED;{超卖幅度标准}
    FUDU,DOTLINE,COLORGREEN;{超买幅度标准}
    BUYXINHAO:=CROSS(ROC,MAROC)AND(ROC<-FUDU OR REF(ROC,1)
<-FUDU);
    SELLXINHAO:=CROSS(MAROC,ROC)AND(ROC>FUDU OR REF(ROC,1)
>FUDU);
    BUYXHIC:DRAWICON(BUYXINHAO,-10,1);{买信号图标icon}
    SELLXHIC:DRAWICON(SELLXINHAO,10,2);{卖信号图标icon}
    BUYAREA:STICKLINE(ROC<-FUDU,-FUDU,ROC,1,0),COLORRED;
{买区域}
    SELLAREA:STICKLINE(ROC>FUDU,FUDU,ROC,1,0),COLORGREEN;
{卖区域}
```

参数设置

N: 最小为 2; 最大为 120; 默认为 12。

M: 最小为 2; 最大为 60; 默认为 6。

FUDU: 最小为 5; 最大为 50; 默认为 15。

在指标公式编辑器中打开公式 ROC，输入以上公式内容，修改公式名称为“ROC 改进 1”，去除“额外 Y 周分界”，增加参数 FUDU，单击【另存为】按钮，即可得到新的公式，如图 2-31 所示。把新公式引入副图区，显示图形如图 2-32 所示。

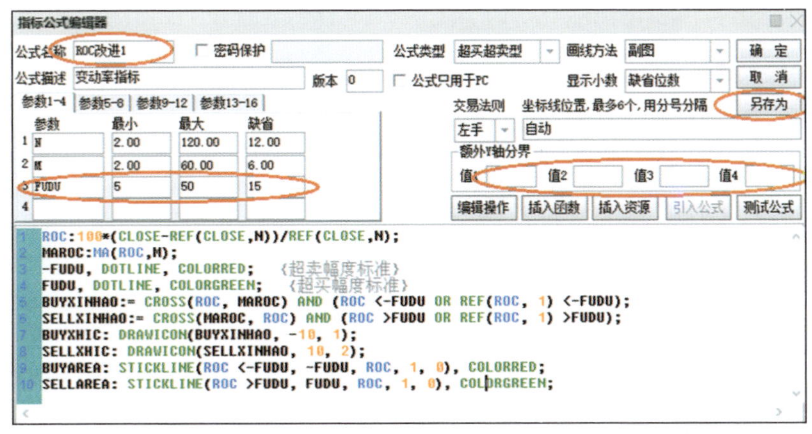

图 2-31　“ROC 改进 1”公式内容

图 2-32　“ROC 改进 1”公式显示图形

超买超卖标准数值的设定不仅是一项富有经验技巧的工作，同时也要考虑股市现实走势波浪幅度的大小。从图 2-32 中也可以看出，数值标准设置得小，显示标识的超买超卖区域大；数值标准设置得大，显示标识的超买超卖区域就小。

8. RSI　相对强弱指标

公式源码

```
LC:=REF(CLOSE,1);
RSI1:SMA(MAX(CLOSE-LC,0),N1,1)/SMA(ABS(CLOSE-LC),N1,1)*100;
RSI2:SMA(MAX(CLOSE-LC,0),N2,1)/SMA(ABS(CLOSE-LC),N2,1)*100;
RSI3:SMA(MAX(CLOSE-LC,0),N3,1)/SMA(ABS(CLOSE-LC),N3,1)*100;
```

参数设置

N1：最小为 2；最大为 120；默认为 6。

N2：最小为 2；最大为 250；默认为 12。

N3：最小为 2；最大为 500；默认为 24。

动态翻译

LC 赋值：1 日前的收盘价。

输出 RSI1：收盘价 -LC 和 0 的较大值的 N1 日 [1 日权重] 移动平均 / 收盘价 -LC 的绝对值的 N1 日 [1 日权重] 移动平均 *100。

输出 RSI2：收盘价 -LC 和 0 的较大值的 N2 日 [1 日权重] 移动平均 / 收盘价 -LC 的绝对值的 N2 日 [1 日权重] 移动平均 *100。

输出 RSI3：收盘价 -LC 和 0 的较大值的 N3 日 [1 日权重] 移动平均 / 收盘价 -LC 的绝对值的 N3 日 [1 日权重] 移动平均 *100。

用法注释

（1）RSI>80 为超买，RSI<20 为超卖。

（2）RSI 以 50 为中轴线，大于 50 视为多头行情，小于 50 视为空头行情。

（3）当 RSI 在 80 以上形成M头或头肩顶形态时，视为向下反转信号。

（4）当 RSI 在 20 以下形成W底或头肩底形态时，视为向上反转信号。

（5）当 RSI 向上突破其高点连线时，买入；当 RSI 向下跌破其低点连线时，卖出。

解析和改进

RSI 被称为相对强弱指标，它是如何来衡量相对强弱的呢？为了更清楚地分析它的内容，我们把它的公式简化一下，代码如下：

```
C1:=REF(C,1);
RSI1:SMA(MAX(C-C1,0),N1,1)/SMA(ABS(C-C1),N1,1)*100;
RSI2:SMA(MAX(C-C1,0),N2,1)/SMA(ABS(C-C1),N2,1)*100;
RSI3:SMA(MAX(C-C1,0),N3,1)/SMA(ABS(C-C1),N3,1)*100;
```

C1 就是前一日的股价；C -C1 就是当日股价上涨的数值；MAX(C -C1, 0) 就是只要正值、不要负值，如果当日股价上涨就记录数值，如果当日股价下跌就当作 0；ABS(C -C1) 就是把当日股价的涨跌都用绝对值来总记录。这样做的结果是：如果上涨和下跌各占一半，那么上涨记录值占总记录值的一半；如果上涨占多，那么上涨记录值的占比就高，局势就是强，直到极端连续上涨时，上涨记录值占据全部总记录值；如果下跌占多，那么上涨记录值的占比就低，局势就是弱，直到极端连续下跌时，上涨记录值为 0。它所说的“相对”就是用上涨记录值 / 总记录值 *100，变成百分（%）值。

使得 RSI 公式变复杂的是它使用了 SMA 的统计计算方法：SMA(X,N,M)，求 X 的 N 日移动平均，M 为权重。算法：若 Y=SMA(X,N,M)，则 Y=(M*X+(N-M)*Y')/N，其中 Y' 表示上一周期的 Y 值，N 必须大于 M。在 RSI 公式中，M=1，而 N 有 3 个，默认值是 6、12、24。也就是说，RSI 把当日数据的权重设为 1，而把之前数据的权重设为 6、12、24。

到这里，我们可能会觉得数学好会占很大便宜。是的，数学好会占一些优势，但是也仅仅是一点点优势。事实上，笔者认为复杂的数学不会给实际的股市投资带来任何好处，甚至是有害的。

曾经有人说过，投资所需要的数学知识，小学四年级的算数就足够了。我们在这里也不会去深究 SMA 等统计数学。我们的观点是如果能够理解、掌握那些复杂的统计数学知识，那最好，但是千万别卖弄，因为沉醉于复杂的数学处理过程会让人忘掉是在搞投资；如果暂时还搞不懂，那也没有问题。EMA、SMA、STD 等都是简单的数据统计方法，没有对本质的影响，公式中已经有的尽管用。但注意不要套叠使用，如 EMA(EMA(EMA(C ,N))) 这种把 EMA 套叠使用三次，就不适当。

RSI 把之前数据的权重设为 6、12、24，而把当日数据的权重仅仅设为 1，并用权重来设置快慢线的做法是值得商榷的。

无论我们持有什么样的观点，都不影响我们把 RSI 公式改进成更好的显示程度。依据 RSI 公式的用法指示，我们把它改进为公式“RSI 改进 1”。

RSI 改进 1

```
LC:=REF(CLOSE,1);
RSI1:SMA(MAX(CLOSE-LC,0),N1,1)/SMA(ABS(CLOSE-LC),N1,1)*100;
RSI2:SMA(MAX(CLOSE-LC,0),N2,1)/SMA(ABS(CLOSE-LC),N2,1)*100;
RSI3:SMA(MAX(CLOSE-LC,0),N3,1)/SMA(ABS(CLOSE-LC),N3,1)*100;
20,DOTLINE,COLORRED;{超卖标准}
80,DOTLINE,COLORGREEN;{超买标准}
SELLAREA:=RSI1>80;{卖区域}
BUYAREA:=RSI1<20;{买区域}
SELLZHU:STICKLINE(SELLAREA,80,RSI1,1,0),COLORGREEN;{卖柱线}
BUYZHU:STICKLINE(BUYAREA,20,RSI1,1,0),COLORRED;{买柱线}
```

在指标公式编辑器中打开公式 RSI，输入以上公式内容，修改公式名称为“RSI 改进 1”，单击【另存为】按钮，即可得到新的公式，如图 2-33 所示。把新公式引入副图区，显示图形如图 2-34 所示。

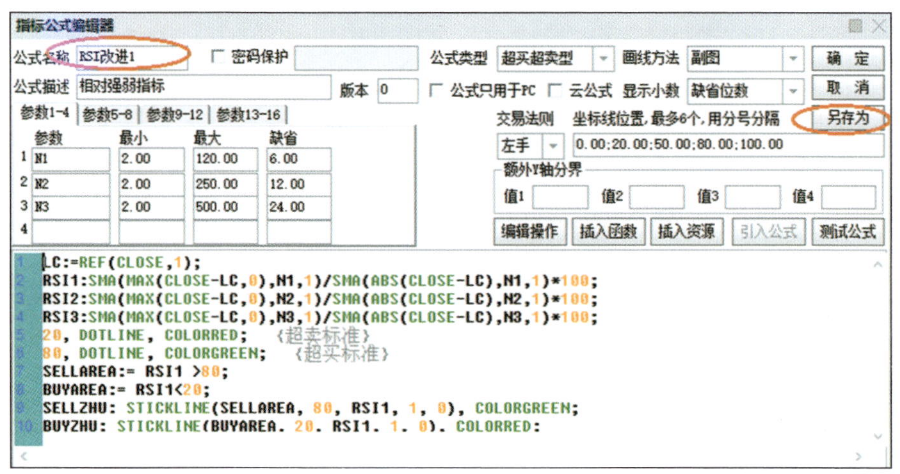

图 2-33 “RSI 改进 1”公式内容

9. KD 随机指标 KD

公式源码

```
RSV:=(CLOSE-LLV(LOW,N))/(HHV(HIGH,N)-LLV(LOW,N))*100;
K:SMA(RSV,M1,1);
D:SMA(K,M2,1);
```

参数设置

N: 最小为 2; 最大为 100; 默认为 9。

图 2-34　“RSI 改进 1”公式显示图形

M1：最小为 2；最大为 100；默认为 3。

M2：最小为 2；最大为 100；默认为 3。

动态翻译

RSV 赋值：(收盘价 −N 日内最低价的最低值)/(N 日内最高价的最高值 −N 日内最低价的最低值)*100。

输出 K：RSV 的 M1 日 [1 日权重] 移动平均。

输出 D：K 的 M2 日 [1 日权重] 移动平均。

用法注释

（1）K 线由右边向下交叉 D 值，视为卖出信号；K 线由右边向上交叉 D 值，视为卖入信号。

（2）高档连续两次向下交叉确认跌势，低档连续两次向上交叉确认涨势。

（3）D 值 <20% 超卖，D 值 >80% 超买。

（4）当 KD 值于 50% 左右徘徊或交叉时，无意义。

（5）投机性太强的个股不适用。

（6）可观察 KD 值同股价的背离，以确认高低点。

解析和改进

KD 公式就是去掉了 J 线的 KDJ 公式。我们在前面讲 KDJ 公式时说过其中的 J 线没有什么实质性意义，完全可以去掉。KD 公式的修改完全可以参照 KDJ 公式的修改，一般来说去掉 KDJ 类公式中有关 J 线的句子，剩下的就是 KD 类公式了。

10. SKDJ　慢速随机指标

公式源码

```
LOWV:=LLV(LOW,N);
HIGHV:=HHV(HIGH,N);
RSV:=EMA((CLOSE-LOWV)/(HIGHV-LOWV)*100,M);
K:EMA(RSV,M);
D:MA(K,M);
```

参数设置

N：最小为 2；最大为 100；默认为 9。

M：最小为 2；最大为 100；默认为 3。

动态翻译

LOWV 赋值：N 日内最低价的最低值。

HIGHV 赋值：N 日内最高价的最高值。

RSV 赋值：(收盘价 -LOWV)/(HIGHV-LOWV)*100 的 M 日指数移动平均。

输出 K：RSV 的 M 日指数移动平均。

输出 D：K 的 M 日简单移动平均。

用法注释

（1）当指标 >80 时，回档概率大；当指标 <20 时，反弹概率大。

（2）当 K 在 20 左右向上交叉 D 时，视为买入信号。

（3）当 K 在 80 左右向下交叉 D 时，视为卖出信号。

（4）SKDJ 波动于 50 左右的任何信号，其作用不大。

解析和改进

KDJ、KD、SKDJ 这三个公式是相似的，它们的实质差异很小，不起主要作用。KD 完全就是去掉了 J 线的 KDJ，而 KDJ 中的 J 线也没有什么实质性意义。SKDJ 使用 EMA 和 MA 计算方法，与 KD 和 KDJ 使用的 SMA 计算方法有差异，但这个差异仅仅是小差异。具体来说，EMA 计算方法中当日数据的权重大于之前数据的权重，MA 计算方法中当日数据和之前数据的权重相同，SMA 计算方法中当日数据的权重小于之前数据的权重。同样的数据经过这三种方法处理后的结果数据是原始数据的波动幅度 >EMA 的结果波动幅度 >MA 的结果波动幅度 >SMA 的结果波动幅度。从显示图形上看，EMA 处理的曲线的峰高于 SMA 处理的曲线的峰，EMA 处理的曲线的谷低于 SMA 处理的曲线的谷。KDJ 和 KD 都是两重移动平均，SKDJ 有三重移动平均处理，这会使得 SKDJ 更圆滑一些，但没有太大的差异。

我们可以直接对照一下 KD 和 SKDJ，看看它们的相同点和不同点。把 KD 和 SKDJ 写到一个公式中，得到一个新公式“KD 对照 SKDJ”。

KD 对照 SKDJ

```
RSV:=(CLOSE-LLV(LOW,N))/(HHV(HIGH,N)-LLV(LOW,N))*100;
K:SMA(RSV,M1,1),COLORRED;
D:SMA(K,M2,1),COLORMAGENTA;
LOWV:=LLV(LOW,N);
HIGHV:=HHV(HIGH,N);
SRSV:=EMA((CLOSE-LOWV)/(HIGHV-LOWV)*100,M1);
SK:EMA(SRSV,M1),COLORBLUE;
SD:MA(SK,M1),COLORGREEN;
```

注意：在合并公式时，SKDJ 原来的“RSV、K、D”分别改写成“SRSV、SK、SD”，并且设定各条曲线的颜色，即 K 为红色、D 为粉色、SK 为蓝色、SD 为绿色，以便于区分。

在指标公式编辑器中打开公式 KD，输入以上公式内容，修改公式名称为“KD 对照 SKDJ”，单击【另存为】按钮，即可得到新的公式，如图 2-35 所示。把新公式引入副图区，显示图形如图 2-36 所示。

在一般情况下，SKDJ 的两条线 SK、SD 组合介于 KD 的两条线 K、D 组合之间，但在超买超卖区的峰、谷区域，SK、SD 组合更倾向于跑到 K、D 组合的外侧。这是由于这两个公式采用的数据处理方式不同造成的。KD 公式中的 RSV 几乎是原始数据，K 经过 SMA 方法处理会圆滑一些，D 再经过 SMA 方法处理会更圆滑一些；SKDJ 公式中的 SRSV 经过 EMA 方法处理稍微圆滑一些，SK 再经过 EMA 方法处理又圆滑一些，SD 又增加一次 MA 方法处理更加圆滑一些。详细解释 SMA、EMA、MA 这些方法处理造成的数据变化程度是一件很难的事，也超出了本书的知识范围和股票投资所需的知识范围。好在它们的那点差异不会

图 2-35 “KD 对照 SKDJ”公式内容

图 2-36 “KD 对照 SKDJ”公式显示图形

带来什么实质性的影响,所以我们完全可以忽略这个差异。数学爱好者倒是可以另花一些时间研读一些数据统计处理类的书籍,拓展知识面。

到这里,我们已经知道 KDJ、KD、SKDJ 这三个公式在原理上是相同的,在应用上也是相同的,它们之间的差异很小,可以忽略不计,对这三个公式的改进、优化方法也是通用的。

11. UDL　引力线

公式源码

```
UDL:(MA(CLOSE,N1)+MA(CLOSE,N2)+MA(CLOSE,N3)+MA(CLOSE,N4))/4;
MAUDL:MA(UDL,M);
```

参数设置

N1: 最小为 2; 最大为 20; 默认为 3。

N2: 最小为 2; 最大为 30; 默认为 5。

N3: 最小为 2; 最大为 60; 默认为 10。

N4: 最小为 2; 最大为 120; 默认为 20。

M: 最小为 2; 最大为 10; 默认为 6。

动态翻译

输出引力线:(收盘价的 N1 日简单移动平均 + 收盘价的 N2 日简单移动平均 + 收盘价的 N3 日简单移动平均 + 收盘价的 N4 日简单移动平均)/4。

输出 MAUDL: UDL 的 M 日简单移动平均。

用法注释

(1)本指标的超买超卖界限值随个股的不同而不同,使用者应自行调整。

(2)使用时,可列出一年以上走势图,观察其常态性分布范围,然后用参考线设定其超买超卖范围。通常,当 UDL 高于某个极限时,短期股价会下跌;当 UDL 低于某个极限时,短期股价会上涨。

(3)本指标可设参考线。

解析和改进

UDL 的含义是什么?我们来分析一下。C 是收盘价,如果我们用 C0 来代表当日的收盘价、C1 代表它前 1 日的收盘价、C2 代表它前 2 日的收盘价,并以此类推,就可以列出:

MA(C, 3) = 1/3(C0 +C1 +C2)(UDL 的 N1 的默认值为 3)

MA(C, 5) = 1/5(C0 +C1 +C2 +C3 +C4)(UDL 的 N2 的默认值为 5)

MA(C, 10) = 1/10(C0 +C1 +C2 + … +C8 +C9)(UDL 的 N3 的默认值为 10)

MA(C, 20) = 1/20(C0 +C1 +C2 + … +C18 +C19)(UDL 的 N4 的默认值为 20)

UDL =(MA(CLOSE,N1)+MA(CLOSE,N2)+MA(CLOSE,N3)+MA(CLOSE,N4))/4

= (1/3 +1/5 +1/10 +1/20)*(C0 +C1 +C2) +(1/5 +1/10 +1/20)*(C3 + C4)+(1/10 +1/20)*(C5 +C6 +C7 +C8 +C9) +1/20(C10 +C11 + … +C19)

原来,UDL 就是把 20 日的价格进行了加权平均,即最近 3 日的价格(C0、C1、C2)用了4 次,权重大约是 14×1/20(1/3 +1/5 +1/10 +1/20);C3、C4 用了 3 次,权重是 7×1/20;C5~C9 用了 2 次,权重是 3×1/20;C10~C19 用了 1 次,权重是 1×1/20。UDL 用加权的移动平均价格来表现价格的变化,认为近日价格的重要性高于远日价格的重要性,公式中体现出近 3 日价格的重要性(权重)是之前第 10~20 日价格重要性的 14 倍。简单地说,UDL 认为今天的价格对未来的影响最大,越早的价格对未来的影响越小,类似一个加权的均线系统。

“MAUDL: MA(UDL, 6);”是用数学移动平均值的方法形成一条慢线,与快线 UDL 组合交叉,模拟表现股价波浪走势状态。

我们可以用一个有两条均线的公式来与 UDL 公式进行对照,将新公式命名为“UDL 均线”。

UDL 均线

```
UDL:(MA(C,N1)+MA(C,N2)+MA(C,N3)+MA(C,N4))/4,COLORRED;
MAUDL:MA(UDL,M),COLORMAGENTA;
MA5:MA(C,5),COLORBLUE;
MA12:MA(C,12),COLORBROWN;
```

在指标公式编辑器中打开公式 UDL,输入以上公式内容,修改公式名称为“UDL 均线”,单击【另存为】按钮,即可得到新的公式,如图 2-37 所示。把新公式引入副图区,显示图形如图 2-38 所示。

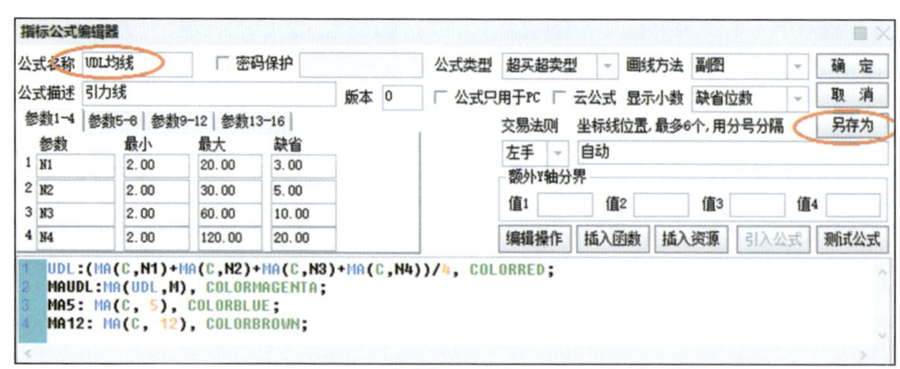

图 2-37 “UDL 均线”公式内容

图 2-38　"UDL 均线"公式显示图形

对照 UDL 的两条曲线 UDL、MAUDL 和两条均线 MA5、MA12，它们的形状大致相同，并且纠缠在一起，MA5、MA12 的波动幅度更大一些、峰更高一些、谷更低一些，但它们在高区和低区的上穿、下穿位置几乎一样。

UDL 公式的用法注释中说"本指标的超买超卖界限值随个股的不同而不同，使用者应自行调整"，这是由于它使用股价的数值作为标尺而导致的，股价个个不同，高价股百元以上，低价股 3 元、5 元，当然不可能有相似的超买超卖界限值。对 UDL 公式的改进、优化也就自然而然地包括修改绝对数值为相对数值。我们试着改进它为公式"UDL 改进 1"。

UDL 改进 1

```
    UDLORG:=(MA(C,N1)+MA(C,N2)+MA(C,N3)+MA(C,N4))/4;
    UDL:(UDLORG-MA(C,120))/MA(C,120)*100;
    MAUDL:MA(UDL,M);
    CHAOBUY,DOTLINE,COLORGREEN;{超买界限值}
    -CHAOBUY,DOTLINE,COLORRED;{超卖界限值}
    SELLAREA:STICKLINE(UDL>CHAOBUY,CHAOBUY,UDL,1,0),
COLORGREEN;
    BUYAREA:STICKLINE(UDL<-CHAOBUY,-CHAOBUY,UDL,1,0),
COLORRED;
```

增加参数设置

CHAOBUY：最小为 5；最大为 50；默认为 14。

在指标公式编辑器中打开公式 UDL，输入以上公式内容，修改公式名称为"UDL 改进 1"，单击【另存为】按钮，即可得到新的公式，如图 2-39 所示。把新公式引入副图区，显示图形如图 2-40 所示。在公式"UDL 改进 1"中，把原来的 UDL 改成 UDLORG，再把 UDLORG 与 120 日均价的差值除以 120 日均价变成相对百分（%）值，成为新的 UDL。在这里，我们引入了 120 日均线，实际上相当于引入了一种假设，即 120 日均线有足够的稳定性，股价偏离 120 日均线过大，就会有回归的趋势，这样的假设一般是合理的。

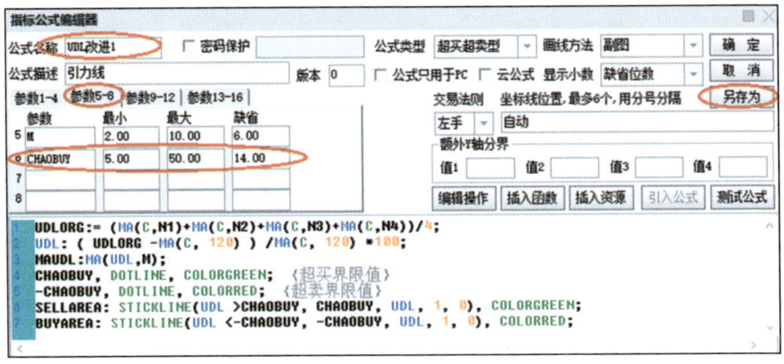

图 2-39 "UDL 改进 1"公式内容

图 2-40 "UDL 改进 1"公式显示图形

我们再来看看新改进公式的显示情况，两条曲线的形状、交叉、纠缠位置完全与原公式的两条曲线相仿；采用相对数值，基本以 0 为中轴线，使得超买超卖界限的设定具有了普遍意义。新改进公式的显示效果要明显优于原公式的显示效果。

12. WR　威廉指标

公式源码

```
WR1:100*(HHV(HIGH,N)-CLOSE)/(HHV(HIGH,N)-LLV(LOW,N));
WR2:100*(HHV(HIGH,N1)-CLOSE)/(HHV(HIGH,N1)-LLV(LOW,N1));
```

参数设置

N：最小为 2；最大为 100；默认为 10。

N1：最小为 2；最大为 100；默认为 6。

动态翻译

输出 WR1：100*(N 日内最高价的最高值 – 收盘价)/(N 日内最高价的最高值 –N 日内最低价的最低值)。

输出 WR2：100*(N1 日内最高价的最高值 – 收盘价)/(N1 日内最高价的最高值 –N1 日内最低价的最低值)。

用法注释

（1）WR 波动于 0~100，100 置于顶部，0 置于底部。

（2）本指标以 50 为中轴线，高于 50 视为股价转强，低于 50 视为股价转弱。

（3）本指标高于 20 后再度向下跌破 20，卖出；低于 80 后再度向上突破 80，买入。

（4）WR 连续触底 3~4 次，股价向下反转概率大；连续触顶 3~4 次，股价向上反转概率大。

解析和改进

如果你比较熟悉指标公式，一看就知道 WR 是一个 KDJ 类型的指标，它们采用的基本指标相同，KD 的 (C –L)/(H –L)*100 和 WR 的 (H –C)/(H –L)*100 都是 C 在 H~L 位置的百分比（%）相对值。

我们可以做一个演算：

KD 的 RSV = (C –LLV(L，N))/(HHV(H，N)–LLV(L，N))*100

WR 的 WR1 =100*(HHV(H, N)−C)/(HHV(H, N)−LLV(L, N))

RSV +WR1 = (C −LLV(L, N))/(HHV(H, N)−LLV(L, N))*100 +100*(HHV(H, N)−C)/(HHV(H, N)−LLV(L, N))

=100*(C −LLV(L, N) +HHV(H, N) −C) /(HHV(H, N)−LLV(L, N))

=100*(−LLV(L, N) +HHV(H, N)) /(HHV(H, N)−LLV(L, N))

=100

因为 C 是在 H~L 之间变化的,这就说明 RSV 和 WR1 是以 50 为对称轴的两条曲线,RSV=100−WR1,WR1=100−RSV。当然,以 RSV 和 WR1 为基础的其他数据也就是轴对称的关系了,会有因数据处理方法不同所带来结果上的小差异。

WR 公式有明显的小缺点,它把快线排在慢线之后,带来与习惯不同的不便之处。我们把它稍微改动一下,把参数 N 的默认值改成 6,把参数 N1 的默认值改成 10,得到一个新公式“WR 改进 1”,如图 2-41 所示。

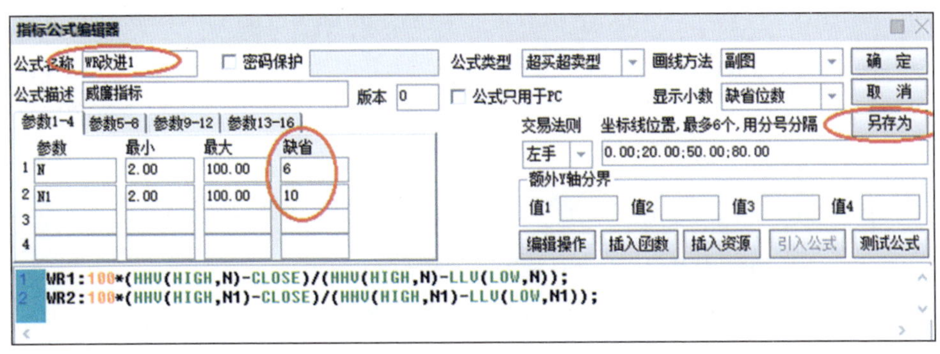

图 2-41 “WR 改进 1”公式内容

把公式“WR 改进 1”引入副图区,显示图形如图 2-42 所示。与原 WR 公式相比,只是把快线和慢线互换了,符合快线在前、慢线在后的习惯做法。当然,还有一种方法也可以达到同样的互换效果,就是把公式中的句子 WR2 移到 WR1 前面(参数不变)。

由于书籍有篇幅限制,不能什么都包含,我们只能挑重要的、有启发作用的内容写,对于没有启发作用或类似的内容,我们就少写或不写。WR 公式很粗糙,和它原理一样的 LWR 公式就好很多,下面我们将会讲解 LWR 公式。

图 2-42　“WR 改进 1”公式显示图形

13. LWR　威廉指标

公式源码

```
RSV:=(HHV(HIGH,N)-CLOSE)/(HHV(HIGH,N)-LLV(LOW,N))*100;
LWR1:SMA(RSV,M1,1);
LWR2:SMA(LWR1,M2,1);
```

参数设置

N: 最小为 2; 最大为 100; 默认为 9。

N: 最小为 2; 最大为 40; 默认为 3。

N: 最小为 2; 最大为 40; 默认为 3。

动态翻译

RSV 赋值：(N 日内最高价的最高值 − 收盘价)/(N 日内最高价的最高值 −N 日内最低价的最低值)*100。

输出 LWR1: RSV 的 M1 日 [1 日权重] 移动平均。

输出 LWR2: LWR1 的 M2 日 [1 日权重] 移动平均。

用法注释

（1）LWR2 < 20，超买；LWR2 > 80，超卖。

（2）LWR1 向下跌破 LWR2，视为强势信号；LWR1 向上突破 LWR2，视为弱势信号。

解析和改进

LWR 完全就是 KD 的对称版，对照一下两个公式就可以看出来。

RSV(KD) +RSV(LWR) =100

K =SMA(RSV,M1,1) = 100 −LWR1

D =SMA(K,M2,1) 相当于 LWR2 =SMA(LWR1,M2,1)

LWR 和 KD 完全就是以 50 为对称轴的两个双线组合。两个公式的参数名称和默认值都相同，我们可以简单地把两个公式合并起来，得到一个新公式“KD 和 LWR”。

KD 和 LWR

```
    RSV:=(CLOSE-LLV(LOW,N))/(HHV(HIGH,N)-LLV(LOW,N))*100;
    K:SMA(RSV,M1,1);
    D:SMA(K,M2,1);
    ZHONGZHOU:50,COLORGRAY;{中轴}
    RSVLWR:=(HHV(HIGH,N)-CLOSE)/(HHV(HIGH,N)-LLV(LOW,N))*100;
{LWR的RSV}
    LWR1:SMA(RSVLWR,M1,1),COLORGREEN;
    LWR2:SMA(LWR1,M2,1),COLORRED;
```

在指标公式编辑器中打开公式 KD，输入以上公式内容，修改公式名称为“KD 和 LWR”，单击【另存为】按钮，即可得到新的公式，如图 2-43 所示。把新公式引入副图区，显示图形如图 2-44 所示。

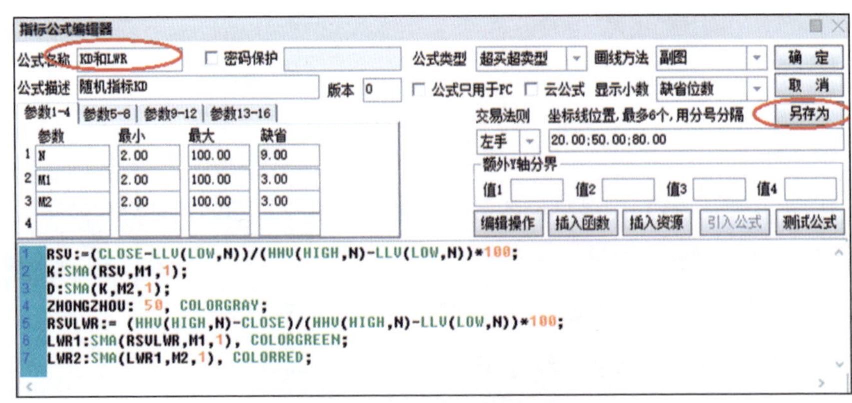

图 2-43　“KD 和 LWR”公式内容

图 2-44　“KD 和 LWR”公式显示图形

在图 2-44 中，KD 公式的两条曲线是蓝色 K 和粉色 D；LWR 公式的两条曲线是绿色 LWR1 和红色 LWR2。以 50 为对称轴，LWR1 与 K 对称，LWR2 与 D 对称。这让我们联想到很多经典公式之间是有联系的，甚至有些公式就是相似的，或者是反向对称的。

既然 LWR 与 KD 是对称的，那么用在 KD 公式上的改进、优化方法也就可以用在 LWR 公式上了。

改进的 LWR 公式“LWR 改进 1”

```
RSV:=(HHV(HIGH,N)-CLOSE)/(HHV(HIGH,N)-LLV(LOW,N))*100;
LWR1:SMA(RSV,M1,1);
LWR2:SMA(LWR1,M2,1);
80,DOTLINE,COLORRED;{超卖界限值}
20,DOTLINE,COLORGREEN;{超买界限值}
BUYAREA:=LWR2>80;
SELLAREA:=LWR2<20;
BUYAR:STICKLINE(BUYAREA,80,LWR2,1,0),COLORRED;
SELLAR:STICKLINE(SELLAREA,20,LWR2,1,0),COLORGREEN;
BUYXINHAO:=CROSS(LWR2,LWR1)AND(LWR2>80ORREF(LWR2,1)>80);
SELLXINHAO:=CROSS(LWR1,LWR2)AND(LWR2<20ORREF(LWR2,
1)<20);
BUYIC:DRAWICON(BUYXINHAO,70,1);{买入图标icon}
```

```
    SELLIC:DRAWICON(SELLXINHAO,35,2);{卖出图标icon}
    BUYSZ:DRAWNUMBER(FILTER(BUYXINHAO,6),60,ROUND(LWR2)),
COLORRED;
    SELLSZ:DRAWNUMBER(FILTER(SELLXINHAO,6),45,ROUND(LWR2)),
COLORGREEN;
    {修改日期:2023.01.28,BUYZS——买数值; SELLSZ——卖数值};
```

这里的“{ 修改日期: 2023.01.28 }”可以加入公式中，用来提示我们修改公式的时间。因为“{ }”是注释符号，其中的内容仅仅做说明使用，不参与公式的运算，所以“{ 修改日期 : 2023.01.28 }”有没有均可。

要注意的是，KD 和 LWR 还是有一点区别的，即 KD 采用快线 K 作为判断超买超卖的数值标准，而 LWR 采用慢线 LWR2 作为判断超买超卖的数值标准。这使得在一般情况下，LWR 的超买超卖区域比 KD 的超买超卖区域稍微小一些。

在指标公式编辑器中打开公式 LWR，输入以上公式内容，修改公式名称为“LWR 改进 1”，单击【另存为】按钮，即可得到新的公式。把新公式引入副图区，显示图形如图 2-45 所示。

图 2-45 “LWR 改进 1”公式显示图形

14. MARSI 相对强弱平均线

公式源码

```
DIF:=CLOSE-REF(CLOSE,1);
VU:=IF(DIF>=0,DIF,0);
VD:=IF(DIF<0,-DIF,0);
MAU1:=MEMA(VU,M1);
MAD1:=MEMA(VD,M1);
MAU2:=MEMA(VU,M2);
MAD2:=MEMA(VD,M2);
RSI1:MA(100*MAU1/(MAU1+MAD1),M1);
RSI2:MA(100*MAU2/(MAU2+MAD2),M2);
```

参数设置

M1: 最小为 2; 最大为 100; 默认为 60。

M2: 最小为 2; 最大 为 60; 默认为 6。

动态翻译

DIF 赋值: 收盘价 -1 日前的收盘价。

VU 赋值: 如果 DIF>=0, 则返回 DIF; 否则返回 0。

VD 赋值: 如果 DIF<0, 返回 -DIF; 否则返回 0。

MAU1 赋值: VU 的 M1 日平滑移动平均。

MAD1 赋值: VD 的 M1 日平滑移动平均。

MAU2 赋值: VU 的 M2 日平滑移动平均。

MAD2 赋值: VD 的 M2 日平滑移动平均。

输出 RSI1: 100*MAU1/(MAU1+MAD1) 的 M1 日简单移动平均。

输出 RSI2: 100*MAU2/(MAU2+MAD2) 的 M2 日简单移动平均。

用法注释

(1) RSI>80 为超买; RSI<20 为超卖。

(2) RSI 以 50 为中轴线, 大于 50 视为多头行情, 小于 50 视为空头行情。

(3) 当 RSI 在 80 以上形成M头或头肩顶形态时, 视为向下反转信号。

(4) 当 RSI 在 20 以下形成W底或头肩底形态时, 视为向上反转信号。

(5) 当 RSI 向上突破其高点连线时, 买入; 当 RSI 向下跌破其低点连线时, 卖出。

解析和改进

MARSI 的基本原理和 RSI 的基本原理是一样的, 都采用上涨的累计值占上涨和下跌的绝对值的累计值的百分（%）相对值作为基本分析数据，也就是区间上涨累计值 ÷（区间上涨绝对值累计值 + 区间下跌绝对值累计值）×100。但它们的数据处理方法不同，造成 RSI 的波动幅度大，显示曲线波折多，看起来就困难一些；而 MARSI 的波动幅度小，显示曲线平滑，看起来和判断起来就容易一些。这些都是数据处理方法所带来的便利，数据本身的实质性含义没有增加。我们把它们同时放入副图区，就能看到这样的差异，如图 2-46 所示。

图 2-46　RSI 对照 MARSI 显示图形

对照显示，MARSI 很少有模糊杂乱的上穿、下穿交叉点，优势明显。这样，在一般情况下，以 MARSI 为好。我们来改进一下 MARSI 公式，将新公式命名为“MARSI 改进 1”。

MARSI 改进 1

```
DIF:=CLOSE-REF(CLOSE,1);
VU:=IF(DIF>=0,DIF,0);
VD:=IF(DIF<0,-DIF,0);
MAU1:=MEMA(VU,M1);
MAD1:=MEMA(VD,M1);
MAU2:=MEMA(VU,M2);
MAD2:=MEMA(VD,M2);
RSI1:MA(100*MAU1/(MAU1+MAD1),M1);
```

```
RSI2:MA(100*MAU2/(MAU2+MAD2),M2);
80,DOTLINE,COLORGREEN;{超买界限值}
20,DOTLINE,COLORRED;{超卖界限值}
SELLAREA:=RSI1>80;
BUYAREA:=RSI1<20;
SELLAR:STICKLINE(SELLAREA,80,RSI1,1,0),COLORGREEN;
BUYAR:STICKLINE(BUYAREA,20,RSI1,1,0),COLORRED;
```

另外，在 MARSI 公式中把慢线和长期参数排在快线和短期参数之前，我们可以使用直接修改参数的方法进行修改。在指标公式编辑器中打开公式 MARSI，输入以上公式内容，改动参数，修改公式名称为“MARSI 改进 1”，单击【另存为】按钮，即可得到新的公式，如图 2-47 所示。

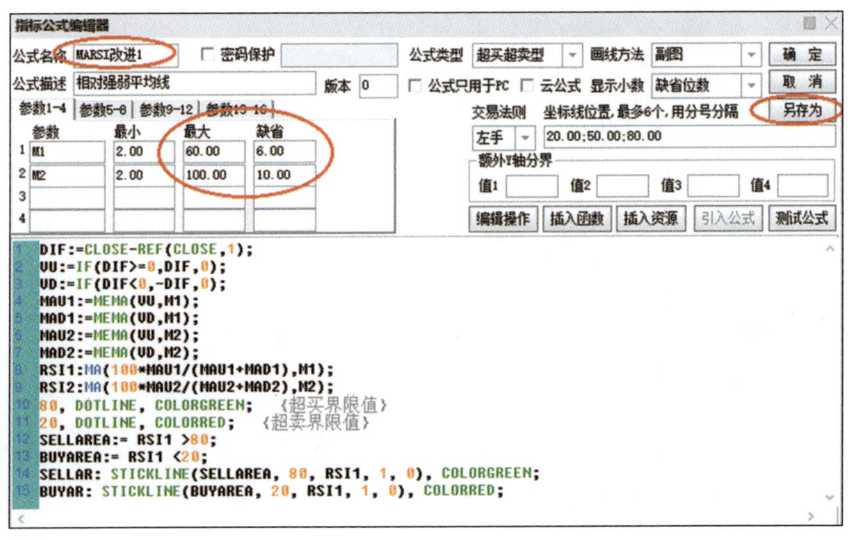

图 2-47　“MARSI 改进 1”公式内容

把公式“MARSI 改进 1”引入副图区，与 MARSI 对照显示，如图 2-48 所示。新公式把快线和短期参数放在慢线和长期参数之前，符合一般的习惯做法；用绿色横线显示超买界限，用红色横线显示超卖界限；用绿色竖线标识超买区域，用红色竖线标识超卖区域。

15. BIAS-QL　乖离率 - 传统版

公式源码

```
BIAS:(CLOSE-MA(CLOSE,N))/MA(CLOSE,N)*100;
BIASMA:MA(BIAS,M);
```

图 2-48 "MARSI 改进 1"公式显示图形

参数设置

N: 最小为 2; 最大为 250; 默认为 6。

M: 最小为 2; 最大 为 250; 默认为 6。

动态翻译

输出乖离率: (收盘价 - 收盘价的 N 日简单移动平均)/ 收盘价的 N 日简单移动平均 *100。

输出 BIASMA: 乖离率的 M 日简单移动平均。

解析和改进

BIAS-QL 计算考查的是股价与某时段均价的相对百分(%)差值。原理上,它假设时段均价具有较高的稳定性,如果股价偏离均价太多,就会有向均价回归的倾向。但它的快线 BIAS 波折太多,不容易把握。

16. BIAS 乖离率

公式源码

```
BIAS1:(CLOSE-MA(CLOSE,N1))/MA(CLOSE,N1)*100;
BIAS2:(CLOSE-MA(CLOSE,N2))/MA(CLOSE,N2)*100;
BIAS3:(CLOSE-MA(CLOSE,N3))/MA(CLOSE,N3)*100;
```

参数设置

N1: 最小为 2; 最大为 250; 默认为 6。

N2：最小为 2；最大为 250；默认为 12。

N3：最小为 2；最大为 250；默认为 24。

动态翻译

输出 BIAS1：(收盘价 - 收盘价的 N1 日简单移动平均)/ 收盘价的 N1 日简单移动平均 *100。

输出 BIAS2：(收盘价 - 收盘价的 N2 日简单移动平均)/ 收盘价的 N2 日简单移动平均 *100。

输出 BIAS3：(收盘价 - 收盘价的 N3 日简单移动平均)/ 收盘价的 N3 日简单移动平均 *100。

用法注释

（1）本指标的乖离极限值随个股的不同而不同，使用者可利用参考线设定，固定其乖离范围。

（2）当股价的正乖离扩大到一定极限时，股价会产生向下拉回的作用力。

（3）当股价的负乖离扩大到一定极限时，股价会产生向上拉升的作用力。

（4）本指标可设参考线。

解析和改进

BIAS 使用收盘价与短、中、长周期平均价的差值的百分（%）相对值形成三条曲线，来考查股价偏离移动平均价的幅度。与 BIAS-QL 一样，BIAS 也认为移动平均价具有较高的稳定性，股价偏离均价太多就会有回归的倾向。

BIAS 以 0 值为中轴线，正值时为正乖离，负值时为负乖离。经验性的一般观点认为，股价与 6 日平均线乖离率达 +5 以上为超买现象，是卖出时机；达 -5 以下为超卖现象，为买入时机。股价与 12 日平均线乖离率达 +7 以上为超买现象，是卖出时机；达 -7 以下为超卖现象，为买入时机。股价与 24 日平均线乖离率达 +11 以上为超买现象，是卖出时机；达 -11 以下为超卖现象，为买入时机。

我们把这个经验观点写入公式中，命名为“BIAS 改进 1”。

BIAS 改进 1

```
    BIAS1:(CLOSE-MA(CLOSE,N1))/MA(CLOSE,N1)*100;
    BIAS2:(CLOSE-MA(CLOSE,N2))/MA(CLOSE,N2)*100;
    BIAS3:(CLOSE-MA(CLOSE,N3))/MA(CLOSE,N3)*100;
    BIAS1CHAOBUY:=BIAS1>5;{BIAS1超买}
    BIAS1CHAOBUYLN:IF(BIAS1CHAOBUY,5,DRAWNULL),LINETHICK2,
COLORGRAY;
```

```
    BIAS2CHAOBUY:=BIAS2>7;{BIAS2超买}
    BIAS2CHAOBUYLN:IF(BIAS2CHAOBUY,7,DRAWNULL),LINETHICK2,
COLORBLUE;
    BIAS3CHAOBUY:=BIAS3>11;{BIAS3超买}
    BIAS3CHAOBUYLN:IF(BIAS3CHAOBUY,11,DRAWNULL),LINETHICK2,
COLORGREEN;
    BIASCHAOBUY:=BIAS1CHAOBUY AND BIAS2CHAOBUY AND BIAS3CHAOBUY;
    BIASCHAOBUYZHU:STICKLINE(BIASCHAOBUY,11,BIAS3,1,0),
COLORGREEN;
    BIAS1CHAOSELL:=BIAS1<-5;{BIAS1超卖}
    BIAS1CHAOSELLLN:IF(BIAS1CHAOSELL,-5, DRAWNULL),LINETHICK2,
COLORBROWN;
    BIAS2CHAOSELL:=BIAS2<-7;{BIAS2超卖}
    BIAS2CHAOSELLLN:IF(BIAS2CHAOSELL,-7,DRAWNULL),LINETHICK2,
COLORMAGENTA;
    BIAS3CHAOSELL:=BIAS3<-11;{BIAS3超卖}
    BIAS3CHAOSELLLN:IF(BIAS3CHAOSELL,-11,DRAWNULL),LINETHICK2,
COLORRED;
    BIASCHAOSELL:=BIAS1CHAOSELL AND BIAS2CHAOSELL AND
BIAS3CHAOSELL;
    BIASCHAOSELLZHU:STICKLINE(BIASCHAOSELL,-11,BIAS3,1,0),
COLORRED;
```

将新公式引入副图区，显示图形如图 2-49 所示。我们用 +5、+7、+11 位置上的彩色横线分别标识 BIAS1、BIAS2、BIAS3 处于超买状态，用绿色竖线标识整体处于超买状态（三条线都处于超买状态）。用 −5、−7、−11 位置上的彩色横线分别标识 BIAS1、BIAS2、BIAS3 处于超卖状态，用红色竖线标识整体处于超卖状态。

图 2-49 “BIAS 改进 1”公式显示图形

17. BIAS36　三六乖离

公式源码

```
BIAS36:MA(CLOSE,3)-MA(CLOSE,6);
BIAS612:MA(CLOSE,6)-MA(CLOSE,12);
MABIAS:MA(BIAS36,M);
```

解析和改进

BIAS36 采用股价短期、长期均价差值的绝对数值作为考查数据。这类采用绝对数值公式的显示曲线随高价股、低价股的变化极大，不符合超买超卖型公式界限设置的统一性要求，我们就不过多讨论了。

对这类公式的一种修改方法就是把这些绝对数值除以一个具有较高稳定性的同类数据，把它们变成百分（%）相对数据。例如 BIAS36 就可以除以 MA(C, 120) 或类似的数据，变成百分（%）相对数值。

BIAS36 改进 1

```
BIAS36:(MA(CLOSE,3)-MA(CLOSE,6))/MA(C,120)*100;
BIAS612:(MA(CLOSE,6)-MA(CLOSE,12))/MA(C,120)*100;
MABIAS:MA(BIAS36,M);
```

18. BB　布林极限和 WIDTH　布林极限宽

这两个公式属于系统保密公式，不知道它们具体的源代码。它们都是由 BOLL 公式改进变化而来的，布林线、布林极限、布林极限宽三者构成一组指标群，可配合使用。

BB 的基本计算公式是布林极限（BB）=（收盘价 - 布林线下轨价格）/（布林线上轨价格 - 布林线下轨价格）*100。WIDTH 的基本计算公式是布林极限宽（WIDTH)=（布林上限值 - 布林下限值）/ 布林股价平均值。但我们不知道具体的计算方法和计算过程。

虽然我们无法打开修改保密类的公式，但我们仍然可以使用引用的方法把它们的曲线引用到新公式中，再对新公式进行修改、优化。例如建立一个新公式“BB 引用 1”。

BB 引用 1

```
BBYINYONG:BB.BB(M);{引用公式BB的输出线BB}
MAYINYONG:BB.MA(M);{引用公式BB的输出线MA}
100,DOTLINE,COLORGREEN;
```

```
    0,DOTLINE,COLORRED;
    GAOQVYU:STICKLINE(BBYINYONG>100,100,BBYINYONG,1,0),
COLORGREEN;
    DIQVYU:STICKLINE(BBYINYONG<0,0,BBYINYONG,1,0),COLORRED;
{低区域}
```

参数设置

M：最小为 2；最大为 200；默认为 6。

打开指标公式编辑器，输入以上公式内容，单击【确定】按钮，完成公式的建立，如图 2-50 所示。

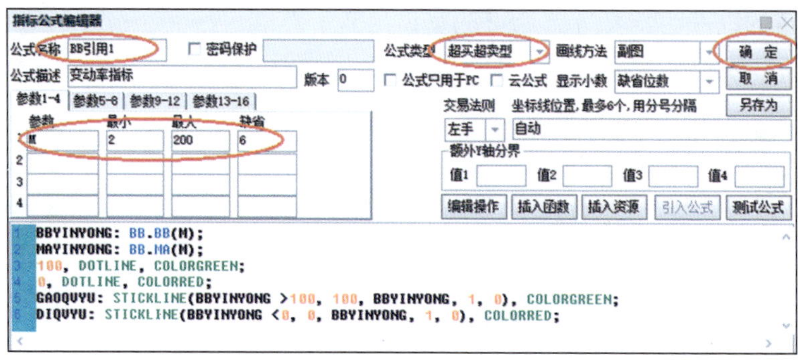

图 2-50 “BB 引用 1” 公式内容

把公式“BB 引用 1”引入副图区与原公式 BB 对照，显示图形如图 2-51 所示。

图 2-51 “BB 引用 1” 公式显示图形

有时我们能从曲线的形状上试着猜测出公式的某些部分，对公式越熟练就会猜测出越多。例如，BB 公式中的 MA 线的公式句子是“MA:SMA(BB,3,1);”。

右击副图区指标公式的数字，在弹出的快捷键菜单中选择【指标用法注释】命令，可以打开查看这个指标的使用方法。下面是 BB 的用法注释。

（1）布林极限的主要作用在于辅助布林线辨别股价买卖点的真伪。

（2）BB>100，代表股价穿越布林线上限；BB<0，代表股价穿越布林线下限。

（3）当 BB 一顶比一顶低时，股价向上穿越布林线上限所产生的卖出信号的可靠度高。

（4）当 BB 一底比一底高时，股价向下穿越布林线下限所产生的买入信号的可靠度高。

（5）布林线、布林极限、布林极限宽三者构成一组指标群，可配合使用。

下面是 WIDTH 的用法注释。

（1）极限宽的主要作用在于辅助布林线搜索即将发动行情的个股。

（2）极限宽的极限数据随个股的不同而不同，使用者应自行观察后判定。

（3）在一般情形下，当极限宽下跌至 3% 左右的水平时，该股随时有爆发大行情的可能。

（4）布林线、布林极限、布林极限宽三者构成一组指标群，可配合使用。

19. ADTM　动态买卖气指标

公式源码

```
DTM:=IF(OPEN<=REF(OPEN,1),0,MAX((HIGH-OPEN),(OPEN-REF(OPEN,1)
)));
DBM:=IF(OPEN>=REF(OPEN,1),0,MAX((OPEN-LOW),(OPEN-REF(OPEN,1)
)));
STM:=SUM(DTM,N);
SBM:=SUM(DBM,N);
ADTM:IF(STM>SBM,(STM-SBM)/STM,IF(STM=SBM,0,(STM-SBM)/SBM));
MAADTM:MA(ADTM,M);
```

参数设置

N：最小为 2；最大为 100；默认为 23。

M：最小为 2；最大为 100；默认为 8。

动态翻译

DTM 赋值：如果开盘价≤ 1 日前的开盘价，则返回 0；否则返回（最高价 -

开盘价）和（开盘价 -1 日前的开盘价）的较大值。

DBM 赋值：如果开盘价≥ 1 日前的开盘价，则返回 0；否则返回（开盘价 - 最低价）和（开盘价 -1 日前的开盘价）的较大值。

STM 赋值：DTM 的 N 日累和。

SBM 赋值：DBM 的 N 日累和。

输出动态买卖气指标：如果 STM>SBM，则返回 (STM-SBM)/STM，否则返回如果 STM=SBM，则返回 0，否则返回 (STM-SBM)/SBM。

输出 MAADTM：ADTM 的 M 日简单移动平均。

用法注释

（1）该指标在 -1~+1 波动。

（2）低于 -0.5 时为很好的买入点，高于 +0.5 时应注意风险。

解析和改进

ADTM 公式写得有点拗口，我们把它写得直接一些，得到一个新公式“ADTM 直接”。

ADTM 直接

```
DTM:=IF(O>REF(O,1),MAX(H-O,O-REF(O,1)),0);
DBM:=IF(O<REF(O,1),O-L,0);
STM:=SUM(DTM,N);
SBM:=SUM(DBM,N);
ADTM:IF(STM>SBM,(STM-SBM)/STM,IF(STM=SBM,0,(STM-SBM)/SBM));
MAADTM:MA(ADTM,M);
```

新公式与原来的公式 ADTM 完全是等价的，我们只是为了容易理解，才把它写成简洁的形式，在后面的改写、优化过程中，我们仍然以 ADTM 原公式为基础。它以开盘价为判别标准，对股价的差值分别累加。如果当天的开盘价高，就累加到 STM 中；如果当天的开盘价低，就累加到 SBM 中。很奇怪，它为什么用开盘价，而不用收盘价？一般认为收盘价更代表股价。

我们试试看，把 ADTM 公式中的开盘价 O 换成收盘价 C 会怎样。首先，把 ADTM 中的 O 全部换成 C，改写成公式“ADTM 收盘全”；其次，仅仅把 DTM、DBM 的判断标准中的 O 换成 C，其他的保持不变，改写成公式“ADTM 收分”。

ADTM 收盘全

```
DTM:=IF(C<=REF(C,1),0,MAX((H -C),(C -REF(C,1))));
DBM:=IF(C>=REF(C,1),0,C -L);
STM:=SUM(DTM,N);
```

```
SBM:=SUM(DBM,N);
ADTM:IF(STM>SBM,(STM-SBM)/STM,IF(STM=SBM,0,(STM-SBM)/SBM));
MAADTM:MA(ADTM,M);
0.5,DOTLINE,COLORGREEN;
-0.5,DOTLINE,COLORRED;
```

ADTM 收分

```
DTM:=IF(C<=REF(C,1),0,MAX((H -O),(O -REF(O,1))));
DBM:=IF(C>=REF(C,1),0,MAX((O -L),(O -REF(O,1))));
STM:=SUM(DTM,N);
SBM:=SUM(DBM,N);
ADTM:IF(STM>SBM,(STM-SBM)/STM,IF(STM=SBM,0,(STM-SBM)/SBM));
MAADTM:MA(ADTM,M);
0.5,DOTLINE,COLORGREEN;
-0.5,DOTLINE,COLORRED;
```

把这两个公式在指标公式编辑器里分别完成，再把它们都引入副图区，与ADTM 公式一起显示，如图 2-52 所示。对照显示，三个公式的曲线形状相似，但位置高低各有不同。ADTM 公式的显示很适当，基本以 0 线为中轴线，上下均匀；全部换成收盘价 C 的“ADTM 收盘全”公式的显示明显向上偏，好像已经脱离了 0 线中轴线；仅仅把判别标准换成收盘价 C 的“ADTM 收分”公式的显示稍稍向下移，看起来好像更加严格地以 0 线为中轴线。但这仅仅是我们以个别股票短时间走势得出的印象，还不能作为一般性的结论。

图 2-52 三个 ADTM 公式显示图形

我们可以推测，ADTM 公式的设计者一定做了很多的尝试、比较，最后确定以开盘价 O 为基本数据为佳。既然如此，我们也以原 ADTM 公式为主，以我们改编的公式“ADTM 收分”为辅。

依据 ADTM 公式的用法注释，我们直接在显示图形上标出可参考的买入区（红色）、卖出区（绿色），得到一个新公式“ADTM 改进 1”。因为 0.5 的数值太小，我们顺便把它乘以 10，变成 5，更容易看。

ADTM 改进 1

```
DTM:=IF(O<=REF(O,1),0,MAX((H -O),(O -REF(O,1))));
DBM:=IF(O>=REF(O,1),0,MAX((O -L),(O -REF(O,1))));
STM:=SUM(DTM,N);
SBM:=SUM(DBM,N);
ADTMORG:=IF(STM>SBM,(STM-SBM)/STM,IF(STM=SBM,0,(STM-SBM)/
SBM));
ADTMC: ADTMORG *10;
MAADTM:MA(ADTMC,M);
5,DOTLINE,COLORGREEN;
-5,DOTLINE,COLORRED;
SELLAREA:STICKLINE(ADTMC>5,5,ADTMC,1,0),COLORGREEN;
BUYAREA:STICKLINE(ADTMC<-5,-5,ADTMC,1,0),COLORRED;
```

把公式“ADTM 改进 1”引入副图区，显示图形如图 2-53 所示。

图 2-53 “ADTM 改进 1”公式显示图形

二、趋 势 型

趋势是金融市场运行中存在的一种规律，是指价格或数量运行的总体方向，分为上升趋势、下跌趋势、横盘震荡趋势。一般认为，一旦趋势的方向确立，就会持续运行一段时间，并且有较大的幅度，直到遇到外来因素破坏发生改变为止。设置趋势型指标的目的是希望通过某个信号参考判断一段趋势的开始和结束。在其早期的设计中多以价格或数量的涨跌为参数，按不同的周期设计一条快速线和一条慢速线，以快慢线的交叉作为趋势开始、结束和转变的信号，作为进场、离场的参考。趋势型技术指标虽然在软件中还是被列为一个类别，但不断改进、发展和丰富了很多内容，已经不是原来比较单一的形态了，并且常常引用超买超卖的解释。我们学习的目的也是要不断地用新内容去改进、丰富和优化它们，以便更好地为我们的投资服务。

1. DPO　区间震荡线

公式源码

```
DPO:CLOSE-REF(MA(CLOSE,N),N/2+1);
MADPO:MA(DPO,M);
```

参数设置

N：最小为 2；最大为 90；默认为 14。

M：最小为 2；最大为 60；默认为 6。

动态翻译

输出区间震荡线：收盘价 −N/2+1 日前的收盘价的 N 日简单移动平均。

输出 MADPO：DPO 的 M 日简单移动平均。

用法注释

（1）DOP>0，表示目前处于多头市场；DOP<0，表示目前处于空头市场。

（2）在 0 轴上方设定一条超买线，当股价波动至超买线时，会形成短期高点。

（3）在 0 轴下方设定一条超卖线，当股价波动至超卖线时，会形成短期低点。

（4）超买超卖的范围随个股的不同而不同，使用者应自行调整。

（5）本指标可设参考线。

解析和改进

DPO 公式采用的基本数据是当日价与之前某日均价的差值，并且是绝对差值。采用绝对差值的不便之处在于直接受高价股、低价股的影响，无法得出一个普通的标准界限值，上方用法注释中“(4)超买超卖的范围随个股的不同而不同”说的就是这个问题。

我们在改写这个公式时，把 DPO 除以股价，再乘以 100，变成百分(%)相对数值，以方便各只股票之间直接进行比较。作为除数的股价可以是 C，也可以是 REF(MA(C,N),N/2+1)、(C+REF(MA(C,N),N/2+1))/2、MA(C,120) 等。我们在这里使用 (C+REF(MA(C,N),N/2+1))/2，建立一个新公式“DPO 改进 1”，这样画出的图线能更好地以 0 轴上下对称，方便界限值的设定。

DPO 改进 1

```
    DPO:=CLOSE-REF(MA(CLOSE,N),N/2+1);
    DPOGJ:(C -REF(MA(C,N),N/2+1))*2/(C+REF(MA(C, N), N/2+1))*
100;{DPO改进}
    MADPO:MA(DPOGJ,M);
    20,DOTLINE,COLORGREEN;{超买界限值}
    -20,DOTLINE,COLORRED;{超卖界限值}
    SELLAREA:STICKLINE(DPOGJ>20,20,DPOGJ,1,0),COLORGREEN;
{SELL区}
    BUYAREA:STICKLINE(DPOGJ<-20,-20,DPOGJ,1,0),COLORRED;
{BUY区}
```

将公式“DPO 改进 1”引入副图区，与原 DPO 对照显示，如图 2-54 所示。改进后的 DPO 公式的曲线虽然在形状上与原来的曲线基本相同，但采用了百分(%)相对数值，可以方便地统一设定超买超卖界限值，并把超买超卖区直接标识出来。

图 2-54 “DPO 改进 1”公式显示图形

2. MACD 平滑异同平均线

公式源码

```
DIF:EMA(CLOSE,SHORT)-EMA(CLOSE,LONG);
DEA:EMA(DIF,MID);
MACD:(DIF-DEA)*2,COLORSTICK;
```

参数设置

SHORT: 最小为 2; 最大为 200; 默认为 12。

LONG: 最小为 2; 最大为 200; 默认为 26。

MID: 最小为 2; 最大为 200; 默认为 9。

动态翻译

输出 DIF: 收盘价的 SHORT 日指数移动平均 - 收盘价的 LONG 日指数移动平均。

输出 DEA: DIF 的 MID 日指数移动平均。

输出平滑异同平均线: (DIF−DEA)*2,COLORSTICK。

用法注释

(1) DIF、DEA 均为正, DIF 向上突破 DEA, 买入信号。

(2) DIF、DEA 均为负, DIF 向下跌破 DEA, 卖出信号。

(3) DEA 线与 K 线发生背离, 行情反转信号。

(4) 分析 MACD 柱状线, 由红变绿(正变负), 卖出信号; 由绿变红, 买入信号。

解析和改进

MACD 是极其经典和常用的指标公式之一, 但它的用法注释却有些混乱, 让人觉得有整理修改的必要。该公式在百度百科中的用法注释也是"(1) DIF、DEA 均为正, DIF 向上突破 DEA, 买入信号; (2) DIF、DEA 均为负, DIF 向下跌破 DEA, 卖出信号", 但这与它的说明图片不相符。我们在这里仍然保留原来的注释, 不擅自改动。但为了说明我们的观点, 它的用法应该是:

(1) DIF、DEA 均为负, DIF 向上突破 DEA, 买入信号。

(2) DIF、DEA 均为正, DIF 向下跌破 DEA, 卖出信号。

MACD 采用的还是股价差值的绝对数值, 仍然存在高价股、低价股不能设置相同参考数值的问题。我们把这个股价差值除以一个股价类的数据, 把它变成百分(%)相对值, 这个股价类数据可以是 C、EMA(C,SHORT)、(EMA(C,SHORT) + EMA(C, LONG))/2、MA(C, 120) 等。MACD 用红绿柱线提示转势的方法虽一目了然，但柱线却偏长，占用了过多的显示区域。我们把它的“*2”去掉，让红绿柱线适当短一些。对于波浪类型的曲线，一般在波幅越大的区域，其信号指示性越强，所以对于这类曲线，适当设置一个界限值是有参考意义的。

MACD 改进 1

```
DIF:=EMA(CLOSE,SHORT)-EMA(CLOSE,LONG);
DIFGJ:DIF/(EMA(C,SHORT)+EMA(C,LONG))*2 *100;{DIF改进}
DEAGJ:EMA(DIFGJ,MID);{DEA改进}
MACDGJ:(DIFGJ-DEAGJ),COLORSTICK;{NACD改进}
4,DOTLINE,COLORGREEN;{卖出参考界限}
-4,DOTLINE,COLORRED;{买入参考界限}
SELLAREA:STICKLINE(DIFGJ>4,4,DIFGJ,1,0),COLORGREEN;
BUYAREA:STICKLINE(DIFGJ<-4,-4,DIFGJ,1,0),COLORRED;
SELLXINHAO:=CROSS(DEAGJ,DIFGJ)AND MAX(DIFGJ,REF(DIFGJ,1))>4;
BUYXINHAO:=CROSS(DIFGJ,DEAGJ)AND MIN(DIFGJ,REF(DIFGJ,1))<-4;
SELLIC:DRAWICON(SELLXINHAO,3,2);{卖出图标icon}
BUYIC:DRAWICON(BUYXINHAO,-3,1);{买入图标icon}
{修改日期2022.12.30}
```

新公式中把衡量差异的数值由原来的绝对数值 DIF 换成用它除以长、短期均线总值得到的相对数值 DIFGJ（DIF 改进）。使用相对数值的好处是所有的个股无论股价高低，都可以统一使用、相互比较。

打开 MACD 的指标公式编辑器，修改公式名称为“MACD 改进 1”，输入以上公式内容，单击【另存为】按钮，即可完成新公式的建立。把新公式引入副图区，同时显示原 MACD 公式，对照一下新公式的显示优点，如图 2-55 所示。

图 2-55　“MACD 改进 1”公式显示图形

3. VMACD　量平滑异同平均线

公式源码

```
DIF:EMA(VOL,SHORT)-EMA(VOL,LONG);
DEA:EMA(DIF,MID);
MACD:DIF-DEA,COLORSTICK;
```

解析

这个公式仅仅涉及成交量的内容，没有谈到价格。但我们通常关心的是价格，所以在此就不讨论这类公式了。

4. TRIX　三重指数平均线

公式源码

```
MTR:=EMA(EMA(EMA(CLOSE,N),N),N);
TRIX:(MTR-REF(MTR,1))/REF(MTR,1)*100;
MATRIX:MA(TRIX,M) ;
```

解析

这个公式一上来就把它采用的基本数据连续数学计算套叠处理了三次（用 EMA 统计），数学计算的成分过高。对于这类公式，我们也不过多讨论。

5. WVAD　威廉变异离散量

公式源码

```
WVAD:SUM((CLOSE-OPEN)/(HIGH-LOW)*VOL,N)/10000;
MAWVAD:MA(WVAD,M);
```

解析和改进

这个公式中的“(CLOSE-OPEN)/(HIGH-LOW)”是相对数，“VOL”是绝对数，相乘的结果也是绝对数。我们可以把 VOL 换成换手率 HSL 或 VOL/CAPITAL，把公式改写成“WVAD 换手”，变成相对数形式，方便设置统一的界限值。

WVAD 换手

```
WVAD:SUM((C -O)/(H -L)*VOL/CAPITAL,N)*100;
MAWVAD:MA(WVAD,M);
```

将新公式引入副图区，与原 WVAD 对照显示，如图 2-56 所示。

注意：新公式中的“*100”是根据显示的需要设定的，目的是使标尺大多数落在 -20~20 内，容易描述。

图 2-56 “WVAD 换手”公式显示图形

6. QR 强弱指标（需下载日线）

公式源码

```
个股:(CLOSE-REF(CLOSE,N))/REF(CLOSE,N)*100;
大盘:(INDEXC-REF(INDEXC,N))/REF(INDEXC,N)*100;
强弱值:EMA(个股-大盘,2),COLORSTICK;
```

参数设置

N：最小为 2；最大为 200；默认为 21。

动态翻译

输出个股：(收盘价 -N 日前的收盘价)/N 日前的收盘价 *100。

输出大盘：(大盘的收盘价 -N 日前大盘的收盘价)/N 日前大盘的收盘价 *100。

输出强弱值：个股 - 大盘的 2 日指数移动平均，COLORSTICK。

用法注释

指标攀升表明个股走势渐强于大盘，后市看好；指标滑落表明个股走势渐弱于大盘，可择机换股。同时要结合大盘走势进行研判，应选择大盘转暖或走牛时出击。

注意：由于此指标用到了大盘的数据，所以需要下载完整的日线数据，否则显示可能不正确。

解析和改进

QR 公式把个股的区间（默认值为 21 日）涨幅与大盘板块指数的区间涨幅相比较，判断个股相对于大盘指数是强还是弱。在使用该公式前，需要事先下载日线数据。在下载日线数据时，一般仅选沪深日线近 6 年的数据即可。操作过程为【设置】→【盘后数据下载】→【沪深日线 *】→【日线和实时行情数据】→【选择时间区间】→【下载所有 AB 股类品种的日线数据】→【开始下载】，等待下载完成即可，如图 2-57 所示。

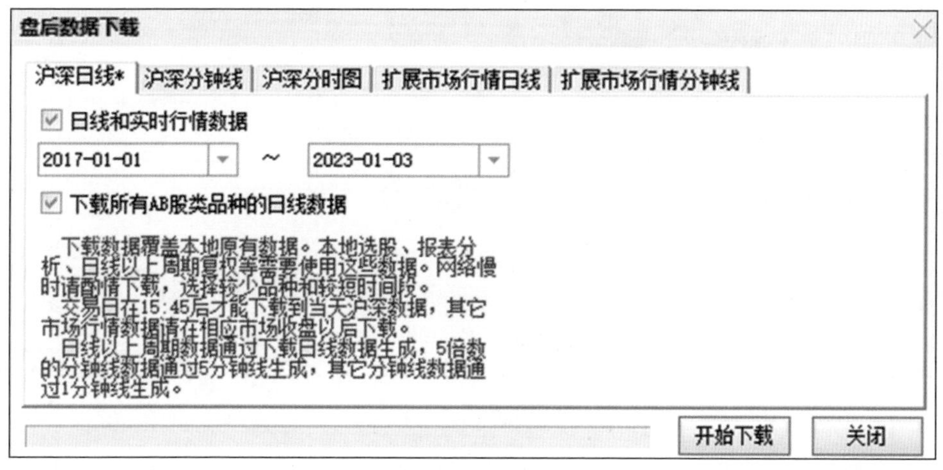

图 2-57　盘后数据下载

QR 公式的关键在于表现个股相对强于大盘的程度。强度 = 个股区间百分（%）涨幅 − 大盘区间百分（%）涨幅，也就是个股以多少百分（%）涨幅胜过大盘。如何在显示上更好地表现强的程度，就是我们的目的。

原 QR 公式使用“强弱值 :EMA(个股 − 大盘 ,2)”来表现这个强弱的程度，使用了 EMA 的数据处理，不能直接标识强弱的程度。我们来改写成新公式“QR 改写 1”。

QR 改写 1

```
个股:(CLOSE-REF(CLOSE,N))/REF(CLOSE,N)*100;
大盘:(INDEXC-REF(INDEXC,N))/REF(INDEXC,N)*100;
强弱值:个股-大盘,COLORSTICK;
```

把公式“QR 改写 1”引入副图区,显示图形如图 2-58 所示。与原 QR 公式的显示对照,并没有明显的区别。虽然红绿柱线变成了直接的强度数值,并且在数值上也有差异,但与原来的 EMA 处理值对照并没有明显的视觉差异。在很多时候,编辑、改进、优化股票公式不是一件容易的事儿,需要不断地思考、试验。

图 2-58 “QR 改写 1”公式显示图形

我们再来改进一下公式,不要让红绿柱线上穿或下穿两条曲线。既然它是两条曲线之间的差值,那就直接标在两条曲线之间。我们来改写一个新公式“QR 改写 2”。

QR 改写 2

```
GUPIAO:(C -REF(C,N))/REF(C,N)*100;{股票}
DAPAN:(INDEXC-REF(INDEXC,N))/REF(INDEXC,N)*100;{大盘}
0,DOTLINE,COLORGRAY;
QORR:=GUPIAO-DAPAN,COLORSTICK;{强or弱}
QIANG:STICKLINE(QORR>0,DAPAN,GUPIAO,0,0),COLORRED;{强}
RUO:STICKLINE(QORR<0,DAPAN,GUPIAO,0,0),COLORGREEN;{弱}
```

把公式“QR 改写 2”引入副图区，显示图形如图 2-59 所示。可以看到，红绿柱线体现出的是两条曲线的差值，于两线之间，不再干扰曲线。

图 2-59　“QR 改写 2”公式显示图形

更进一步使我们可以想到，比大盘强一点儿或弱一点儿并不会有什么有效含义，只有明显强于或弱于大盘才会有明显可观的意义。设一个明显强或弱的标准（界限值），比如 ±10。我们再改写一个新公式“QR 改写 3”。

QR 改写 3

```
    GUPIAO:(C-REF(C,N))/REF(C,N)*100;{股票}
    DAPAN:(INDEXC-REF(INDEXC,N))/REF(INDEXC,N)*100;{大盘}
    0,DOTLINE,COLORGRAY;
    QORR:=GUPIAO-DAPAN,COLORSTICK;{强or弱}
    MINGXQR:=ABS(QORR)>10;{明显强}
    QIANG:STICKLINE(QORR>0 AND MINGXQR,DAPAN+10,GUPIAO,1,0),
COLORRED;
    RUO:STICKLINE(QORR<0 AND MINGXQR,DAPAN-10,GUPIAO,1,0),
COLORGREEN;
```

把公式“QR 改写 3”引入副图区，显示图形如图 2-60 所示。可以看到，只有在个股强于大盘 10% 以上时，才用红色柱线标识个股涨幅强于大盘和强的程度；只有在个股弱于大盘 -10% 以上时，才用绿色柱线标识个股弱于大盘和弱的程度。

图 2-60　“QR 改写 3”公式显示图形

7. JLHB　绝路航标

公式源码

```
VAR1:=(CLOSE-LLV(LOW,60))/(HHV(HIGH,60)-LLV(LOW,60))*80;
B:SMA(VAR1,N,1);
VAR2:SMA(B,M,1);
绝路航标:IF(CROSS(B,VAR2) AND B<40,50,0);
```

参数设置

N: 最小为 2; 最大为 100; 默认为 7。

M: 最小为 2; 最大为 100; 默认为 5。

解析

JLHB 公式类似于 KD 公式，它在默认参数时几乎就是 KD（60, 7, 5），如图 2-61 所示。JLHB 的原理与 KD 的原理是一样的，但它有明显的缺点，即固定使用时间较长的 60 日参数；乘数是 80，而不是便于应用的 100；只起到了 KD 公式一半的作用。

图 2-61　JLHB 与 KD 对照显示

三、能 量 型

能量型技术指标是软件自带指标的一个分类，对它的说法也比较多。有的说它是以“能量为核心”的技术指标，体现情绪、意愿、心理等不同的“能量”状态，当上涨能量强于下跌能量时，价格往往会上涨；反之则下跌。也有的说它是测量股价热度的温度计，专门测量股民情绪高亢或沮丧，指标数据太高，代表高亢发烧；指标数据太低，代表沮丧发冷。

笔者并不赞同这些观点。我们认为，它们主要是人为的分类，不应对股市投资过于情绪化、心理化，而应该理性、客观地对待各类技术指标，注重它们有指导参考性的一面，好好利用它们。

1. BRAR　情绪指标

公式源码

```
BR:SUM(MAX(0,HIGH-REF(CLOSE,1)),N)/SUM(MAX(0,REF(CLOSE,1)-LOW),N)*100;
```

```
AR:SUM(HIGH-OPEN,N)/SUM(OPEN-LOW,N)*100;
```

参数设置

N: 最小为 2; 最大为 120; 默认为 26。

动态翻译

输出 BR: 0 和最高价 -1 日前的收盘价的较大值的 N 日累和 /0 和 1 日前的收盘价 - 最低价的较大值的 N 日累和 *100。

输出 AR: 最高价 - 开盘价的 N 日累和 / 开盘价 - 最低价的 N 日累和 * 100。

用法注释

（1）BR>400，表示行情过热，应反向卖出；BR<40，表示行情将起死回生，应买入。

（2）AR>180，表示能量耗尽，应卖出；AR<40，表示能量已累积爆发力，应买入。

（3）当 BR 由 300 以上的高点下跌至 50 以下的水平且低于 AR 时，为绝佳买点。

（4）BR、AR、CR、VR 四者合为一组指标群，须综合搭配使用。

解析

BRAR 公式所对应的“能量”的观点是：今日最高价高于昨日收盘价，就是能量强的部分；今日最低价低于昨日收盘价，就是能量弱的部分；它们的比值可以衡量能量的强弱程度。BRAR 公式的计算设计是有不足的，BR 的最小值是 0，但它上不封顶，最大值为∞，特别是在参数 N 取值较小时。它的注释说明中提到“（4）BR、AR、CR、VR 四者合为一组指标群，须综合搭配使用”，而我们的经验认为 BRAR、VR、PSY 倒是更适合成为一组相互参考联系的公式，因为就“能量”来说，BRAR 考查的是价格能量，VR 考查的是成交量能量，PSY 考查的是上涨日数能量，价格、成交量、上涨日数一起参考应该更全面一些。接下来，我们就把它们放在一起考虑。

2. PSY　心理线

公式源码

```
PSY:COUNT(CLOSE>REF(CLOSE,1),N)/N*100;
```

```
PSYMA:MA(PSY,M);
```

参数设置

N：最小为 2；最大为 100；默认为 12。

M：最小为 2；最大为 100；默认为 6。

动态翻译

输出 PSY：统计 N 日中满足收盘价 >1 日前的收盘价的天数 /N*100。

输出 PSYMA：PSY 的 M 日简单移动平均。

用法注释

（1）当 PSY>75，形成M头时，股价容易遭遇压力。

（2）当 PSY<25，形成W底时，股价容易获得支撑。

（3）PSY 与 VR 指标属一组指标群，须互相搭配使用。

解析

PSY 考查的是上涨的日数，用上涨的日数占总日数的百分比（%）来衡量能量的强弱程度。

3. VR　成交量变异率

公式源码

```
TH:=SUM(IF(CLOSE>REF(CLOSE,1),VOL,0),N);
TL:=SUM(IF(CLOSE<REF(CLOSE,1),VOL,0),N);
TQ:=SUM(IF(CLOSE=REF(CLOSE,1),VOL,0),N);
VR:100*(TH*2+TQ)/(TL*2+TQ);
MAVR:MA(VR,M);
```

参数设置

N：最小为 2；最大为 100；默认为 26。

M：最小为 2；最大为 100；默认为 6。

动态翻译

TH 赋值：如果收盘价 >1 日前的收盘价，则返回成交量（手）；否则返回 0 的 N 日累和。

TL 赋值：如果收盘价 <1 日前的收盘价，则返回成交量（手）；否则返回 0 的 N 日累和。

TQ 赋值：如果收盘价 =1 日前的收盘价，则返回成交量（手）；否则返回 0 的

N 日累和。

输出 VR：100*(TH*2+TQ)/(TL*2+TQ)。

输出 MAVR：VR 的 M 日简单移动平均。

用法注释

（1）VR>450，市场成交过热，应反向卖出。

（2）VR<40，市场成交低迷，应反向买入。

（3）VR 由低档直接上升至 250，股价仍遭受阻力，此为大行情的前兆。

（4）VR 除了与 PSY 为同指标群，须与 BR、AR、CR 同时搭配研判。

解析和改进

VR 考查的是成交量，用上涨日成交量累计数与下跌日成交量累计数的比值来衡量能量的强弱。VR 与 BRAR、PSY 一起，衡量能量的三种方法就都有了。我们能不能把它们合并在一个公式中，便于参考使用呢？

我们来看看它们各自的显示图形，如图 2-62 所示。

图 2-62　BRAR、PSY、VR 显示图形

为了便于比较，PSY 的参数也采用 26。图中显示 BRAR、PSY、VR 三者的高峰、低谷的位置很相近，并且曲线的形状走势也相近。如果要把它们合并在一个公式中、放在一张图中显示，则应如何做？BRAR 和 VR 的参数一样，坐标标尺也一样，直接合并在一起就可以；但 PSY 的参数不一样，坐标标尺也相差

甚远，怎么办？

由于 PSY 的参数范围与 BRAR 的参数范围一样，所以把默认值设为一样的 26 是可以的，至于标尺的数值，可以使用数学方法来修改 PSY 的数值，使它与 BRAR 的数值相近，同时又不影响数值本身的含义。先把 PSY 改写成“PSY 改写 1”，再把“PSY 改写 1”和 BRAR、VR 合并在一起。

PSY 改写 1

```
PSY:=COUNT(CLOSE>REF(CLOSE,1),N)/N*100;
PSY2:PSY*PSY/(2/3*N);
PSY2MA:MA(PSY2,M);
```

其中，“PSY *PSY”这种处理方法会使新数值的高低差比原数值的高低差成某种比例地拉大许多，“2/3 *N”则完全是一个试验出来的适当数值（当默认 N=26 时，(2/3 *N) 约为 18），目的就是使最终的数值适合显示的范围。

下面把这三个公式合并到一个公式“BRARPSYVR 合 1”中。

BRARPSYVR 合 1

```
BR:SUM(MAX(0,H -REF(C,1)),N)/SUM(MAX(0,REF(C,1)-LOW),N)*100,
COLORRED;
AR:SUM(HIGH-OPEN,N)/SUM(OPEN-LOW,N)*100,COLORMAGENTA;
PSY:=COUNT(CLOSE>REF(CLOSE,1),N)/N*100;
PSY2:PSY*PSY/(2/3*N),COLORBLUE;
PSY2MA:MA(PSY2,M),COLORBROWN;
TH:=SUM(IF(CLOSE>REF(CLOSE,1),VOL,0),N);
TL:=SUM(IF(CLOSE<REF(CLOSE,1),VOL,0),N);
TQ:=SUM(IF(CLOSE=REF(CLOSE,1),VOL,0),N);
VR:100*(TH*2+TQ)/(TL*2+TQ),COLORGREEN;
MAVR:MA(VR,M),COLORGRAY;
```

把公式“BRARPSYVR 合 1”引入副图区，显示图形如图 2-63 所示。BRAR 的两条线 BR、AR 分别用红色、粉色标识，PSY 的两条线 PSY2、PSY2MA 分别用蓝色、绿色标识，VR 的两条线 VR、VRMA 分别用灰色、棕色标识。

要把公式合并起来，就要使它们的显示数值相配，否则，数值相对太小的曲线就会被压缩在底部并挤在一起，近乎直线，难以分辨。还好可以用数学方法按照某种比例来拉宽或缩窄数值的分布范围，使用的方法类似于学校老师用于调节学生考分的方法。如果考试试卷太难，学生考分偏低，大部分不及格，老师就会把学生的考分开平方后再乘以 10 作为学生的新分数。这样会把考分提高很多，原来 36 分的，新分数就是 60 分，同时不会改变原来的名次，也不会出现超过 100 分的分数。

图 2-63 “BRARPSYVR 合 1”公式显示图形

新公式“BRARPSYVR 合 1”提供了一个如何合并公式的例子，可以利用类似的方法来处理合并公式的问题。新公式的显示图形看上去比较杂乱，清晰明了的程度比较低，还需要进一步改进。

我们来进一步改进这个合并的公式，PSY 是上涨的日数占总交易日数的百分（%）相对值，这也就确定了它的数值范围是 0~100，这样的界限范围使用起来很方便，那么，我们能不能效仿 PSY 把 BRAR、VR 的数值也处理在 0~100 范围内呢？我们还是使用这样的方法，即局部 / 整体 *100%，就是范围在 0~100 的数值。

BRAR 公式中的两项都是部分，加在一起就是全部，所以“SUM(MAX(0,H−REF(C,1)),N)/(SUM(MAX(0,H −REF(C,1)),N)+SUM(MAX(0,REF(C,1)−LOW),N)) *100”就是答案。同样，对 VR 公式的改进，“VR:100*(TH*2+TQ)/((TH*2+TQ) +(TL*2+TQ))”就是答案。我们来改进它们，写两个新公式“BRAR 整体”和“VR 整体”。

BRAR 整体

```
BR:SUM(MAX(0,H-REF(C,1)),N)/(SUM(MAX(0,H-REF(C,1)),N)
   +SUM(MAX(0,REF(C,1)-L),N))*100;
AR:SUM(H-O,N)/(SUM(H-O,N)+SUM(O-L,N))*100;
```

VR 整体

```
TH:=SUM(IF(CLOSE>REF(CLOSE,1),VOL,0),N);
TL:=SUM(IF(CLOSE<REF(CLOSE,1),VOL,0),N);
TQ:=SUM(IF(CLOSE=REF(CLOSE,1),VOL,0),N);
VR:100*(TH*2+TQ)/( (TL*2+TQ) +(TH*2+TQ) );
MAVR:MA(VR,M);
```

把这两个公式引入副图区，显示图形如图 2-64 所示。可以分别仔细对照 BRAR 和“BRAR 整体”、VR 和“VR 整体”，会看到 BRAR 和“BRAR 整体”的曲线形状几乎是一样的，虽然各自在每条 K 线上的变化幅度有些差异，但不改变峰点、谷点的相对位置，也不改变各个点相对高低的顺序，完全保留了原来的指示功能。“BRAR 整体”公式把原来 0~∞的可能显示区域限制在 0~100 的范围内，把标准统一化，可以相互比较。当然，VR 和“VR 整体”也是一样的。毫不夸张地说,能够掌握变换数值范围的方法是我们学习股票公式的一个阶段性飞跃。

图 2-64 “BRAR 整体”和“VR 整体”公式显示图形

BRAR 在用法注释中说“(1)BR>400，表示行情过热，应反向卖出；BR<40，表示行情将起死回生，应买入”，我们把它翻译成整体型的数值，看看是多少。

对于 BRAR 公式的部分算法“400 = 4/1 *100”，也就是“BRAR 整体”公式的全部算法“80 = 4/(4 +1) *100”，注意这个 80，我们是不是很熟悉？它就是

KDJ 的超买标准参考，现在用到“BRAR 整体”公式上也一样。

对于 BRAR 公式的部分算法“40 = 4/10 *100”，也就是“BRAR 整体”公式的全部算法“28 = 4/(4 +10) *100”，这个 28 又是什么？它就是 KDJ 的超卖标准参考，可能会有人提出异议：“不对，KDJ 的超卖标准参考是 20。”不得不再说一次，股票和股票公式是科学，也是艺术。KDJ 的指导文章中从来没有一个超买超卖界限值标准，一直都提示是一个参考范围，即 70~80 和 20~30。

再来看 PSY 的用法注释“（1）当 PSY>75，形成 M 头时，股价容易遭遇压力；（2）当 PSY<25，形成W底时，股价容易获得支撑”，完全就是超买超卖的意思。

到这里，我们应该已经有了玩转股票公式的感觉。通过对股票公式进行分析、合理改编，我们已经把 BRAR、PSY、VR 统一起来，并且与 KDJ 联系起来。以前，它们只是在显示的形状、高点、低点、交叉点上有些可以相互比较的地方，现在，我们发现并建立了它们在基本数据上的联系和可以统一的界限标准。有了这些认识，我们再次把 BRAR、PSY、VR 合并到一个公式“BRARPSYVR 合 2”中。

BRARPSYVR 合 2

```
    75,DOTLINE,COLORGREEN;{超买界限值}
    25,DOTLINE,COLORRED;{超卖界限值}
    BR:SUM(MAX(0,H-REF(C,1)),N)/(SUM(MAX(0,H-REF(C,1)),N)
        +SUM(MAX(0,REF(C,1)-L),N))*100,COLORRED;
    AR:SUM(H-O,N)/(SUM(H-O,N)+SUM(O-L,N))*100,
COLORMAGENTA;
    PSY:COUNT(C>REF(C,1),N)/N*100,COLORBLUE;
    PSYMA:MA(PSY,M),COLORGREEN;
    TH:=SUM(IF(C>REF(C,1),VOL,0),N);
    TL:=SUM(IF(C<REF(C,1),VOL,0),N);
    TQ:=SUM(IF(C=REF(C,1),VOL,0),N);
    VR:100*(TH*2+TQ)/((TL*2+TQ)+(TH*2+TQ)),COLORGRAY;
    MAVR:MA(VR,M),COLORBROWN;
```

把公式“BRARPSYVR 合 2”引入副图区，显示图形如图 2-65 所示。BRAR 的两条线 BR、AR 分别用红色、粉色标识，PSY 的两条线 PSY2、PSY2MA 分别用蓝色、绿色标识，VR 的两条线 VR、VRMA 分别用灰色、棕色标识。所有的曲线都落在 0~100 的固定范围内，绿色虚线 75 是超买界限值，红色虚线 25 是超卖界限值。

图 2-65　“BRARPSYVR 合 2”公式显示图形

四、路 径 型

路径型技术指标使用上限线和下限线，上限代表压力，下限代表支撑，股价向上触碰上限多会回档，股价向下触碰下限多会反弹。上限、下限的计算有的使用统计标准差，有的直接打百分比，目的都是参考指导股价上涨、下跌的偏离中位的程度，偏离太大，就有回归的要求。从这样的角度来看，它们与超买超卖型、能量型技术指标还是有关联的。发现、建立和利用各类型指标之间的联系，也是我们学习和应用股票公式的重要内容。

1. BOLL　布林线

公式源码

```
BOLL:MA(CLOSE,M);
UB:BOLL+2*STD(CLOSE,M);
LB:BOLL-2*STD(CLOSE,M);
```

参数设置

M：最小为 2；最大为 999；默认为 20。

动态翻译

输出 BOLL：收盘价的 M 日简单移动平均。

输出 UB：BOLL+2* 收盘价的 M 日估算标准差。

输出 LB：BOLL−2* 收盘价的 M 日估算标准差。

用法注释

（1）当股价上升穿越布林线上限时，回档概率大。

（2）当股价下跌穿越布林线下限时，反弹概率大。

（3）当布林线震动波带变窄时，表示变盘在即。

（4）BOLL 可配合 BB、WIDTH 使用。

解析和改进

BOLL 是一个设计很巧妙的公式。第一，它用股价波动的标准差估计股价的变化，用两倍标准差设定高限值和低限值；第二，它在【画线方法】下拉列表中选择了【副图（叠加美国线）】，也就是在图线上显示了美国线。

美国线并不是目前常用的图。大家一般都用 K 线图，突然冒出个美国线，并不会让人感到方便。美国线之所以用得少，就是因为它的视觉效果比 K 线图的视觉效果差得多。我们把它改成 K 线图式的 BOLL 线“BOLL 改 K1”。

BOLL 改 K1

```
DRAWKLINE(H,O,L,C);
BOLLK:MA(CLOSE,M);
UBK:BOLL+2*STD(CLOSE,M);
LBK:BOLL-2*STD(CLOSE,M);
```

把新公式引入副图区，显示图形如图 2-66 所示。新公式直接把 K 线图贴在 BOLL 的三条曲线上，股票的价格和上轨、下轨的关系清晰明了，可以直接看到的是仅仅最高价触及了上轨，还是收盘价甚至最低价都超过了上轨；是仅仅最低价穿过了下轨，还是收盘价甚至最高价都落到了下轨之下。这就是改进公式带来的好处。对于习惯使用 K 线图的我们来说，使用 K 线图的“BOLL 改 K1”公式的显示远比使用美国线的 BOLL 的显示要好用得多。

如果只是要简单地去除美国线，则可以在指标公式编辑器中修改【画线方法】选项。如图 2-67 所示，修改公式名称为“BOLL 纯”，【画线方法】选择【副图】，单击【另存为】按钮，就会得到只有公式语句内容的显示图线、没有任何叠加的公式“BOLL 纯”；修改公式名称为“BOLL 叠 K 线”，【画线方法】选择

【副图（叠加 K 线）】，单击【另存为】按钮，就会得到叠加了 K 线的公式“BOLL 叠 K 线”。把它们引入副图区，显示图形如图 2-68 所示。

“BOLL 纯”公式去除了美国线，只留下公式语句中的三条线。“BOLL 叠 K 线”公式采用了 K 线，比美国线要清晰、自然，符合常规习惯。“BOLL 改 K1”公式就有点巧合了，它的内在也包含美国线（【画线方法】选择了【副图（叠加美国线）】），但 K 线可以完全覆盖美国线，所以感觉不到。

BOLL 公式使用的 STD 是标准差，应该是可以体现股价偏差幅度的。但我们在它的显示曲线上仅仅能看出由上轨和下轨形成的管子变粗、变细，相应地知道偏差变大、变小，要想知道偏差的幅度，还需要计算。人脑与计算机相比，人脑的数字计算能力就要相形见绌了。所以，遇到数字计算，最好想办法交给计算机处理，特别是既需要不断重复又需要快速的计算。

BOLL 公式的考查依据是股价的偏差，偏差是可以用百分（%）相对数值来衡量的。例如，目前的走势已经产生了 5% 的偏差，看样子偏差有可能增大到 12%。BOLL 的基本数据是均价 MA(C,M) 和它的标准差 STD(C,M)，我们只要把它们除以 MA(C,M)，就都可以变成相对值了。当然，作为练习、探索，我们也可以将收盘价 C、半年均价 MA(C, 120)、最高价 H、三价平均 (C +H +L)/3 作为除数。我们来写一个新公式“BOLL 相对”。

图 2-66　“BOOL 改 K1”公式显示图形

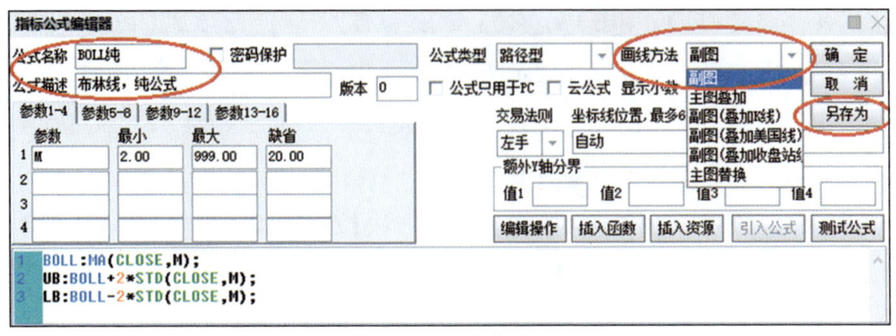

图 2-67　“BOLL 纯”公式内容

图 2-68　“BOLL 纯”和“BOLL 叠 K 线”公式显示图形

BOLL 相对

```
BOLLORG:=MA(C,M);{BOLL原始值origin}
UBXD:2*STD(C,M)/BOLLORG*100,COLORMAGENTA;{UB相对}
LBXD:-UBXD,COLORBLUE;{LB相对}
CXIANGD:(C-BOLLORG)/BOLLORG*100,COLORRED;{C相对}
```

将新公式引入副图区，显示图形如图 2-69 所示。新公式“BOLL 相对”把上轨、下轨变成了以 0 轴为对称轴的上、下两条曲线，直接体现股价 M 日均价标准差的两倍值相对于均价的百分（%）偏差程度，红色曲线是股价相对于均价的百分（%）偏差程度，0 轴就是中轨。红色曲线依然会上、下穿越中轨，表示处于强势或弱势；接近、穿过上轨，表示可能回档；接近、穿越下轨，表示可能反弹。

新公式的作用与原公式的作用一样。

图 2-69 "BOLL 相对"公式显示图形

可以看出，新公式的优势是可以设置回档参考值和反弹参考值。假设经验中 ±15% 时回档、反弹的概率较大，我们就可以把 ±15% 设为参考值，标识在图线上。"BOLL 相对"公式中的红色曲线采用的是收盘价 C。当然，我们也可以采用最高价 H、开盘价 O、最低价 L、三价平均等来练习，体会一下修改公式的乐趣与作用。

下面我们来写一下进一步改进的新公式"BOLL 参考 1"。

BOLL 参考 1

```
    BOLLORG:=MA(C,M);{BOLL原始值origin}
    15,DOTLINE,COLORGREEN;{超买参考值}
    -15,DOTLINE,COLORRED;{超卖参考值}
    UBXD:2*STD(C,M)/BOLLORG*100,COLORMAGENTA;{UB相对}
    LBXD:-UBXD,COLORBLUE;{LB相对}
    CXIANGD:(C-BOLLORG)/BOLLORG*100,COLORRED;{C相对}
    SELLAREA:STICKLINE(CXIANGD>15,15,CXIANGD,1,0),
COLORGREEN;
    BUYAREA:STICKLINE(CXIANGD<-15,-15,CXIANGD,1,0),
COLORRED;
```

将新公式引入副图区，显示图形如图 2-70 所示。新公式"BOLL 参考 1"，标识了回档界限参考值、反弹界限参考值、参考超买区域和参考超卖区域，看起来已经很好了，但我们还可以进一步改进公式，因为公式的改进是无止境的，没有最好，只有更好。我们可以把 K 线图改编成相对值形式的，虽然很多朋友可能没想过这件事。现在我们来改写成新公式“BOLL 相对 K”。

图 2-70 “BOLL 参考 1”公式显示图形

BOLL 相对 K

```
BOLLORG:=MA(C,M);
HXIANGD:=(H -BOLLORG)/BOLLORG *100; {H相对}
OXIANGD:=(O-BOLLORG)/BOLLORG*100;{O相对}
LXIANGD:=(L-BOLLORG)/BOLLORG*100;{L相对}
CXIANGD:=(C-BOLLORG)/BOLLORG*100; {C相对}
DRAWKLINE(HXIANGD,OXIANGD,LXIANGD,CXIANGD);
15,DOTLINE,COLORGREEN;{超买参考值}
-15,DOTLINE,COLORRED;{超卖参考值}
UBXD:2*STD(C,M)/BOLLORG*100,COLORMAGENTA;{UB相对}
LBXD:-UBXD,COLORBLUE;{LB相对}
SELLAREA:=UBXD>15 AND HXIANGD>UBXD;{SELL区域area}
SELLCHA:=IF(SELLAREA,HXIANGD -UBXD,0);{SELL差}
SELLCANKAO:STICKLINE(SELLAREA,0,SELLCHA,1,0),COLORGREEN;
{SELL参考}
BUYAREA:=LBXD<-15 AND LXIANGD<LBXD;{BUY区域area}
BUYCHA:=IF(BUYAREA, LXIANGD -LBXD,0);{BUY差}
BUYCANKAO:STICKLINE(BUYAREA,0,BUYCHA,1,0),COLORRED;
{BUY参考}
{DATE 2023.01.03}
```

将新公式引入副图区，显示图形如图 2-71 所示。我们在 BOLL 线中制作了一个相对值的 K 线图。仔细看，虽然它大致保留了原 K 线图的形状，但它的数值已经完全不同了，并且阶段高点和低点也不同了。原 K 线图以 0 为基准点、以 1 为对照值，对照值是确定量，新公式中的 K 线图以均价 MA(C, M) 为基准点、以均价 MA(C, M) 为对照值，对照值是变量。所以，新公式中的 K 线图会有负值，阶段高、低点也与原来的不同。我们制作这样的 K 线图的目的是配合 BOLL 指标更好、更直观地表现股价突破上轨、下轨的参考信号点，并且它也确实起到了很好的作用。

图 2-71　“BOLL 相对 K”公式显示图形

在显示图形中，粉色曲线是相对值化的上轨，数值是上轨偏离均线的百分(%)值；中轨没有了，因为它就是 0 轴，所以不必标出；蓝色曲线是相对值化的下轨，数值是下轨偏离均线的百分(%)值；绿色虚线是上轨偏离度较大的参考线；红色虚线是下轨偏离度较大的参考线；K 线图是以均价线为基准的百分(%)相对值 K 线图，它上穿上轨、下穿下轨就是现实股价上穿上轨、下穿下轨；0 轴上的绿色柱线标识此处股价上穿上轨，并且上轨偏离度过大，回档概率大；红色柱线标识此处股价下穿下轨，并且下轨偏离度过大，反弹概率大。

2. MIKE　麦克支撑压力

公式源码

```
HLC:=REF(MA((HIGH+LOW+CLOSE)/3,N),1);
```

```
HV:=EMA(HHV(HIGH,N),3);
LV:=EMA(LLV(LOW,N),3);
STOR:EMA(2*HV-LV,3);
MIDR:EMA(HLC+HV-LV,3);
WEKR:EMA(HLC*2-LV,3);
WEKS:EMA(HLC*2-HV,3);
MIDS:EMA(HLC-HV+LV,3);
STOS:EMA(2*LV-HV,3);
```

参数设置

N: 最小为 2; 最大为 120; 默认为 20。

动态翻译

HLC 赋值: 1 日前的 (最高价 + 最低价 + 收盘价)/3 的 N 日简单移动平均。

HV 赋值: N 日内最高价的最高值的 3 日指数移动平均。

LV 赋值: N 日内最低价的最低值的 3 日指数移动平均。

输出 STOR: 2*HV−LV 的 3 日指数移动平均。

输出 MIDR: HLC+HV−LV 的 3 日指数移动平均。

输出 WEKR: HLC*2−LV 的 3 日指数移动平均。

输出 WEKS: HLC*2−HV 的 3 日指数移动平均。

输出 MIDS: HLC−HV+LV 的 3 日指数移动平均。

输出 STOS: 2*LV−HV 的 3 日指数移动平均。

用法注释

（1）MIKE 指标共有六条曲线，上方三条压力线，下方三条支撑线。

（2）当股价往压力线方向涨升时，其下方支撑线不具参考价值。

（3）当股价往支撑线方向下跌时，其上方压力线不具参考价值。

解析和改进

我们用数学方法来分析一下这个公式。HLC 是三个价格的均价，HV 是最高价，LV 是最低价，它们之间的关系为 HV >HLC >LV。MIKE 指标的六条线的大致情况是：

STOR	≈ 2*HV−LV	=HV +(HV −LV)
MIDR	≈ HLC+HV−LV	=HV +(HLC −LV)
WEKR	≈ HLC*2−LV	=HLC +(HLC −LV)
WEKS	≈ HLC*2−HV	=HLC +(HLC −HV)
MIDS	≈ HLC−HV+LV	=HLC +(LV −HV)

STOS　　≈ 2*LV−HV　　　=LV +(LV −HV)

∵ HV >HLC >LV

(HV −LV) >(HLC −LV) >(HLC −LV) >(HLC −HV) >(LV −HV) >(LV −HV)

∴ STOR >MIDR >WEKR >HLC >WEKS >MIDS >STOS

这就是一个上方设三条防线、下方设三条防线的层层设防式的公式，让股价突破一层还有一层，在上方的突破之后称支撑、未突破的称压力，在下方未突破的称支撑、突破之后称压力。对于这类像大蒜皮一样一层又一层的战壕式公式，我们实在不置可否，也就不会把它们作为修改、优化的例子。

五、停 损 型

停损型技术指标的典型是 SAR。SAR 的含义是“停止和反转”，它不仅具有停损的功能，而且具有反转交易的功能，应用于期货交易是一个会产生交易信号的相对独立的交易系统。我们把它用于股票投资，仅仅取用其对股价涨跌的预示作用，参考买入、卖出点，股价上涨，则停损圈圈（红色）位于股价下方；股价下跌，则停损圈圈（红色）位于股价上方；收盘价由下往上突破圈圈（绿色）为买入信号；收盘价由上往下跌破圈圈（绿色）为卖出信号。

SAR　抛物线指标（系统）

公式源码

SAR 属于系统的保密公式，系统不会直接给出它的源码。

参数设置

起始统计周期：4（默认值）。

加速因子参数：2（默认值）。

加速因子增量：2（默认值）。

反向临界参数：20（默认值）。

用法注释

（1）在任何时候都可以使用 SAR 作为停损点。

（2）价格涨跌的速度必须比 SAR 升降的速度快，否则必会产生停损信号。

（3）由红色变成绿色时，卖出。

（4）由绿色变成红色时，买入。

（5）本指标周期参数一般设定为 4 天。

（6）本设定主要是为了寻找出现多头停损或空头停损的个股。

解析和改进

网络的力量是巨大的，我们可以在网络上找到大致相同的 SAR 公式，并将它命名为“SAR 网 1”。

SAR 网 1

```
    DRAWKLINE(H,O,L,C);
    SARA:IF(C>=SAR(N,S,M),SAR(N,S,M),DRAWNULL),CIRCLEDOT,COLORR
ED;
    SARB:IF(C<SAR(N,S,M),SAR(N,S,M),DRAWNULL),CIRCLEDOT,COLORBRO
WN;
```

参数设置

N: 最小为 2; 最大为 120; 默认为 4。

S: 最小为 2; 最大为 120; 默认为 2。

M: 最小为 2; 最大为 120; 默认为 20。

该公式仅有三个参数，相当于 SAR 公式中的第一、二、四个参数。在 SAR 公式的第三个参数保持默认值时，这个公式的结果与 SAR 公式的结果一样。这个公式还有两点差异，即一是用 K 线图代替了美国线；二是把 SAR 原公式的 SAR 值的一条圆点显示变成了 SARA 值和 SARB 值的两条圆点显示。

SAR 的显示很特别，充满着新鲜的神秘感，原来，它的神秘感、新鲜感都是由那些一连串的小圆点带来的。再看它的公式，采用了画小圆点的画线方式“CIRCLEDOT”。我们把它的画小圆点的方式去除，直接让它采用普通曲线的显示方式，建立一个新的公式“SAR 网 2”。

SAR 网 2

```
    DRAWKLINE(H,O,L,C);
    SARA:IF(C>SAR(N,S,M),SAR(N,S,M),DRAWNULL), COLORRED;
    SARB:IF(C<SAR(N,S,M),SAR(N,S,M),DRAWNULL), COLORBROWN;
```

把公式“SAR 网 1”“SAR 网 2”都引入副图区，并与 SAR 对照，显示图形如图 2-72 所示。可以看到，“SAR 网 1”与 SAR 的显示是一致的，说明它们的公式基本相同；“SAR 网 2”去除了小圆点的显示方式，直接回到平常的曲线显示方式，SAR 又回到了普通公式的状态。

图 2-72　SAR 相关显示图形

为了继续探索 SAR，我们编写一个公式，看看 SAR 和股价 5 日均线 MA5 之间的关系。我们以公式“SAR 网 2”为基础编写出新公式“SAR 和 MA5”。

SAR 和 MA5

```
MA5:MA(C,5),COLORBLUE;
SARLINE:SAR(N,S,M),COLORRED;
```

将新公式引入副图区，显示图形如图 2-73 所示。

相对于有一定平滑度的 MA5 来说，SAR 是一条阶段性跳上跳下的曲线。

SAR 的计算较为复杂，计算式分为上升式与下降式。

上升式：SAR(n)=SAR(n−1)+AF[H(n−1)−SAR(n−1)]。

下降式：SAR(n)=SAR(n−1)+AF[L(n−1)−SAR (n−1)]。

图 2-73 “SAR 和 MA5”公式显示图形

SAR(n−1) 表示前一日的 SAR 值，其上升式初始值以近期最低价为准，其下降式初始值以近期最高价为准；H 为当前最高价；L 为当前最低价；AF 为威尔特加速因子，基值为 0.02，当价格每创新高（上升式）或新低（下降式）时，按 1,2,3…倍数增加到 0.2 为止，即 AF=0.02 ~ 0.2。

SAR 指标的计算方法和计算过程过于烦琐，对于投资者来说没有明显意义。我们讨论它，只是把它作为练习和熟练如何修改和优化股票公式的一个例子。

六、龙　　系

龙系，一个好听的名字，可能是希望取飞龙在天的吉祥寓意。有时一个名字可以顾名思义，有时仅仅是为了取一个好名字。

1. LON　龙系长线

公式源码

```
LC:=REF(CLOSE,1);
```

```
VID:=SUM(VOL,2)/(((HHV(HIGH,2)-LLV(LOW,2)))*100);
RC:=(CLOSE-LC)*VID;
LONG:=SUM(RC,0);
DIFF:=SMA(LONG,10,1);
DEA:=SMA(LONG,20,1);
LON:DIFF-DEA;
LONMA:MA(LON,N);
LONT:LON,COLORSTICK;
```

参数设置

N: 最小为 2; 最大为 300; 默认为 10。

动态翻译

LC 赋值: 1 日前的收盘价。

VID 赋值: 成交量(手)的 2 日累和 /(((2 日内最高价的最高值 –2 日内最低价的最低值))*100)。

RC 赋值: (收盘价 –LC)*VID。

LONG 赋值: RC 的历史累和。

DIFF 赋值: LONG 的 10 日 [1 日权重] 移动平均。

DEA 赋值: LONG 的 20 日 [1 日权重] 移动平均。

输出 LON: DIFF–DEA。

输出 LONMA: 龙系长线的 N 日简单移动平均。

输出 LONT: 龙系长线 , COLORSTICK。

用法注释

(1)当指标曲线向上交叉其平均线时，视为长线买入信号。

(2)当指标曲线向下交叉其平均线时，视为长线卖出信号。

(3)本指标可搭配 MACD、TRIX 指标使用。

解析和改进

我们在学习、练习和熟练股票公式的同时也会培养出足够的敏感性，即对股票公式合理性的敏感性。股票公式的合理性是必要的，其基本数据的选择、计算中的相互搭配都要符合常理。这些常理包括含义的一致性和可解释性，例如 C –REF(C, 1)、VOL/MA(VOL, 5)、AMO/VOL 等都是合理的、含义明确和可解释的。但是，像 VOL –C、AMO/MA(C,5)、H/VOL 等就是不合理的、含义是不可解释的。

LON 公式中就出现了这种不合理的现象：

```
VID:=SUM(VOL,2)/(((HHV(HIGH,2)-LLV(LOW,2)))*100);
```

(HHV(H,2)−LLV(L,2)) 是价格差，属于价格类数据；SUM(VOL,2) 是成交量。成交量 / 价格会是什么？没有合理性，完全是一个搭配错误。

好在 LON 公式在下面一句中进行了修改，使公式回到了合理性的轨道。

两个句子合在一起，就相当于“价格 * 成交量 / 价格”，结果是价格的比值乘以成交量，合理了。把它们整理一下，具体如下：

```
RC=(CLOSE-LC)*VID;
  =(CLOSE-LC)*SUM(VOL,2)/(((HHV(HIGH,2)-LLV(LOW,2)))*100);
  =SUM(VOL,2)*100*(CLOSE-LC)/((HHV(HIGH,2)-LLV(LOW,2));
```

这样做总算挽救了没有合理性的 VID，也挽救了 LON 公式。

注意，我们在编写、改进股票公式时，应保证每一句的合理性。

现在我们把 LON 公式改一改，消除其中的不合理部分，保持公式整体不变，得到一个新公式“LON 合理化”。

LON 合理化

```
C1:=REF(C,1);
VIDHL:=(C-C1)/((HHV(H,2)-LLV(L,2))*100);{VID合理}
RCHL:=SUM(VOL,2)*VIDHL;{RC合理}
LONG:=SUM(RCHL,0);
DIFF:=SMA(LONG,10,1);
DEA:=SMA(LONG,20,1);
LON:DIFF-DEA;
LONMA:MA(LON,N);
LONT:LON,COLORSTICK;
```

把新公式引入副图区与原 LON 公式对照显示，如图 2-74 所示。可以看到，新公式和原公式在显示上完全一致，实际上它们总的含义也是完全一致的。

LON 的用法注释中谈到要与 MACD 搭配使用。对照一下 MACD 的显示图形，可以看到 MACD 中的红绿柱线没有顶在某一条曲线上，而 LON 中的红绿柱线全部顶在 LON 曲线上。这说明 MACD 中的红绿柱线是一条独立的曲线，而 LON 中的红绿柱线是将 LON 曲线再画一次，不是独立的曲线。没有适当的目的就把一条曲线显示两次，显然是不合理的。我们仿照 MACD 处理红绿柱线的方法，继续合理化 LON 公式，改写成“LON 合理化 2”。

图 2-74　"LON 合理化"公式显示图形

LON 合理化 2

```
C1:=REF(C,1);
VIDHL:=(C-C1)/((HHV(HIGH,2)-LLV(LOW,2))*100);{VID合理}
RCHL:=SUM(VOL,2)*VIDHL;{RC合理}
LONG:=SUM(RCHL,0);
DIFF:=SMA(LONG,10,1);
DEA:=SMA(LONG,20,1);
LON:DIFF-DEA;
LONMA:MA(LON,N);
LONT:(LON-LONMA)*1.5,COLORSTICK;
```

将公式"LON 合理化 2"引入副图区，与 LON、MACD 对照显示，如图 2-75 所示。新的红绿柱线是独立的，能够像 MACD 中的红绿柱线那样指示另外两条曲线的上下差距、交叉，真的是有作用的一条线。而 LON 中的红绿柱线看上去就是多余的。

通过对公式句子的阅读，可以知道 LON 公式讲的是量的变化对股价的指导作用，MACD 公式讲的是股价均价的变化对股价的指导作用。两个公式配合使用，应该能起到 1+1>2 的作用。

读者可能已经注意到了，图 2-75 中的 MACD 竟然没有标尺，太粗糙了。这是因为这些图都是在计算机上显示的，计算机的屏幕很大，可以显示完整的版面。而书页的版面相对要小得多，无法显示较多的内容，只能显示比计算机屏幕缩小很多的图形，我们经常把书和计算机屏幕放在一起看，所以缩小省略的部分不会对我们的阅读、理解有什么影响，而且随着熟练程度的提高，我们也会自然而然地知道省略了哪些部分。说到底，这就是一个熟练的活儿。

图 2-75　“LON 合理化 2”公式显示图形

2. ZLMM　主力买卖

公式源码

```
    LC:=REF(CLOSE,1);
    RSI2:=SMA(MAX(CLOSE-LC,0),12,1)/SMA(ABS(CLOSE-LC),12,1)*100;
    RSI3:=SMA(MAX(CLOSE-LC,0),18,1)/SMA(ABS(CLOSE-LC),18,1)*100;
    MMS:MA(3*RSI2-2*SMA(MAX(CLOSE-LC,0),16,1)/SMA(ABS(CLOSE-LC),
16,1)*100,3);
    MMM:EMA(MMS,8);
    MML:MA(3*RSI3-2*SMA(MAX(CLOSE-LC,0),12,1)/SMA(ABS(CLOSE-LC),
12,1)*100,5);
```

动态翻译

LC 赋值：1 日前的收盘价。

RSI2 赋值：收盘价 -LC 和 0 的较大值的 12 日 [1 日权重] 移动平均 / 收盘价 -LC 的绝对值的 12 日 [1 日权重] 移动平均 *100。

RSI3 赋值：收盘价 -LC 和 0 的较大值的 18 日 [1 日权重] 移动平均 / 收盘

价 −LC 的绝对值的 18 日 [1 日权重] 移动平均 *100。

输出 MMS: 3*RSI2−2* 收盘价 −LC 和 0 的较大值的 16 日 [1 日权重] 移动平均 / 收盘价 −LC 的绝对值的 16 日 [1 日权重] 移动平均 *100 的 3 日简单移动平均。

输出 MMM: MMS 的 8 日指数移动平均。

输出 MML: 3*RSI3−2* 收盘价 −LC 和 0 的较大值的 12 日 [1 日权重] 移动平均 / 收盘价 −LC 的绝对值的 12 日 [1 日权重] 移动平均 *100 的 5 日简单移动平均。

用法注释

白色线为短期趋势线，黄色线为中期趋势线，紫色线为长期趋势线（注：这是注释的原文，不同的软件和设置会使得曲线的颜色不同）。我们可以根据曲线的形状来确定是短期线还是长期线。对照来看，波动最大的是短期线，波动最小的（走势最平缓的）是长期线，波动中等的是中期线。

（1）主力买卖与主力进出配合使用时准确率极高。

（2）当底部构成已发出信号，且主力进出线向上时判断买点，准确率极高。

（3）当短线上穿中线及长线时，形成最佳短线买点交叉形态（如底部构成已发出信号或主力进出线也向上且短线乖离率不大时）。

（4）当短线、中线均上穿长线时，形成中线最佳买点形态（如底部构成已发出信号或主力进出线也向上且三条线均向上时）。

（5）当短线下穿中线，且短线与长线正乖离率太大时，形成短线最佳卖点交叉形态。

（6）当短线、中线下穿长线，且主力进出已走平或下降时，形成中线最佳卖点交叉形态。

（7）在上升途中，短、中线回落受长线支撑再度上行之时，为较佳的买入时机。

（8）指标在 0 线以上表明个股处于强势，指标跌穿 0 线表明该股步入弱势。

解析和改进

这个公式的用法注释很复杂。根据我们的经验，过于复杂的东西都是人们故意而为的，实际上完全没必要，也不实在。用法注释中的第（8）条提到的 0 线根本不存在，因为公式的内容已经否定了 0 的数值，除非人为设计出一种极端情况。

它的第三条线也没有什么作用。它不设参数，只采用固定日数值，过于死板，不方便使用。我们把它的这些不足都补足，建立一个新公式“ZLMM 改进 1”。

ZLMM 改进 1

```
C1:=REF(C,1);
RSI12:=SMA(MAX(C-C1,0),N,1)/SMA(ABS(C-C1),N,1)*100;
RSI16:=SMA(MAX(C-C1,0),N+M,1)/SMA(ABS(C-C1),N+M,1)*100;
25,DOTLINE,COLORGREEN;{注意顶部界限值}
-25,DOTLINE,COLORRED;{注意底部界限值}
MMS:MA(3*RSI12-2*RSI16,3)-50;
MMM:EMA(MMS,8);
ZLMMDIF:MMS-MMM,COLORSTICK;
DINGAREA:STICKLINE(MMS>25,25,MMS,1,0),COLORGREEN;{顶部区域}
DIAREA:STICKLINE(MMM<-25,MMM,-25,1,0),COLORRED;{底部区域}
```

参数设置

N：最小为 2；最大为 100；默认为 12。

M：最小为 2；最大为 50；默认为 4。

把新公式引入副图区，显示图形如图 2-76 所示。我们用 −50 的办法使得 0 线成为中轴线，符合用法注释中的第（8）条所言；用绿色虚线标识顶部界限参考，用红色虚线标识底部界限参考；0 轴上、下的红绿柱线提示股价走势由弱转强或由强转弱；上部的绿色粗柱线标识顶部区域参考，下部的红色粗柱线标识底部区域参考。

图 2-76 “ZLMM 改进 1”公式显示图形

3. ADVOL　龙系离散量

公式源码

```
A:=SUM(((CLOSE-LOW)-(HIGH-CLOSE))*VOL/10000/(HIGH-LOW),0);
ADVOL:A;
MA1:MA(A,30);
MA2:MA(MA1,100);
```

动态翻译

A 赋值：((收盘价 − 最低价)−(最高价 − 收盘价))* 成交量(手)/10000/(最高价 − 最低价)的历史累和。

输出龙系离散量：A。

输出 MA1：A 的 30 日简单移动平均。

输出 MA2：MA1 的 100 日简单移动平均。

解析和改进

这个公式的要点在第一句，顺畅一点儿的写法是“A:=SUM(VOL/10000*((C−L)−(H−C))*/(H−L),0);”。我们来分析一下，这对理解公式的设计含义有益处。它有两个内容要点：一是计算多方强于空方的力量差；二是计算历史累计和。

1）多方强于空方的力量差（多方力量净值）

有典型观点认为多方力量 = 收盘价 C− 最低价 L，空方力量 = 最高价 H− 收盘价 C。一日结束于收盘价 C，也就是多方只能把价格从最低价 L 拉抬到 C，空方只能把价格从最高价 H 打压到 C。所以，多方强于空方的力量差也就是多方的力量净值 =(C −L) −(H −C)。(H −L) 则是力量总值。多方力量净值 % =((C −L) −(H −C))/(H −L)*100。经过这样推导后，第一句的主要含义是多方的净买入量 = 成交量 * 多方力量净值 %。

2）历史累计和

SUM(多方的净买入量 ,0) 就是此股上市以来多方净买入量的累计总和，这说起来容易，做起来难。一般软件起始时采用的 K 线数是 420 条或 700 条，除非调入更多的 K 线，否则按日线计算只有两年多，远远短于很多股票的历史。当使用周线时，可以满足大部分股票的要求；当使用月线时，可以满足全部股票的要求。对于 SUM(X,0) 这样出现 0 参数，要求整个历史数据时，我们要注意一下。一般来说，在编写公式时，尽量不要使用这种要求整个历史数据的参数，一定要设置一个数值，如 SUM(X, 20)、SUM(X, 60) 等，即使大一些如 SUM(X,500) 也行。

七、其 他 系

这只是一个类型名称，没有特别的含义，一些后期产生的、又没有加入前面各个类型中的技术指标就放入这个其他系了。

1. CYHT 财运亨通

公式源码

```
VAR1:=(2*CLOSE+HIGH+LOW+OPEN)/5;
高抛:80;
VAR2:=LLV(LOW,34);
VAR3:=HHV(HIGH,34);
SK:EMA((VAR1-VAR2)/(VAR3-VAR2)*100,13);
SD:EMA(SK,3);
低吸:20;
强弱分界:50;
VAR4:=IF(CROSS(SK,SD),40,22);
VAR5:=IF(CROSS(SD,SK),60,78);
卖出:VAR5;
买进:VAR4;
```

动态翻译

VAR1 赋值: (2* 收盘价 + 最高价 + 最低价 + 开盘价)/5。

输出高抛: 80。

VAR2 赋值: 34 日内最低价的最低值。

VAR3 赋值: 34 日内最高价的最高值。

输出 SK: (VAR1-VAR2)/(VAR3-VAR2)*100 的 13 日指数移动平均。

输出 SD: SK 的 3 日指数移动平均。

输出低吸: 20。

输出强弱分界: 50。

VAR4 赋值: 如果 SK 上穿 SD，则返回 40; 否则返回 22。

VAR5 赋值: 如果 SD 上穿 SK，则返回 60; 否则返回 78。

输出卖出: VAR5。

输出买进: VAR4。

用法注释

CYHT 指标由 SK、SD、80 高抛线、20 低吸线、50 强弱分界线和买进、卖出提示线构成，整幅显示图形与传统指标 KD 的显示图形相似，但形态更鲜明，买卖指示更准确，是中长线操作的有力工具。

操作要领:

(1)买点: 当 SK 线上翘并与 SD 线金叉时买入。

(2)卖点: 当 SK 线下勾并与 SD 线死叉时卖出。

解析和改进

CYHT 公式写得很“原始”。首先，公式语句排序零乱，没有把相关的排在一起，读起来不方便；其次，用直线的突起标识参考的买点、卖点，既不方便看，增加的线条又使画面显得杂乱。股票公式的使用者难以接受这样的公式，必须改一改。

修改思路如下:

(1)VAR1 是 5 份价格的平均，自然小于最高价，而又大于最低价，在它们中间；VAR2 是 34 日的最低价，VAR3 是 34 日的最高价，VAR1 当然就在它们中间。

(2)SK ≈ (VAR1 −VAR2)/(VAR3 −VAR2)*100，SK 的值就在 0~100。

(3)80、20 的位置实际上就是超买、超卖的界限值。

(4)VAR4 选择的参考买入点是 SK 上穿 SD 的位置，VAR5 选择的参考卖出点是 SK 下穿 SD 的位置，直接用红、绿色箭头标识即可。

(5)原来的强弱分界线是 50，如果讲究对称，则完全可以减去 50 变成 0 值，用 0 轴分隔强弱，强的部分为正值，弱的部分为负值。

我们把 CYHT 公式修改一下，得到一个新公式“CYHT 修改 1”。

CYHT 修改 1

```
VAR1:=(2*C+H+L+O)/5;
VAR2:=LLV(L,34);
VAR3:=HHV(H,34);
SK:EMA((VAR1-VAR2)/(VAR3-VAR2)*100,13);
SD:EMA(SK,3);
高抛:80,DOTLINE,COLORGREEN;
低吸:20,DOTLINE,COLORRED;
强弱分界:50,DOTLINE,COLORGRAY;
VAR4:=CROSS(SK,SD);
```

```
VAR5:=CROSS(SD,SK);
买进:DRAWICON(VAR4,22,1);
卖出:DRAWICON(VAR5,78,2);
```

把新公式引入副图区，显示图形如图 2-77 所示。与原公式的显示相比较，22、78 位置的直线被取消，红色箭头指示买入处，绿色箭头指示卖出处，20、50、80 位置的实线都换成了虚线，画面比原来简洁、清晰许多。但是，新公式在 SK、SD 处于高位时，仍给出买入信号，延续了原公式没有挑选信号质量的不足，所以有必要做进一步的修改，修改为“CYHT 修改 2”。

图 2-77　“CYHT 修改 1”公式显示图形

CYHT 修改 2

```
VAR1:=(2*C+H+L+O)/5;
VAR2:=LLV(L,34);
VAR3:=HHV(H,34);
SK:EMA((VAR1-VAR2)/(VAR3-VAR2)*100,13)-50,COLORRED;
SD:EMA(SK,3),COLORBLUE;
QIANGRUO:(SK-SD)*3,COLORSTICK;
高抛:25,DOTLINE,COLORGREEN;
低吸:-25,DOTLINE,COLORRED;
0,DOTLINE,COLORGRAY;
BUYCK:=CROSS(SK,SD)AND(SK<低吸 OR REF(SK,1)<低吸);
SELLCK:= CROSS(SD,SK)AND(SK>高抛 OR REF(SK,1)>高抛);
买进:DRAWICON(BUYCK,-15, 1);
卖出:DRAWICON(SELLCK,15,2);
```

将公式“CYHT 修改 2”引入副图区与原 CYHT 公式对照显示，如图 2-78 所示。我们把“−50”做成 0 轴对称，参考线适当设为 ±25（相当于原公式中的 75、25），以 0 轴上下的红绿柱线显示强区、弱区和它们的转换趋势，买入、卖出的参考信号也只选择高区卖出的和低区买入的，而不像原公式那样包含中轴附近的参考价值低的信号。与原公式相比，“CYHT 修改 2”公式的显示简单、清晰，更适合应用。

图 2-78　“CYHT 修改 2”公式显示图形

2. SCR　筹码集中度

公式源码

```
A:=P1+(100-P1)/2;
B:=(100-P1)/2;
CC:=COST(A);
DD:=COST(B);
SCR:(CC-DD)/(CC+DD)*100/2;
```

参数设置

P1：最小为 1；最大为 100；默认为 90。

动态翻译

A 赋值：P1+(100−P1)/2。

B 赋值: (100−P1)/2。

CC 赋值: 获利盘为 A% 的成本分布。

DD 赋值: 获利盘为 B% 的成本分布。

输出筹码集中度: (CC−DD)/(CC+DD)*100/2。

用法注释

SCR 指标是一个追踪主力资金建仓与减仓的重要指标, 数值越低, 表示筹码越集中; 数值越高, 表示筹码越分散。

解析和改进

这个公式在翻译和注释上是有疑问的。首先, "集中度" 是什么含义? 为何数值越低表示筹码越集中? 其次, COST 函数是 "获利盘为 A% 的成本分布" 吗? 下面我们来探讨一下这些疑问。

1) SCR 集中度

为了考查 SCR 数值的大致含义, 我们把公式改写一下, 命名为 "SCR 多级"。

SCR 多级

```
A:=P1+(100-P1)/2;
B:=(100-P1)/2;
CC:=COST(A);
DD:=COST(B);
SCR:(CC-DD)/(CC+DD)*100/2;
A80:=80+(100-80)/2;
B80:=(100-80)/2;
CC80:=COST(A80);
DD80:=COST(B80);
SCR80:(CC80-DD80)/(CC80+DD80)*100/2;
A70:=70+(100-70)/2;
B70:=(100-70)/2;
CC70:=COST(A70);
DD70:=COST(B70);
SCR70:(CC70-DD70)/(CC70+DD70)*100/2;
A60:=60+(100-60)/2;
B60:=(100-60)/2;
CC60:=COST(A60);
DD60:=COST(B60);
SCR60:(CC60-DD60)/(CC60+DD60)*100/2;
A50:=50+(100-50)/2;
B50:=(100-50)/2;
CC50:=COST(A50);
DD50:=COST(B50);
SCR50:(CC50-DD50)/(CC50+DD50)*100/2;
0, COLORBLUE;
```

新公式分为五个重复的部分，第一部分是原公式，因为参数 P1 的默认值是 90，所以就是以 90 为参数的计算部分，之后分别是以 80、70、60、50 为参数的计算部分。把新公式引入副图区，显示图形如图 2-79 所示。

图 2-79　“SCR 多级”公式显示图形

“SCR 多级”公式中的 SCR 曲线与原公式中的 SCR 曲线是一致的，它们现在的数值都是 8.55。我们可以形象地理解为 90% 的筹码掌握在 8.55% 的股民手中（这里指的是持有这只股票全体股民的 8.55%）。尽管这个理解与实际有差距，但却是适当的和符合其性质的。参数取值为 80、70、60、50 时的 SCR 值分别是 6.38、5.34、4.54、3.68，也就是对于持有这只股票（万科 A）的全体股民来说，80% 的筹码掌握在 6.38% 的股民手中，70% 的筹码掌握在 5.34% 的股民手中，60% 的筹码掌握在 4.54% 的股民手中，50% 的筹码掌握在 3.68% 的股民手中。SCR 数值一个比一个小，完全符合逻辑。这样的理解让我们抓住了它的本质，在参数 P1 取默认值为 90 时，SCR 是持有 90% 股票的人数占这只股票全体股东人数的 % 数值。当然，也就说明了 SCR 值越小，持有人数的 % 数值越小，筹码也就越集中；SCR 值越大，持有人数的 % 数值越大，筹码也就越分散。

举个例子，万科 A 的 2022 年三季报显示，它的股东人数是 45.4 万户。在网上查一下，2022 年 9 月 30 日的 SCR(90)=7.65、SCR(80)=6.05、SCR(70)=4.66，也就能算出当时 45.4 万 ×7.65% =3.47 万人掌握着 90% 的筹码，45.4 万 ×

6.05%=2.75 万人掌握着 80% 的筹码，45.4 万 ×4.66% =2.12 万人掌握着 70% 的筹码。这样就能抓住本质，形象地理解 SCR 数值的含义，尽管不是很准确，但是这种“模糊的正确”远胜于“准确的错误”。

2）COST 函数

COST 函数的解释是“COST 成本分布情况，用法是 COST(10) 表示 10% 获利盘的价格是多少，即有 10% 的持仓量在该价格以下，其余 90% 在该价格以上，为套牢盘。”在 SCR 公式中的翻译是“COST(A)，获利盘为 A% 的成本分布。”

为了弄清楚事实，我们编写一个小公式试一试，命名为“COST 含义”。

COST 含义

```
CST100:COST(100),COLORRED;
CST95:COST(95),COLORLIRED;
CST50:COST(50),COLORBLUE;
CST5:COST(5),COLORBROWN;
CST001:COST(0.01),COLORMAGENTA;
```

将公式“COST 含义”引入副图区，显示图形如图 2-80 所示。COST 输出的是价格，参数取值越大，输出的价格越高；参数取值越小，输出的价格越低，正如函数解释的那样“参数 % 获利盘的价格”。而 SCR 的翻译可以修改成“COST(A)，获利盘为 A% 的最低价格”。直接说，不是什么“成本分布”，而是保证至少有 A% 获利盘的最低价格。

图 2-80 “COST 含义”公式显示图形

按照图 2-80 中给出的 2022 年 12 月 30 日的数据，COST 100% 获利盘的价格是 32.35 元，几乎是图中的最高价 32.37 元，当然是全部获利，无套牢盘；COST 0.01% 获利盘价格是 13.20 元，几乎是图中的最低价 13.13 元，当然几乎没有获利盘，全是套牢盘。

还有一个问题就是 COST 函数有时间范围吗？我们也注意到该函数没有时间参数。那么，它给出的数据是近一年的、近三年的，还是整个历史的？

我们在计算机上调入更多的 K 线（多按几次↓键），可以看到，当出现历史上更高的价格时，COST(100)（CST100）的数值变了，为 37.03 元，与历史高价 37.05 元相匹配，如图 2-81 所示。这样我们就明白了，像 COST 这类没有时间参数的函数，它们计算的是所有调入计算机内存中的 K 线数。在一般情况下，起始时调入计算机内存中的 K 线数是 420 条或 700 条，COST 函数在计算时就把这些 K 线当成全部，不理睬更早的历史数据。如果调入更多的 K 线，甚至全部历史的 K 线，那么它们计算的可能就是全部历史的 K 线。

图 2-81　“COST 含义”公式显示图形 2

设置初始分析数据个数的方法为，按【Ctrl+D】组合键打开【系统设置】对话框，切换至【设置 2】选项卡，在【初始分析数据个数】选项组中选择【700（快速网络）】单选按钮，如图 2-82 所示。

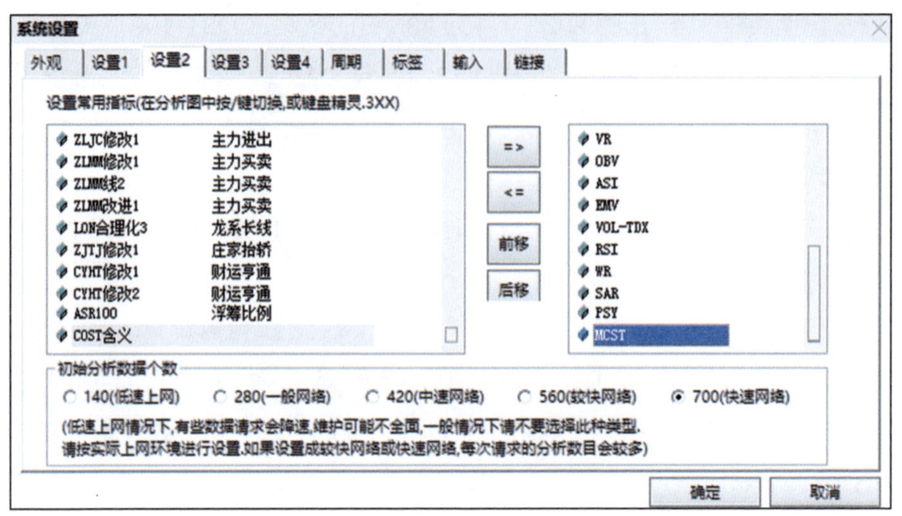

图 2-82　初始分析数据个数设置

3. ASR　浮筹比例

公式源码

```
ASR:(WINNER(C*1.1)-WINNER(C*0.9))/WINNER(HHV(H,0))*100;
```

动态翻译

输出浮筹比例:（以收盘价 *1.1 计算的获利盘比例 – 以收盘价 *0.9 计算的获利盘比例）/ 以 0 日内最高价的最高值计算的获利盘比例 *100。

用法注释

浮筹比例是当前股价上下 10% 空间的筹码数量。浮筹比例一般指稳定性差，也就是以短线投机心态买入的那部分股票。

解析和改进

这个公式好像很适合之前的 A 股市场，那时的涨跌停限制都是 10%，股价会在 ±10% 处有充分的停留时间。现在的 A 股市场的涨跌停幅度有三种，即 ±5%、±10%、±20%，所以我们在使用这个公式时，就应该考虑一下涨跌停幅度不同的情况。

这个公式中又出现了 0 参数，在“WINNER(HHV(H,0))”中。HHV(H,0) 指的是股票上市以来的最高价（历史最高价），WINNER(HHV(H,0)) 的值当然就是 1，所以，这个公式实际上就是 ASR:(WINNER(C*1.1)−WINNER(C*0.9))*100;

我们把这个公式改写一下，命名为“ASR 改写 1”。

ASR 改写 1

```
ASR:(WINNER(C*1.1)-WINNER(C*0.9))/WINNER(HHV(H,0))*100;
ASR1:(WINNER(C*1.1)-WINNER(C*0.9))*100;
```

将公式“ASR 改写 1”引入副图区，显示图形如图 2-83 所示。“ASR 改写 1”公式的曲线与原 ASR 公式的曲线完全一样，说明它们的功能一致。但是“ASR 改写 1”公式中明明写了两条曲线，怎么只显示一条？我们看到的是去除了“WINNER(HHV(H,0))”的曲线 ASR1，是粉色的。因为 WINNER(HHV(H,0))=1，所以 ASR=ASR1，粉色的 ASR1 就完全画在蓝色的 ASR 上，把 ASR 完全覆盖了。单击一下 ASR 的数值，就会看到曲线上出现黑色方点，这就是 ASR 曲线。

图 2-83 “ASR 改写 1”公式显示图形

联想一下 SCR、ASR 公式，我们知道有时书中的内容会有值得商榷之处，这是正常的。对于这些普通的使用类书籍，我们可以抱着思考和发展的态度来看，当然也包括本书。

知道浮筹比例有用，知道在现价的情况下有多少比例的获利盘也有用。我们把这个内容加入公式中，改写成公式“ASR 改写 2”。

ASR 改写 2

```
50,DOTLINE,COLORBROWN;
```

```
ASR1:(WINNER(C*1.1)-WINNER(C*0.9))*100;
ASRHUOLI:WINNER(C)*100;{ASR获利}
```

公式“ASR 改写 2”的显示图形如图 2-84 所示。

图 2-84 “ASR 改写 2”公式显示图形

公式“ASR 改写 2”增加了三个坐标线位置 25、50、75。如果读者不熟悉、不知道修改公式名称、设立坐标线位置、输入公式内容、另存为等操作，则可以复习之前的内容。

4. BSQJ 买卖区间

公式源码

```
买线:=EMA(C,2);
卖线:=EMA(SLOPE(C,21)*20+C,42);
STICKLINE(买线>=卖线,REFDATE(HHV(H,0),DATE),REFDATE(LLV(L,0),
DATE),6,0),COLOR001050;
STICKLINE(买线<卖线,REFDATE(HHV(H,0),DATE),REFDATE(LLV(L,0),
DATE),6,0),COLOR404050;
DRAWKLINE(H,O,L,C);
指导:=EMA((EMA(CLOSE,4)+EMA(CLOSE,6)+EMA(CLOSE,12)+EMA(CLOSE,
24))/4,2);
界:=MA(CLOSE,27);
B买:IF(CROSS(指导,界) OR CROSS(买线,卖线),C,DRAWNULL),
COLORMAGENTA,NODRAW;
```

```
    持仓:IF(买线>=卖线,C,DRAWNULL),COLORRED,NODRAW;
    S卖:IF(CROSS(界,指导) OR CROSS(卖线,买线),C,DRAWNULL),COLORGRAY,
NODRAW;
    空仓:IF(买线<卖线,C,DRAWNULL),COLORGREEN,NODRAW;
    DRAWICON(CROSS(买线,卖线),L,1);
    DRAWICON(CROSS(卖线,买线),H,2);
```

动态翻译

买线赋值: 收盘价的 2 日指数移动平均。

卖线赋值: 收盘价的 21 日线性回归斜率 *20+ 收盘价的 42 日指数移动平均。

当满足买线≥卖线时, 在日期日 0 日内最高价的最高值和日期日 0 日内最低价的最低值位置之间画柱状线, 宽度为 6, 0 不为 0 则画空心柱, COLOR001050; 注意, 这几句非常拗口, 当我们打开软件的动态翻译时, 给出的就是这样的机器语言, 我们要结合函数含义才能看得懂。"日期日" 指的是语句中的参数 "DATE"; "0 日内" 指的是 HHV(H,0) 中的 "0", 它是指历史以来的全部; "0 不为 0" 指的是 "6,0)," 中的 "0", 它是画线参数, 如果改成 "1", 则画空心柱。由此可见, 股票公式是简单的, 但要深究细节还是很深的。好在我们在应用公式时并不需要深究这些细节。

当满足买线 < 卖线时, 在日期日 0 日内最高价的最高值和日期日 0 日内最低价的最低值位置之间画柱状线, 宽度为 6, 0 不为 0 则画空心柱, COLOR404050。

K 线

指导赋值: (收盘价的 4 日指数移动平均 + 收盘价的 6 日指数移动平均 + 收盘价的 12 日指数移动平均 + 收盘价的 24 日指数移动平均)/4 的 2 日指数移动平均。

界赋值: 收盘价的 27 日简单移动平均。

输出 B 买: 如果指导上穿界 ORCROSS(买线 , 卖线), 则返回收盘价, 否则返回无效数, 画洋红色, NODRAW。

输出持仓: 如果买线≥卖线, 则返回收盘价, 否则返回无效数, 画红色, NODRAW。

输出 S 卖: 如果界上穿指导 OR CROSS(卖线 , 买线), 则返回收盘价, 否则返回无效数, 画淡灰色, NODRAW。

输出空仓: 如果买线 < 卖线, 则返回收盘价, 否则返回无效数, 画绿色,

NODRAW。

当满足条件买线上穿卖线时，在最低价位置画 1 号图标。

当满足条件卖线上穿买线时，在最高价位置画 2 号图标。

用法注释

（1）红色箭头为参考买入点，绿色箭头为参考卖出点。

（2）红色为持仓区间，灰色为空仓区间。

解析和改进

使用绘图函数和其中的扩大线宽参数使显示具有震撼、压制的神秘感。我们在熟练、修改和优化公式的过程中，一定要注意识破。

下面来清理一下这个公式，把没用的去除，把隐藏的显示出来。

（1）第 1、2 句，“买线、卖线”，重要，应显示出来。

（2）第 3、4 句，使用线宽参数“6”，故意使画面涂满颜色，应去除。

（3）第 5 句，K 线图，无新意，有主图的就足够了，应去除。

（4）第 6、7 句，“指导、界”，重要，应显示出来。

（5）第 8~11 句，不用 NODRAW，应显示出来。

由此，我们把公式修改成“BSQJ 清”。

BSQJ 清

```
    买线:EMA(C,2);
    卖线:EMA(SLOPE(C,21)*20+C,42);
    指导:EMA((EMA(CLOSE,4)+EMA(CLOSE,6)+EMA(CLOSE,12)+EMA(CLOSE,
24))/4,2);
    界:MA(CLOSE,27);
    B买:IF(CROSS(指导,界) OR CROSS(买线,卖线),C,DRAWNULL),
COLORMAGENTA;
    持仓:IF(买线>=卖线,C,DRAWNULL),COLORRED;
    S卖:IF(CROSS(界,指导) OR CROSS(卖线,买线),C,DRAWNULL),
COLORLIGRAY;
    空仓:IF(买线<卖线,C,DRAWNULL),COLORGREEN;
    DRAWICON(CROSS(买线,卖线),L,1);
    DRAWICON(CROSS(卖线,买线),H,2);
```

继续看原公式，分析一下，仅仅第 1、2、12、13 句有实际显示意义，其余几乎都是无用的。我们再次修改它，改写成“BSQJ 改写 2”。

BSQJ 改写 2

```
    买线:EMA(C,2);
    卖线:EMA(SLOPE(C,21)*20+C,42);
```

```
DRAWICON(CROSS(买线,卖线),L,1);
DRAWICON(CROSS(卖线,买线),H,2);
```

把两个新公式都引入副图区，显示图形如图 2-85 所示。可以看到，三个公式显示的信号是完全相同的，句子从原来的 13 句缩减到 10 句，再缩减到仅剩 4 句。显示画面从原来的大红大紫、神神秘秘，到清晰明了，再到简单直接。书上无法用大图，难以显示全貌。计算机屏幕的显示足够大，可以显示细节，让这一切一目了然。

图 2-85 “BSQJ 清”和“BSQJ 改写 2”公式显示图形

为什么区别那么大？这是因为想要复杂就会有复杂的写法，想要简单就会有简单的写法。我们再来分析一下原公式，看看复杂在哪里。

（1）第 3 句是画柱线，线粗参数竟然选用“6”。画就画，用得着那么粗吗？如果我们把线粗参数从“6”改成“0”，再试一下，就知道它是干什么的了（针对这一点，各位读者最好试一试），也就可以判断它是否必要了。第 4 句同样如此。

（2）第 5 句是 K 线图，有主图在，它就是多余的，直接删除。

（3）第 12、13 句仅仅用到“卖线、买线”，根本没有“指导、界、B 买、S 卖、持仓、空仓”什么事，可能这些都是多余的，删除试试看。

能够简化公式、清洁显示画面、去伪存真，这就是本事，是玩转股票公式的本事。能简化，就能明了公式的真意，也就能添加有用的内容，编写出对我们有用的股票公式，我们的实用技术就是这样练出来的。

八、特 色 型

这只是一个类型名称，没有特别的含义，一些后期产生而又没有加入其他类型中的指标就放入这个特色型了。

1. HYDB　行业对比（需下载日线）

公式源码

```
A:=REF(HY_INDEXC,1);
行业涨幅:IF(A>0,(HY_INDEXC-A)*100/A,0),NODRAW;
DRAWTEXT_FIX(ISLASTBAR,0,0,0,HYBLOCK),COLOR00C0C0;
HYDB:DRAWKLINE(HY_INDEXH,HY_INDEXO,HY_INDEXL,HY_INDEXC);
```

动态翻译

A 赋值：1 日前的行业指数的收盘价。

输出行业涨幅：如果 A>0，则返回(行业指数的收盘价 −A)*100/A，否则返回 0，NODRAW。

当满足条件是否最后一个周期时，在横轴 0 纵轴 0 位置书写文字，COLOR00C0C0。

输出行业对比（需下载日线）：K 线。

用法注释

画出行业指数 K 线，可与个股 K 线进行对比分析。

解析和改进

HYDB 公式列出股票所处的行业板块指数 K 线图，可以与股票的 K 线图进行对照。行业板块指数是其包含的全体股票的总的平均指标，把个股与其进行对照，可以分辨出这只股票的走势是强于板块总体还是弱于板块总体，抑或几乎跟随板块总体，也就是分辨个股是它所在行业板块中的强势股还是弱势股。

HYDB 公式仅仅显示出一张孤零零的 K 线图，与个股显示丰富的 K 线图对比起来显得很单调。如果能加上 MA（均线），看起来就丰富、完整了。当然，如果你习惯于主图中使用其他的均线指标，也可以给 HYDB 配上同样的均线指标，以方便使用。按照这个思路，我们把 HYDB 公式改写成“HYDB 改写 1”。

HYDB 改写 1

```
HYC:=HY_INDEXC;{行业指数}
行业涨幅:(HYC-REF(HYC,1))/REF(HYC,1)*100,NODRAW;
DRAWTEXT_FIX(CURRBARSCOUNT=50,0,0,0,HYBLOCK),COLORBLUE;
HYDB:DRAWKLINE(HY_INDEXH,HY_INDEXO,HY_INDEXL,HY_INDEXC);{行业指数}
HYCM5:MA(HYC,5),COLORBLUE;{行业指数5日均线}
HYCM10:MA(HYC,10),COLORMAGENTA;{行业指数10日均线}
HYCM20:MA(HYC,20),COLORGRAY;
HYCM60:MA(HYC,60),COLORBROWN;
```

注意：公式第 3 句中的“ISLASTBAR”被换成了“CURRBARSCOUNT =50”。因为稍微左右移动 K 线图就能让“ISLASTBAR”不成立，行业板块名称就不显示，而使用“CURRBARSCOUNT =50”要好得多。

把新公式引入副图区，显示图形如图 2-86 所示。

图 2-86　“HYDB 改写 1”公式显示图形

与原 HYDB 公式的显示图形进行对照，有均线的“HYDB 改写 1”公式在形式上更类似于主图中的股票 K 线图，与个股的对照也清晰、容易许多。在

图 2-86 中我们可以看到，万科 A 的走势大体与其所在的房地产板块指数的走势是相近的，包括均线系统，属于跟随股。但是，房地产板块指数在 2022 年 12 月没有创出新高，而万科 A 却创出新高，说明万科 A 开始变得强势，强于板块总体。

2. FKX　反 K 线

公式源码

```
DRAWKLINE(-LOW,-OPEN,-HIGH,-CLOSE);
```

动态翻译

K 线。

用法注释

将原始 K 线反向画线，可用于站在空头的立场分析股票。

解析和改进

由于感觉和习惯的不同，人们看图的偏好也会不同，有些人看上行比较敏感和顺畅，有些人看下跌比较敏感和顺畅。FKX 公式就适应了人们的这种偏好，可以让偏好明显的人遇到不利于他的走势时同样发挥高超的判断能力。

FKX 公式仅仅画出了反过来的 K 线，缺少辅助指标。为了丰富显示内容，起到更好的辅助作用，我们把辅助指标添上去，改写成公式“FKX 均线”。

FKX 均线

```
CF:=-C;{C反}
OF:=-O;{O反}
HF:=-L;{H反}
LF:=-H;{L反}
DRAWKLINE(HF,OF,LF,CF);
MA5F:MA(CF,5);{5日均线反}
MA10F:MA(CF,10);{10日均线反}
MA20F:MA(CF,20);
MA60F:MA(CF,60);
```

将新公式引入副图区，显示图形如图 2-87 所示。原 FKX 公式只画出了反过来的 K 线图，与主图对比缺少辅助的均线。新公式“FKX 均线”添加了必要的均线系统，画出来的图形完全就是以主图、副图分割线为对称轴的主图对称图，副图反 K 线图中的均线的数值完全就是主图均线值的负值。这样的完整反 K 线图对有走势偏向爱好的分析者很有帮助。

图 2-87　“FKX 均线”公式显示图形

各位读者应注意到，我们在新公式中并没有简单地使用原公式 + 新句子的方法，而是把四个价格 H、O、L、C 先转换为对称的反价格 LF、OF、HF、CF，再进行计算。这样的做法虽然有点儿烦琐，但原理、步骤清晰，并且会给进一步高要求的改写带来方便，例如，我们接下来要改写的“反 KDJ 公式”。

大家一定要弄清楚 K 线和反 K 线的对称关系，如图 2-88 所示。

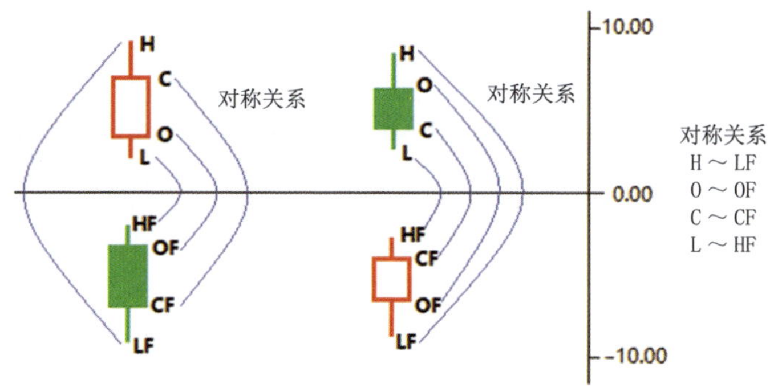

图 2-88　K 线和反 K 线的对称关系示意图

既然有了反 K 线，也就会有反 KDJ 线，当然也会有其他的反指标。我们在这里写一下 KDJ 反公式。

KDJ 反

```
CF:=-C;{C反}
OF:=-O;{O反}
HF:=-L;{H反}
```

```
LF:=-H;{L反}
RSVF:=(CF-LLV(LF,N))/(HHV(HF,N)-LLV(LF,N))*100;{RSV反}
KF:SMA(RSVF,M1,1);{K反}
DF:SMA(KF,M2,1);{D反}
JF:3*KF-2*DF;{J反}
```

将公式“KDJ 反”引入副图区，显示图形如图 2-89 所示。与原 KDJ 公式的显示对照，呈对称形，原来的高值变低值，原来的低值变高值。同样也可以设置超买超卖区，只是需要注意高位、低位的转换。如果同时使用 FKX 和 KDJ 反，就顺畅了。

图 2-89 “KDJ 反”公式显示图形

想必各位读者可能也都注意到了，KDJ 反公式还有一种简单且直接的写法，就是引用原 KDJ 公式中的数据。我们写一个例子“KDJ 反引用”。

KDJ 反引用

```
KFZ:-KDJ.K;
DFZ:-KDJ.D;
JFZ:-KDJ.J;
```

当然，各位读者要注意把坐标线位置改成相应的负值：0、−20、−50、−80、−100。我们就不列图显示了，各位读者可以自己尝试。公式“KDJ 反引用”的不足之处在于显示的都是负值，与日常数据处理的感觉不一样（平常大多数处理的数据是自己拥有多少，而不是欠别人多少）。

KDJ 反公式可以有很多种写法，我们再举一种“KDJ 反减”。

KDJ 反减

```
KFZ:100-KDJ.K;
DFZ:100-KDJ.D;
JFZ:100-KDJ.J;
```

同样，我们也不列图显示了，各位读者可以自己尝试。

MACD 也可以做成“反”公式，方法当然也有很多种，各位读者可以自己试试。

九、大 势 型

大势型指标只能用于沪深指数，并且是一部分沪深指数。在个股画面上输入大势型指标，一般都会显示一行文字“公式 :*** 大势型指标只能用于沪深指数”，这也说明如果要炒指数期货、指数基金，则更需要了解大势行情。

大势型指标一般讲的都是其指数包含范围内股票的上涨数量和下跌数量，围绕和展开的内容包括上涨的家数、下跌的家数、它们的比例、上涨家数占比、下跌家数占比等。应用大势型指标要注意以下两点。

（1）哪些指数可以使用大势型指标。

指数有很多种，包括大盘指数、行业指数、概念指数、地区指数、风格指数等，基本上都能使用大势型指标，但也有少部分指数不能使用大势型指标，如上证 380、中证 800、深证 300、深证 ETF 等。依次单击【分类】→【沪深主要指数】，即可进入大盘指数类界面，单击【板块指数】，即可进入板块指数界面，如图 2-90 所示。

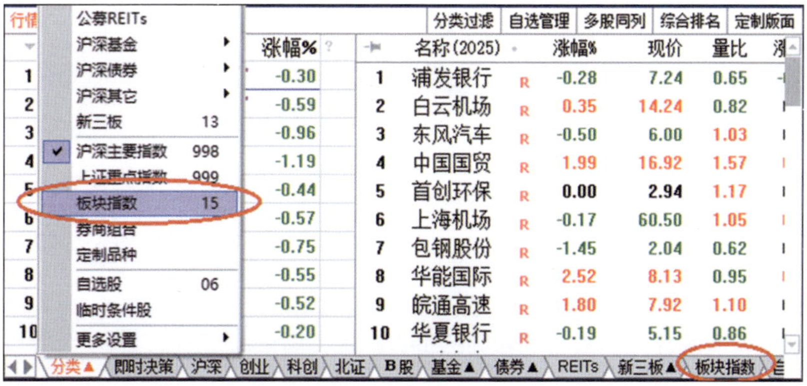

图 2-90　板块指数界面

（2）指标涉及的股票范围是否与指数涉及的股票范围相符。

一般来说，大势型指标所涉及的股票范围应该与使用时的指数所涉及的股票范围是一致的，但实际情况并不总是这样。范围不一致的情况很少，在这里只是提醒大家注意一下，并列举几个重要的例子。

①深证成指。深证成指（深证成分指数）是按一定标准选出 500 家有代表性的上市公司作为样本股编制而成的股价指标，是深圳证券交易所的主要股指。也就是说它涉及的股票数是 500 家，但它在使用大势型指标时所涉及的是深市 2600 多家股票。注意到这一点，我们就知道深证成指的大势型指标代表的是整个深市股票，而不是仅仅选出的那 500 家。

②上证 180。上证 180 指数涉及的股票数是 180 家，但它在使用大势型指标时所涉及的是 2000 多家股票，也就是沪市的全部股票。

③深证 100R。深证 100R 指数涉及的股票数是 100 家，但它在使用大势型指标时所涉及的是 2600 多家股票，也就是深市的全部股票。

1. ABI　绝对广量指标

公式源码

```
ABI:100*ABS(ADVANCE-DECLINE)/(ADVANCE+DECLINE);
MAABI:EMA(ABI,M);
```

参数设置

M：最小为 2；最大为 100；默认为 10。

动态翻译

输出绝对广量指标：100*（上涨家数 − 下跌家数的绝对值）/（上涨家数 + 下跌家数）。

输出 MAABI：ABI 的 M 日指数移动平均。

用法注释

（1）ABI 绝对广量主要用于扫描瞬间极端的多头或空头力道。

（2）ABI 值只会在 0 ~ 100 波动，数据越大代表市场立即转折的概率越大；当 ABI 值大于 95 时，市场行情将极容易产生短期转折点。

（3）越大的数据代表市场转向的机会越大。

（4）随着上市公司家数递增，ABI 的极限数据须伴随修正。

（5）本指标可设参考线，对 ABI 做了归一化处理以减少误差。

解析和改进

ABI 公式使用上涨家数和下跌家数的差值占总家数的 % 数值来衡量市场行情出现转折的可能性，认为当涨跌家数的差值占总家数的比列达到 95% 时，也就是几乎全涨或全跌了，市场容易发生转折。

ABI 公式使用涨跌家数差值的绝对值，结果都是正值，不能直接分辨是涨多于跌还是跌多于涨；使用上涨家数 + 下跌家数作为总家数数值，不考虑平盘的家数，而在实际中，偶然平盘较多的情况是可能的；它的均线 MAABI 好像也不起什么作用。

依据 ABI 公式的基本原则，按照方便、实用的要求，我们把它改写一下，思路是使用差值，保留正负，可以直接显示是涨多于跌还是跌多于涨；使用上涨家数 + 下跌家数的 20 日均值作为总家数，避免偶然平盘过多的影响，虽然可能造成 ABI>100 的极端情况，但很少，也不会影响判断；去掉没有意义的均线 MAABI；根据适当、实用的原则，设定参考界限值。改写成公式“ABI 改写 1”。

ABI 改写 1

```
    80,DOTLINE,COLORGREEN;{转跌参考}
    -80,DOTLINE,COLORRED;{转涨参考}
    0,DOTLINE,COLORGRAY;
    TOTALGU:MA((ADVANCE+DECLINE),20),NODRAW;{全部股票家数}
    ABIZJ:(ADVANCE-DECLINE)/TOTALGU *100;{ABI涨净}
    DIEZHUAN:STICKLINE(ABIZJ>80,0,ABIZJ/4,1,0),COLORGREEN;
{跌转（参考）}
    ZHANGZHUAN:STICKLINE(ABIZJ<-80,0,ABIZJ/4,1,0),COLORRED;
{涨转（参考）}
```

把新公式引入副图区，显示图形如图 2-91 所示。在新公式中，涨的家数多，就是正值；跌的家数多，就是负值；参考界限值适当设为 ±80，因为像原公式注释中那种 95 的值（上涨家数 >96%，同时下跌家数 <1%）的情况几乎没有；高于界限值可能向下反转处，用绿色柱线标识；低于界限值可能向上反转处，用红色柱线标识，柱线的长短表示反转要求的强弱。

新公式中加入了总家数（TOTALGU）数值，是上涨和下跌家数和的 20 日均值，具有较好的稳定性。新公式虽然依然没有考虑到平盘的家数，但已经没有实质影响了。使用这个数据的目的是告诉我们当前这个板块指数的股票数量（大致），看看是否与预计的相符，当然只要看整数就行了。

图 2-91 “ABI 改写 1”公式显示图形

2. ARMS 阿姆氏指标

公式源码

```
ARMS:EMA(ADVANCE/DECLINE,N);
MAARMS:MA(ARMS,M);
```

参数设置

N：最小为 2；最大为 120；默认为 21。

M：最小为 2；最大为 40；默认为 6。

动态翻译

输出阿姆氏指标：上涨家数 / 下跌家数的 N 日指数移动平均。

输出 MAARMS：ARMS 的 M 日简单移动平均。

用法注释

ARMS 指标绝大多数时候在低位徘徊，这时候对大盘的超买超卖有一定的提示作用，但这种提示只能说明股市在短时间内的超买超卖情况，对大盘长期发展方向的提示作用不大。

ARMS 指标突然升高，意味着股市即将构筑底部。这个突然升高的具体数值没有硬性规定，关键在于 ARMS 指标能否创出一段时间的新高。

ARMS 指标如果出现急剧增长，则往往意味着股市即将出现重大转变。这种急剧增长是指 ARMS 指标迅速升高到 10 以上，其在历史中出现的次数不多，但往往能准确预测股市的顶或底。

解析和改进

ARMS 公式的用法注释中提到，如果 ARMS 指标急剧增长到 10 以上，则往往能准确预测股市的顶或底。我们就来看看它平时的表现，并寻找它超过 10 的情况。图 2-92 为它平时的情况，虽然对顶或底有参考作用，但也不突出。我们还找到了它超过 10 的情况，如图 2-93 所示，是以 2018 年年底到 2019 年年初的那段时间，上证指数的 ARMS 数值急剧增长到 30、14、25 和 80。现在知道那段时间正是熊牛大反转的时间段，我们感觉到 ARMS 指标可能确实有较大的参考意义。

我们立即找出深证成指在同一时期的 ARMS 指标情况，如图 2-94 所示。深证成指的 ARMS 数值同样急剧增长到 19、10、28 和 34，看来这个指标有较大的参考价值。再看看深证成指平时的 ARMS 指标情况，如图 2-95 所示，果然平时都在 4 以下。尽管在用法注释中说要很多年才能用上一次，但 ARMS 指标的参考价值确实很大。

图 2-92　ARMS 上证指数平时显示图形

图 2-93　ARMS 上证指数急涨显示图形

图 2-94　ARMS 深证成指急涨显示图形

对于这种我们觉得意义突出的公式，在修改时一定要很小心，但修改和优化也更有意义。它的第二条线 MAARMS 好像没什么用，可以隐去；1.1、2.4 处的两条线用于平时提示，可以直接用彩色线画在图上，同时去除其在“额外 Y 轴分界”上的数值。我们将其改写成新公式“ARMS 改写 1”。

图 2-95　ARMS 深证成指平时显示图形

ARMS 改写 1

```
2.4,DOTLINE,COLORRED;
1.1,DOTLINE,COLORMAGENTA;
ARMS:EMA(ADVANCE/DECLINE,N);
MAARMS:=MA(ARMS,M);
STICKLINE(ARMS>2.4,2.4,ARMS,0,0),COLORRED;
```

将新公式引入副图区，显示图形如图 2-96 所示。与原 ARMS 公式对照，公式“ARMS 改写 1”的功能虽相同，但明显简洁、清晰、实用。

图 2-96　“ARMS 改写 1”公式显示图形

十、云数据指标北上资金

经由港交所购买 A 股股票的叫作“北上资金”。很多投资者很关心这部分资金，认为其分析能力强，它们买入或增持的股票有很好的参考意义。

北上资金持有的股票有许多种查看方法，我们在这里只讲使用股票公式的查看方法。这就需要用到云数据函数，有些证券公司的软件支持云数据函数，有些还不支持，但支持的会越来越多。

云数据函数包括专业财务函数中的市场交易类数据 SCJIVALUE、股票交易类数据 GPJYVALUE 等，其中涉及北上资金的有 SCJIVALUE 中的“陆股通资金流入”、GPJYVALUE 中的“陆股通持股量”“陆股通市场成交净额”等。

与北上资金有关的还有关联财务函数 FINANCE(48)（是否为陆股通标的），以及专业财务函数 FINVALUE（325）（北上资金家数）、FINVALUE（326）（北上资金持股量）等。这部分数据完全引用季报、年报数据，如果新季报还没出，就沿用最新的；如果季报上没有，就是 0。

北上资金

```
    NOHSGT:=(FINANCE(3)!=0 AND FINANCE(48)==0);
    DRAWTEXT_FIX(ISLASTBAR AND NOHSGT,0,0,0,'提示:该股非陆股通标的'),
COLORGRAY;
    流入:IF(FINANCE(3)==0,(SCJYVALUE(2,1,0)+SCJYVALUE(2,2,0)),DRAW
NULL),NODRAW;
    陆股通持股:IF(FINANCE(3)==0,DRAWNULL,GPJYVALUE(6,1,1)/10000),CO
LORLIRED, NODRAW;
    NOTEXT1:IF(FINANCE(3)==0,MA(流入,10)*2,陆股通持股),LINETHICK2,
COLORRED;
    STICKLINE(流入>0,0,流入,2,0),COLORRED;
    STICKLINE(流入<0,0,流入,2,0),COLORCYAN;
```

动态翻译

NOHSGT 赋值：（沪深品种类型不等于 0 AND 是否为陆股通标的 0）。

当满足条件 ISLASTBAR AND NOHSGT 时，在横轴 0 纵轴 0 位置书写文字，画深灰色。

输出流入：如果沪深品种类型为 0，则返回（引用 2 号 ID 的序列数据 + 引用 2 号 ID 的序列数据），否则返回无效数，NODRAW。

输出陆股通持股：如果沪深品种类型为 0，则返回无效数，否则返回引用 6 号 ID 的序列数据 /10000，画淡红色，NODRAW。

输出 NOTEXT1：如果沪深品种类型为 0，则返回流入的 10 日简单移动平均 *2，否则返回陆股通持股，线宽为 2，画红色。

当满足条件流入 >0 时，在 0 和流入位置之间画柱状线，宽度为 2，0 不为 0 则画空心柱，画红色。

当满足条件流入 <0 时，在 0 和流入位置之间画柱状线，宽度为 2，0 不为 0 则画空心柱，画青色。

解析和改进

公式“北上资金”写得比较复杂，使用 FINANCE(3) 函数来区分沪深品种类型，使得公式既可以用于个股，也可以用于大盘指数，但效果不理想。对于操作个股的投资者来说，虽然知道北上资金持有这只股票的股数有用，但知道北上资金持有这只股票的比例（占总股本或占流通股本）更有用。在这只股票上的资金流进流出量，其意义与持股数量的变化是一样的。至于大盘的资金流进流出量，对于投资个股的一般投资者来说，其意义不比大盘的涨跌大。

我们把这个公式改写一下，让它能直接显示北上资金的持股比例，并且显示北上资金进出十大股东的情况。因为流通股本常有变化，总股本相对比较稳定，所以我们采用占总股本的 % 值。同时对公式进行简化，力求简明易懂。我们将改写后的公式命名为“北上资金比例”。

北上资金比例

```
    NOHSGT:=FINANCE(48)=0;
    DRAWTEXT_FIX(CURRBARSCOUNT=50 AND NOHSGT,0,0,0,'提示:非陆股通
标的'), COLORGRAY;
    陆股通持股: GPJYVALUE(6,1,1)/10000,COLORLIRED,NODRAW;
    占比%:陆股通持股*1000000/FINANCE(1),COLORLIRED;
    BSZJJIBAO:=FINVALUE(326),COLORLIRED;{北上资金季报}
    BSZJJBOVALL:=BSZJJIBAO/FINANCE(1)*100,COLORYELLOW;{BSZJ占总
股本}
    BIAOJIDIAN:=BSZJJIBAO!=REF(BSZJJIBAO,1),COLORGREEN;{季报
(出报)点}
    BSZJCGJIBAO:DRAWNUMBER(BIAOJIDIAN,占比%,BSZJJBOVALL),
COLORBLUE;
    BSZJXINRU:DRAWICON(REFX(BIAOJIDIAN,2)AND REF(BSZJJIBAO,1)
=0,REFX(占比%,2),1);{BSZJ新入}
    BSZJTUICHU:DRAWICON(REFX(BIAOJIDIAN,2)AND REF(BSZJJIBAO,1)>
0 AND REFX(BSZJJIBAO,2)=0,HHV(占比%,12),2);{BSZJ退出}
```

新公式比原来的“北上资金”公式要简单许多,没有那么多的转折 IF 句,虽然不能用于大盘指数的显示,但更适合个股的显示,北上资金的持股 %、新进或退出十大股东的情况都可以显示出来。

把新公式“北上资金比例”引入副图区,显示图形如图 2-97 所示。图中,淡红色曲线显示北上资金的持股 %,蓝色数字显示季报报道的北上资金的持股 %,红色箭头标识季报报道北上资金新进入十大股东之列,绿色箭头标识季报报道北上资金退出十大股东之列。

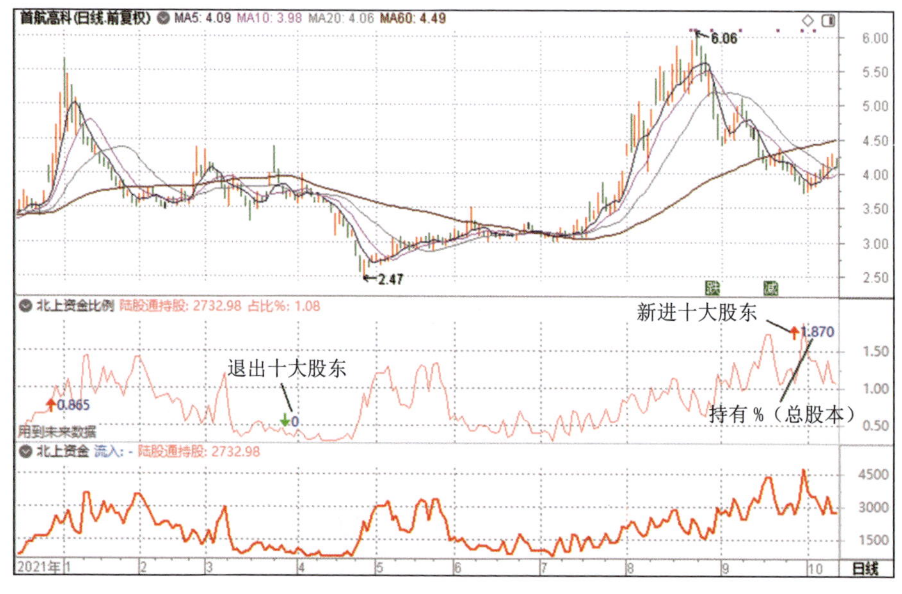

图 2-97 “北上资金比例”公式显示图形

作为北上资金操作的典范,以图 2-97 中显示的首航高科这段时间为例来看,2021 年 12 月和 2022 年 1 月,北上资金加仓被套,2 月、3 月震荡清仓,没赚到钱,看来操作较差;但它的清仓躲过了 4 月的大跌,真的是典范;大跌中勇敢抄底,5 月持续加仓,6 月成功减仓,很成功;9 月趁高位下跌,持续加仓抄底,前途如何,我们拭目以待。

第三章

条件选股公式

条件选股公式的用途是自动选股，用在软件的“条件选股”器中，可以快速、自动筛选出符合公式要求的股票。它筛选股票的速度是人工所无法比拟的，能在几分钟内完成对沪、深近5000只股票的筛选。并且它的筛选完全符合公式的要求，没有人工操作的摇摆不定、讨价还价的不确定性。

质量高的公式参考意义大，在这一点上，条件选股公式和技术指标公式都是一样的。为了挑选、改编、编写和优化出适合我们需要的、参考价值大的条件选股公式，我们必然要熟悉现有的条件选股公式，对它们进行分析、改写、优化、组合，并发展成自己编写的、实用的特色公式。

股票软件把股票公式分成四组，即技术指标公式组、条件选股公式组、专家系统公式组和五彩K线公式组，每组又分成许多个“型”。我们要注意，各组公式都有自己的使用方法，与其他组公式的使用方法是不同的，所以，公式在组之间不可以直接转换；同组内各个“型”的公式使用方法是相同的，它们的“型”是可以直接变更的，例如在第二章中改写的公式“CCI多空”，我们可以选择它的公式类型为【趋势型】，从而把它从【超买超卖型】直接更换到【趋势型】中。

我们写得有点儿乱，头绪有点儿多，有点儿偏离主线，但这是网络时代的特点，炒股知识也像网络那样四通八达，连接点随处都是，各条线都走得通，到处都是路口，没有明显的主线，又不能不顾及一下遇到的支线，我们只能从适应到习惯，再到熟练。

一、指标条件

按【Ctrl+F】组合键打开公式管理器，依次展开【条件选股公式】→【指标条件】，就可以查看软件中现有的各个指标条件选股公式，如图 3-1 所示。选股公式包括系统自带的和我们编写的。当然，现在可能还没有我们改动或编写的公式，但以后总会有的。

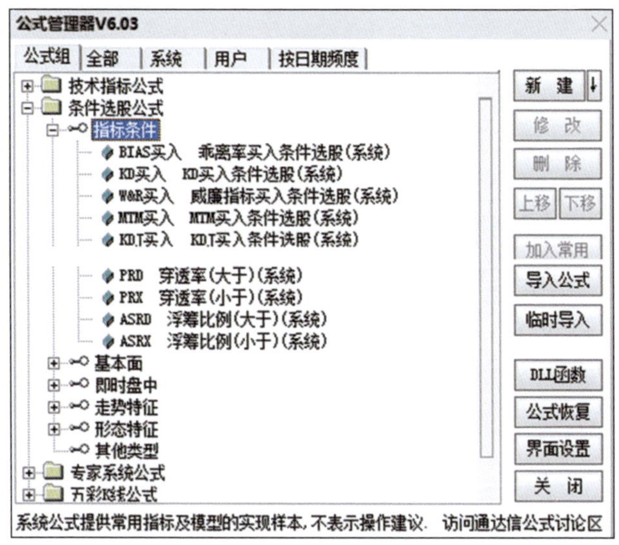

图 3-1　指标条件选股公式

选中【MACD 买入】公式，单击【修改】按钮，就进入了条件选股公式编辑器，在其中可以查看公式内容，也可以修改公式内容并另存为新的公式，如图 3-2 所示。

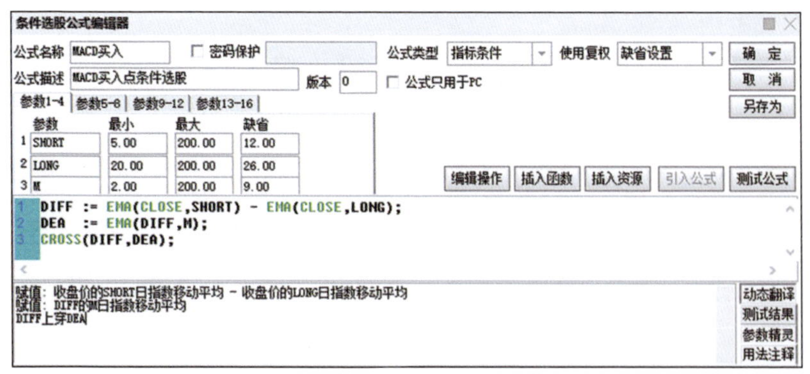

图 3-2　条件选股公式编辑器

1. MACD 买入　MACD 买入点条件选股

公式源码

```
DIFF:=EMA(CLOSE,SHORT)-EMA(CLOSE,LONG);
DEA:=EMA(DIFF,M);
CROSS(DIFF,DEA);
```

参数设置

SHORT: 最小为 5; 最大为 200; 默认为 12。

LONG: 最小为 20; 最大为 200; 默认为 26。

M: 最小为 2; 最大为 200; 默认为 9。

动态翻译

DIFF 赋值: 收盘价的 SHORT 日指数移动平均 – 收盘价的 LONG 日指数移动平均。

DEA 赋值: DIFF 的 M 日指数移动平均。

DIFF 上穿 DEA。

用法注释

当 DIFF 与 DEA 形成金叉时为买入信号。

解析和改进

"MACD 买入"公式源于 MACD 技术指标公式。我们在第二章中讨论过 MACD 技术指标公式,也记得它可以显示买入、卖出两种信号,为何到了"MACD 买入"公式就只显示买入信号了? 这是由条件选股公式的局限性决定的。

条件选股公式的局限性

(1) 有一个输出,并且只有一个输出。

(2) 输出只能是逻辑判断输出,不可以是数值、文字等。

(3) 不能直接引入副图区或主图区显示。

所以,"MACD 买入"公式不能同时应用于买入、卖出两种选股,只能选一种; 要选卖出的股,就只能用另一个公式"MACD 卖出　MACD 卖出点条件选股"。

为了能清楚说明条件选股公式的作用原理,我们还是要想办法把它显示一下，方法是把它抄写到技术指标公式组去，建立一个内容相同的公式。由于“MACD 买入”公式源于 MACD 技术指标公式，并且参数相同，所以我们可以在指标公式编辑器中打开 MACD 公式，先改一个名称“MACD 买入技”，再抄写好，最后单击【另存为】按钮。

MACD 买入技

```
DIFF:=EMA(CLOSE,SHORT)-EMA(CLOSE,LONG);
DEA:=EMA(DIFF,M);
BUYXUANGU:CROSS(DIFF,DEA);{BUY选股}
```

虽然原公式中没有句子名，但在新公式中我们还是给它起了一个名字“BUYXUANGU”，完整的句子使用起来更方便，如图 3-3 所示。

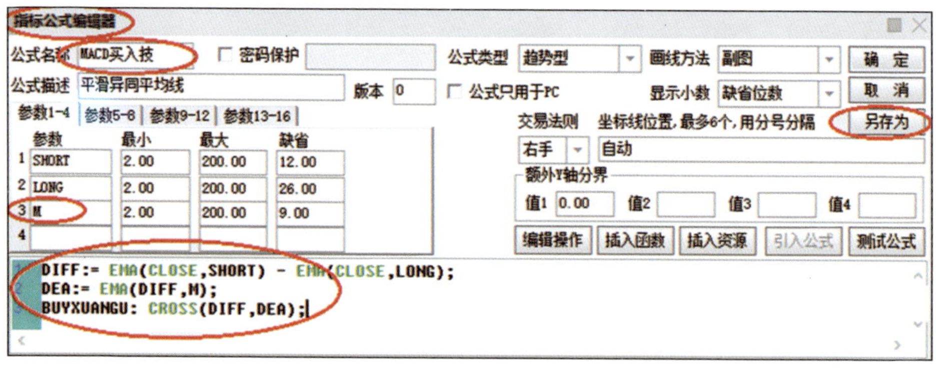

图 3-3　“MACD 买入技”公式内容

注意，编辑技术指标公式时使用的是指标公式编辑器，编辑条件选股公式时使用的是条件选股公式编辑器；四组股票公式各有各的公式编辑器，虽然操作相同，但编辑出来的公式引入各自的组，作用不同，用法也不同。

把新公式引入副图区，与 MACD 公式及我们之前写的“MACD 改进 1”公式对照显示，如图 3-4 所示。可以看到，“MACD 买入技”公式只有一个输出 BUYXINHAO，它的值是逻辑判断值（真 =1，假 =0），图中有四处为真（=1），时间分别是 2022 年的 5 月 19 日、6 月 14 日、8 月 16 日和 11 月 10 日，正好与 MACD 公式 DIF 上穿 DEA 的位置对应。也就是说，如果在这四个交易日使用“MACD 买入”公式选股，这只股票就会被挑选出来（=1），其他日期则不会（=0）。

再看我们以前的改进公式“MACD 改进 1”，只给出一个买入信号。为什么会有这样的差异？因为“MACD 买入技”公式没有对上穿交叉进行质量上的挑选，而“MACD 改进 1”公式对上穿交叉进行了质量挑选，仅仅挑选出我们认为质量高的，所以在这段时间内只有一个买入信号。

图 3-4 “MACD 买入技”公式显示图形

任由交叉决定信号，不进行挑选是不适当的。一般来说，靠近中线的交叉可靠性低，信号参考质量差；离中线远的，如超买超卖区的交叉可靠性高，信号参考质量好。这只是一般性的观点，而不是我们现在讨论的重点。我们要讨论的重点是如何认识公式和熟练地改进、优化公式，是熟练的技术，有了技术，应用舞台就大了。

试着改进一下“MACD 买入”公式，思路是对交叉进行适当的挑选，用股价偏差对均价的相对值来衡量股价的偏离程度，把偏离程度小于某一参考值的交叉点删除，只把偏离程度大的交叉点作为选股条件。可以参考一下我们在第二章中编写的公式“MACD 改进 1”。我们来编写一个新公式“MACD 买修改 1”（在条件选股公式编辑器中，以“MACD 买入”公式为基础进行修改，如图 3-5 所示）。

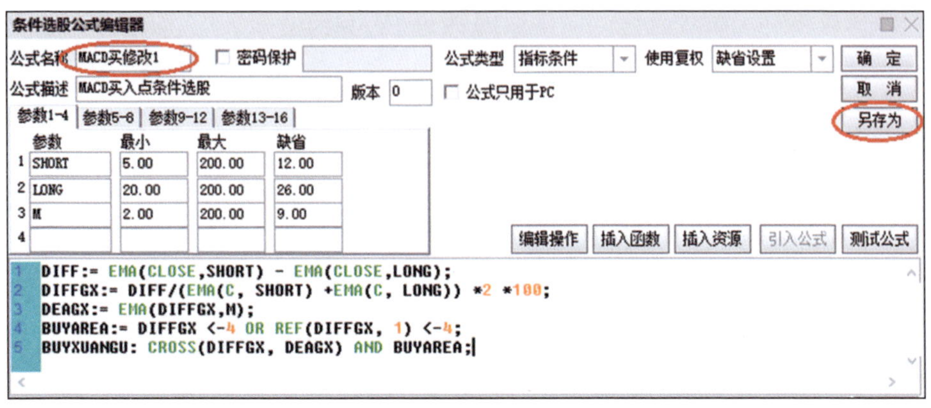

图 3-5　“MACD 买修改 1”公式内容

MACD 买修改 1

```
DIFF:=EMA(CLOSE,SHORT)-EMA(CLOSE,LONG);
DIFFGX:=DIFF/(EMA(C,SHORT)+EMA(C,LONG))*2*100;{DIFF改写}
DEAGX:=EMA(DIFFGX,M);{DEA改写}
BUYAREA:=DIFFGX<-4 OR REF(DIFFGX,1)<-4;{BUY area 区域}
BUYXUANGU:CROSS(DIFFGX, DEAGX)AND BUYAREA;{BUY选股}
```

编写好公式，单击【另存为】按钮后，在条件选股公式中就出现了我们编写的公式“MACD 买修改 1”，如图 3-6 所示。

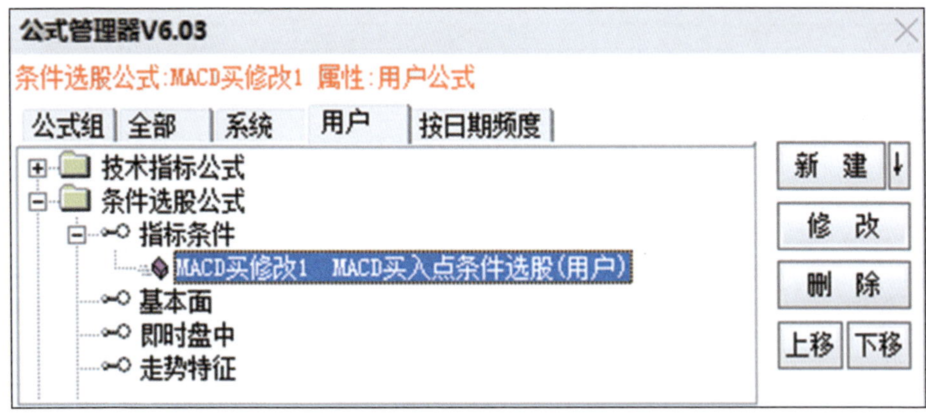

图 3-6　“MACD 买修改 1”公式的位置

要看看这个新公式将会在哪些位置上把一只股票挑选出来，同样需要在技术指标公式组中把这个公式抄写一遍，改写成可以显示的公式“MACD 买修 1 技”。当然，这一操作是在指标公式编辑器中进行的，如图 3-7 所示。

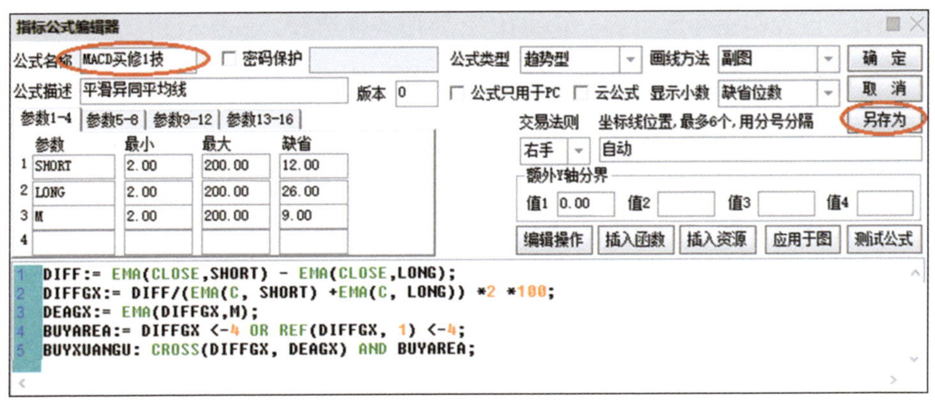

图 3-7　“MACD 买修 1 技”公式内容

把“MACD 买修 1 技”公式引入副图区，与“MACD 买入技”“MACD 改进 1”公式对照显示，如图 3-8 所示。可以看到，与“MACD 买入技”公式相比，“MACD 买修 1 技”公式滤除了三个股价偏离程度较小的买入参考点，只选择一个股价偏离程度大的买入参考点，与我们之前优化的“MACD 改进 1”公式的要求一致（注意：由于书籍的版面小，所以显示会不完整，像一些坐标数字都没有显示出来，但这并不会明显影响内容的表达和理解。当我们在计算机上学习和显示这些内容时，就没有问题了）。

图 3-8　“MACD 买修 1 技”公式显示图形

有一点我们需要再明确一下，为什么要把条件选股公式抄写到技术指标公式中？因为这样可以把条件选股公式用图形显示出来，让我们实实在在地看到条件选股公式的选股点，更容易理解它的选股原理、要点。在上面以股票万科A为例的显示图形中，我们可以明确看到，如果在2022年的5月19日、6月14日、8月16日和11月10日这四个交易日使用“MACD买入”公式进行条件选股，则会把万科A挑选出来，而其余的交易日则不会；如果在2022年11月10日使用“MACD买修改1”公式进行条件选股，则会把万科A挑选出来，而其余的交易日则不会。

当我们认真做完以上工作后，就可以掌握两项技术：一是修改条件选股公式的方法；二是显示条件选股公式的方法。

2. MACD卖出　MACD卖出条件选股

公式源码

```
DIFF:=EMA(CLOSE,SHORT)-EMA(CLOSE,LONG);
DEA:=EMA(DIFF,M);
CROSS(DEA,DIFF);
```

动态翻译

DIFF赋值：收盘价的SHORT日指数移动平均－收盘价的LONG日指数移动平均。

DEA赋值：DIFF的M日指数移动平均。

DEA上穿DIFF。

用法注释

分析MACD柱状线，由红变绿(由正变负)，视为卖出信号。当DEA与DIFF形成死叉时为卖出信号。

解析和改进

“MACD卖出”公式可以说是“MACD买入”公式的另一半，这两个公式加在一起才相当于MACD公式的内容。

关于这一点，你有没有疑问？为什么要把MACD买入、卖出写成两个公式？因为条件选股公式只能有一个输出，只能在买入、卖出当中选择一个，所以必须写成两个公式。一般来说，一个技术指标公式同时含有买入、卖出两种指示参考，但写成条件选股公式就只能分开写成两个，一个写买入，另一个写卖出。看来条件选股公式有很多局限性，关于这一点，我们以后再讲。

仿照对“MACD 买入”公式的修改，我们也把“MACD 卖出”公式修改成几个相关的技术指标公式和条件选股公式。

MACD 卖出技（把“MACD 卖出”公式抄写成可显示的技术指标公式）：

```
DIFF:=EMA(CLOSE,SHORT)-EMA(CLOSE,LONG);
DEA:=EMA(DIFF,M);
SELLXUANGU:CROSS(DEA,DIFF);{SELL选股}
```

注意：可在指标公式编辑器中改编，以 MACD 公式为基础。

MACD 卖修改 1（把“MACD 卖出”公式修改成会挑选信号质量的条件选股公式）：

```
DIFF:=EMA(CLOSE,SHORT)-EMA(CLOSE,LONG);
DIFFGX:=DIFF/(EMA(C,SHORT)+EMA(C,LONG))*2*100;{DIFF改写}
DEAGX:=EMA(DIFFGX,M);{DEA改写}
SELLAREA:=DIFFGX>4 OR REF(DIFFGX,1)>4;{SELL area区域}
SELLXUANGU:CROSS(DEAGX,DIFFGX)AND SELLAREA;{SELL选股}
```

注意：可在条件选股公式编辑器中改编，以“MACD 卖出”公式为基础。

MACD 卖修 1 技（把“MACD 卖修改 1”公式抄写成可显示的技术指标公式）：

```
DIFF:=EMA(CLOSE,SHORT)-EMA(CLOSE,LONG);
DIFFGX:=DIFF/(EMA(C,SHORT)+EMA(C,LONG))*2*100;
DEAGX:=EMA(DIFFGX,M);
SELLAREA:=DIFFGX>4 OR REF(DIFFGX,1)>4;
SELLXUANGU:CROSS(DEAGX,DIFFGX)AND SELLAREA;
```

注意：可在指标公式编辑器中改编，以 MACD 公式为基础。

把公式“MACD 卖出技”“MACD 卖修 1 技”引入副图区，并与“MACD 改进 1”公式对照显示，如图 3-9 所示。“MACD 卖修改 1”是条件选股公式组中的公式，不能用于显示，它的内容与“MACD 卖修 1 技”的内容一致。可以看到，原公式“MACD 卖出”（由“MACD 卖出技”代为显示）只要有下交叉就选出，不关心信号的参考质量。“MACD 卖修改 1”公式（由“MACD 卖修 1 技”代为显示）同时考虑信号的参考质量，淘汰股价偏离程度小的、参考质量不高的信号，只留下一个信号。这正好与之前的优化公式“MACD 改进 1”的结果一致。

图 3-9　“MACD 卖出技”和“MACD 卖修 1 技”公式显示图形

能不能用一个公式就把它们都选出来？或者操作一次就把它们都选出来？能，也不能。之所以能，是因为确实可以把它们一起选出来；之所以不能，是因为选出来的是买的、卖的混在一起的，需要自己再分辨，这显然是不理想的。虽然使用条件选股公式不能满足我们的期望，但可以使用指标公式＋历史行情排序的方法来实现。这一点放在以后章节中讲解。现在，我们讲讲使用条件选股公式的做法。

1）同时使用两个或多个条件选股公式

在使用条件选股公式选股时，需要打开“条件选股”对话框，打开的方式有三种。

（1）按【Ctrl+T】组合键。

（2）【功能】【选股器】【条件选股】。

（3）【公式】【条件选股】。

在“条件选股”对话框中，我们可以先找到相应的条件选股公式，然后单击【加入条件】按钮，把它放入选股条件列表之中，并选择【全部条件相与】或者【全部条件相或】单选按钮。在这里，我们加入了两个选股条件——MACD 买入和 MACD 卖出，并选择【全部条件相或】单选按钮，这样就可以把买入、卖出两种信号都选出来了，如图 3-10 所示。如果设置了【时间段内满足条件】，就会把这段时间内出现过信号的股票全部选出来，可能会有很多。MACD 选股条件是经常出现的，如果像图 3-10 中那样设置大半年的时间区间，则可能会把全部股票选出来。而如果不设置【时间段内满足条件】，则会仅仅挑选出当日出现信号的股票，可能会比较少。

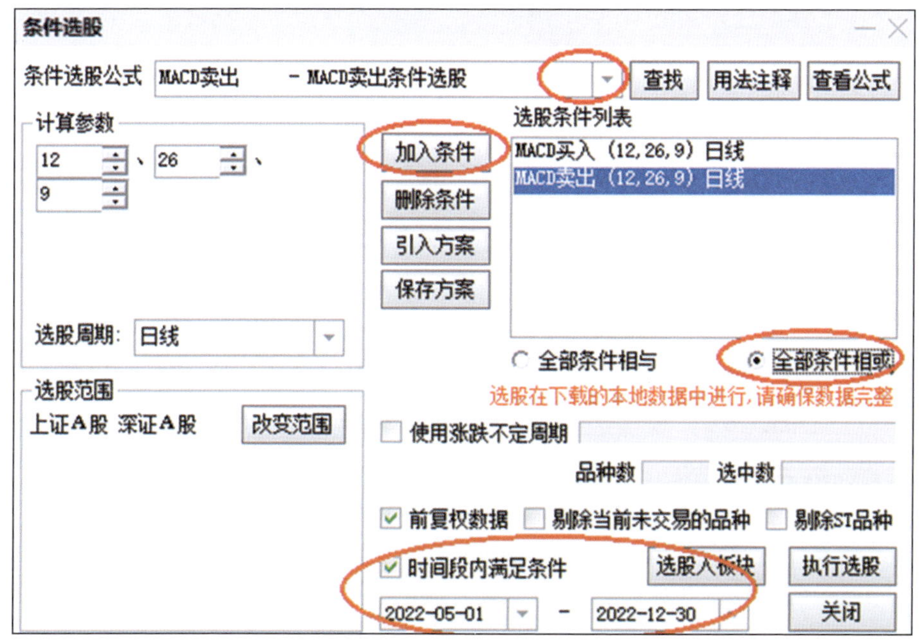

图 3-10　条件选股设置

2）把两个或多个选股标准并入一个条件选股公式

可以把多个选股标准用 AND 或 OR 连接起来，合并成一条语句，使一个条件选股公式可以使用多个条件选股。作为例子，我们把公式“MACD 买修改 1”和“MACD 卖修改 1”合并起来，写成一个公式“MACD 买卖修”。

MACD 买卖修

```
DIFF:=EMA(CLOSE,SHORT)-EMA(CLOSE,LONG);
DIFFGX:=DIFF/(EMA(C,SHORT)+EMA(C,LONG))*2*100;{DIFF改写}
DEAGX:=EMA(DIFFGX,M);{DEA改写}
BUYAREA:=DIFFGX<-4 OR REF(DIFFGX,1)<-4;{BUY区域}
BUYXUANGU:=CROSS(DIFFGX,DEAGX) AND BUYAREA;{BUY选股}
SELLAREA:=DIFFGX>4 OR REF(DIFFGX,1)>4;{SELL区域}
SELLXUANGU:=CROSS(DEAGX,DIFFGX)AND SELLAREA;{SELL选股}
XUANGU:BUYXUANGU OR SELLXUANGU;{选股}
```

这个公式就可以把买入、卖出两种信号都选出来了，只不过是混在一起的，要自己看股票的 K 线图才能知道是买入信号还是卖出信号。

这个新写的合并公式“MACD 买卖修”是否符合我们的编写预期呢？我们还得把它抄写到技术指标公式组中，改成相应的显示公式“MACD 买卖修技”，再引入副图区显示一下，才能知道结果（注意：两个公式的内容完全一样，只是一个在条件选股公式组中，只能用于选股；另一个在技术指标公式组中，只能用于显示）。

把公式“MACD 买卖修技”引入副图区，显示图形如图 3-11 所示。与公式 MACD、“MACD 改进 1”对照，公式“MACD 买卖修技”的信号完全对应于公式“MACD 改进 1”的信号，说明相应的条件选股公式“MACD 买卖修”符合我们的编写预期。

各位读者可能已经注意到了，我们在命名公式时就用那么几个字，转着圈地用。由于公式名称有长度限制，最多 13 个字符，也就是 6 个半汉字，所以遇到像这样对 MACD 改编、改写多个公式的情况，也只能转着圈用了。

图 3-11 “MACD 买卖修技”公式显示图形

3. KD 买入 KD 买入条件选股

公式源码

```
RSV:=(CLOSE-LLV(LOW,N))/(HHV(HIGH,N)-LLV(LOW,N))*100;
K:=SMA(RSV,M1,1);
D:=SMA(K,M2,1);
KD:CROSS(K,D)&&K<20;
```

参数设置

N: 最小为 2; 最大为 40; 默认为 9。

M1: 最小为 2; 最大为 10; 默认为 3。

M2: 最小为 2; 最大为 10; 默认为 3。

动态翻译

RSV 赋值: (收盘价 -N 日内最低价的最低值)/(N 日内最高价的最高值 -N 日内最低价的最低值)*100。

K 赋值: RSV 的 M1 日 [1 日权重] 移动平均。

D 赋值: K 的 M2 日 [1 日权重] 移动平均。

输出随机指标 KD: K 上穿 D 并且 K<20。

用法注释

(1)K 线向上突破 D 线, 且 K 值在 20 以下, 视为买入信号。

(2)参数 N、M1、M2 表示天数, 在计算 K、D 值时使用, 默认取值为 9、3、3。

解析和改进

一看就知道, 这个公式源于 KD 技术指标公式。根据前面分析 MACD 买入、卖出条件选股公式的经验, KD 买入也只是 KD 公式的一半, 另一半是 KD 卖出。既然如此, 我们就把这两个公式放在一起讨论。

4. KD 卖出 KD 卖出条件选股

公式源码

```
RSV:=(CLOSE-LLV(LOW,N))/(HHV(HIGH,N)-LLV(LOW,N))*100;
K:=SMA(RSV,N1,1);
D:=SMA(K,N2,1);
CROSS(D,K)AND D>N3;
```

参数设置

N: 最小为 2; 最大为 100; 默认为 9。

N1：最小为 2；最大为 100；默认为 3。

N2：最小为 2；最大为 100；默认为 3。

N3：最小为 2；最大为 100；默认为 80。

动态翻译

RSV 赋值：（收盘价 -N 日内最低价的最低值）/（N 日内最高价的最高值 -N 日内最低价的最低值）*100。

K 赋值：RSV 的 N1 日 [1 日权重] 移动平均。

D 赋值：K 的 N2 日 [1 日权重] 移动平均。

D 上穿 K AND D>N3。

用法注释

K 线向下突破 D 线，且 K 值在 80 以上，视为卖出信号。

解析和改进

对照一下这两个互为另一半的公式，可以看到：

（1）它们的参数名称不一样，最大值不一样，但默认值一样。

（2）卖出公式多了第 4 个参数，用于表示超买极限值。

（3）对于超买超卖的界限值，一个用 K，另一个用 D。

我们认为，对于同系列的公式来说，要尽量保持它们之间的一致性，除非另有目的，否则不必不同。虽然参数的最小值、最大值设置有很大的随意性，但还是以适当、基本相同为宜。超买超卖的曲线选择也应一致，一般应选择 K 线。

作为练习和探索，我们鼓励和欣赏多做尝试，但在应用上，我们还是要坚持一致性、严肃性。

我们把这两个公式合并起来，把参数统一名称，采用第 4 个参数 CBUY 表示超买值，统一采用 K 值作为超买超卖的依据，改写成条件选股公式“KD 买卖”。

KD 买卖

```
RSV:=(C-LLV(L,N))/(HHV(H,N)-LLV(L,N))*100;
K:=SMA(RSV,M1,1);
D:=SMA(K,M2,1);
BUYXH:=CROSS(K,D)AND MIN(K,REF(K,1))<(100-CBUY);
SELLXH:=CROSS(D,K)AND MAX(K,REF(K,1))>CBUY;
KDXUANGU:BUYXH OR SELLXH;{KD选股}
```

参数设置

N：最小为 2；最大为 40；默认为 9。

M1：最小为 2；最大为 10；默认为 3。

M2：最小为 2；最大为 10；默认为 3。

CBUY：最小为 55；最大为 100；默认为 80（超买 CHAO BUY）。

为了看一下这个新公式实际描写的是什么，还得把它用图形显示出来。因为条件选股公式无法直接显示，所以还得在指标公式编辑器中把这个新公式抄写进去，改成相对应的技术指标公式“KD 买卖技”。把公式“KD 买卖技”引入副图区，显示图形如图 3-12 所示。与 KD、KDJ 原式注释的显示图形对照，“KD 买卖技”完全对应于超买超卖区中的买入、卖出参考信号，就可以确认相对应的条件选股公式“KD 买卖”选出的就是预期的内容，即超买超卖区中出现的买入、卖出参考信号。

到这里，是不是觉得自己有三分先见之明，事先改写好了一个公式“KDJ 原式注释”？如果当时就写一个“KD 原式注释”公式，是不是就更好了？实际上这两个公式几乎是一样的，先把“KDJ 原式注释”中的 J 线那一句“J:3*K-2*D;”删除，再另存一下，就是“KD 原式注释”公式。各位读者可以试一试。

图 3-12 “KD 买卖技”公式显示图形

还是书的版面太小的原因，不能看清图形的细节，甚至连坐标都显示不全。但在计算机屏幕上不存在这些问题，一切都能清晰地显示出来。

在新公式中，使用的是“MAX(K, REF(K, 1)) >CBUY”，而不是“K>CBUY”，为什么？设想一下，当K线和D线上升到超买区后，K线需要下降才会下穿D线形成交叉，而这一下降，刚好K<80，脱离了超买区，那么，这个交叉算不算信号？昨日还在超买区，今日下降交叉不在超买区了，这个交叉不算？这样做显得有些武断。为了算上这样的信号，使用“MAX(K, REF(K, 1)) >CBUY”，如果坚持认为这样的信号不算，就使用“K >CBUY”。

为了仔细了解“KD买入”和“KD卖出”这两个公式的内容和作用，还是有必要把它们抄写成技术指标公式，显示出来看看。打开指标公式编辑器，把这两个公式分别抄写进去，建立相对应的新公式“KD买入技”和“KD卖出技”，并把它们引入副图区，显示图形如图3-13所示。通过对“KD买入技”“KD卖出技”“KD买卖技”三者的显示图形的对照，查看相应的选股公式“KD买入”“KD卖出”“KD买卖”所选信号的关系，即“KD买入”“KD卖出”两者所选出的信号一定包含在“KD买卖”所选出的信号之中，但“KD买卖”会选出更多的信号，多出来的那三个信号就是在前面提到的“昨日K值还>80”的信号。

图3-13 “KD买入技”和“KD卖出技”公式显示图形

如果去掉公式中的 REF(K,1) 部分，直接使用 K 和 D，另存为“KD 原买卖”，那么它的选股结果正好是“KD 买入”加上“KD 卖出”的选股结果了，如图 3-14 所示。

图 3-14　“KD 原买卖技”公式显示图形

KD 原买卖

```
RSV:=(C-LLV(L,N))/(HHV(H,N)-LLV(L,N))*100;
K:=SMA(RSV,M1,1);
D:=SMA(K,M2,1);
BUYXH:=CROSS(K,D)AND K<(100-CBUY);{BUY信号}
SELLXH:=CROSS(D,K)AND D>CBUY;{SELL信号}
KDXUANGU:BUYXH OR SELLXH;{KD选股}
```

5. BIAS 买入　乖离率买入条件选股

公式源码

```
(CLOSE-MA(CLOSE,N))/MA(CLOSE,N)*100+LL<0;
```

参数设置

N: 最小为 1; 最大为 250; 默认为 12。

LL: 最小为 0; 最大为 40; 默认为 6。

动态翻译

(收盘价 - 收盘价的 N 日简单移动平均)/ 收盘价的 N 日简单移动平均 * 100+LL<0。

解析和改进

这个公式是以 BIAS-QL 传统版公式为基础的，是它对应的一半，另一半是“BIAS 卖出”，可以把这两个公式放在一起讨论。

6. BIAS 卖出　乖离率卖出条件选股

公式源码

```
100*(CLOSE-MA(CLOSE,N))/MA(CLOSE,N)>M;
```

参数设置

N: 最小为 1; 最大为 250; 默认为 12。

M: 最小为 1; 最大为 250; 默认为 12。

动态翻译

100*(收盘价 - 收盘价的 N 日简单移动平均)/ 收盘价的 N 日简单移动平均 >M。

解析和改进

虽然 BIAS 买入和卖出这两个公式没有给出用法注释，但是可以通过分析公式或显示它们的图线来分析和理解其含义和用法。公式的计算部分 (C -MA(C, N))/MA(C, N)*100 的含义是股价偏离均价的 % 值。“BIAS 卖出”公式的判断部分是“>M”，写得直接一些，就是“>12”（默认值），当股价偏离均价 >12% 时，就做出卖出选择。“BIAS 买入”公式的判断部分竟然绕了一个圈，写成“偏离值 +LL <0”，这是什么？如果两边各减掉 LL，就是“偏离值 <-LL”。这不就简单、直接了吗？也就是当偏离值 <-6（默认值）时，就做出买入选择。

各位读者可能已经注意到了，买入公式的判断值标准是 -6，卖出公式的判断值标准是 12，相差太大了，应该是同样的绝对值才对，比如 -6 和 6，或者 -12 和 12。这是因为它们的默认参数值（N）不同，买入公式中 N 的默认值是 6，卖出公式中 N 的默认值是 12（注意：与判断值标准 -6、12 相同只是巧合）。N 用在均价 MA(C, N) 的计算中，会造成均价的不同。一般来说，在基本连续下跌的情况下，6 日均价要比 12 日均价更加贴近股价，也就是股价偏离 6 日均价的程度要明显小于偏离 12 日均价的程度。所以，当参数 N 取值小的时候，判断值也小；当参数 N 取值大的时候，判断值也大。

谈得再多，也得有感性认识，还是得把“BIAS 买入”和“BIAS 卖出”公式显示出来，看清楚它们是什么、说明什么、如何改进、如何优化等。把两个条件选股公式用指标公式编辑器抄写成技术指标公式“BIAS 买入技”和“BIAS 卖出技”，然后引入副图区显示，如图 3-15 所示。并与相关的公式对照，直观地认识这两个公式。

图 3-15　“BIAS 买入技”和“BIAS 卖出技”公式显示图形

具体的抄写、引入过程就不多说了。如果你已经学习和掌握了前面的内容，就知道这个过程其实已是老生常谈了，如果不是，那就再练习一次。改进、优化股票公式是一个熟练活儿，越练越熟。

在图 3-15 中，公式“BIAS 卖出技”挑选出的就是 BIAS(12)>12 的位置，它的信号会是连续两条 K 线、三条 K 线，也可能会是更多，这是因为它只要求大于 12，所以可以连续，不像前面说的那种交叉只能是一条 K 线，无法连续。公式“BIAS 买入技”挑选出的三个信号点对照上面 BIAS(12)<−6 的位置，但是，并不是所有小于 −6 的信号点都被挑选出来了。这就是一个参数取值问题，公式“BIAS 买入技”的第一个参数默认为 6，而上面 BIAS-QL 公式的第一个参数

默认为 12，参数取值不一致，导致结果不一致。如果把上面 BIAS-QL 公式的第一个参数调整为 6，就会发现“BIAS 买入技”把所有 BIAS(6)<-6 的信号点都挑选出来了，结果是一致的。

注意：BIAS(6) 的含义是当参数为 6 时 BIAS 的值。“BIAS 买入技”显示的就是“BIAS 买入”的内容，只不过条件选股公式不能显示，可以把它抄写到技术指标公式中去显示。为了方便辨认，给它们起了不同却相关的名字。不同类型的公式可以使用相同的名字，直接把“BIAS 买入技”改成“BIAS 买入”一点问题都没有，一样可以显示，只是要花点力气才能弄清楚说的是哪个公式。

能够把两个公式合并成一个公式吗？它们的参数可是不同的。答案是肯定的，相同的参数可以直接用，不同的参数可以调整，缺少的参数可以增加。可以把公式“BIAS 买入”和“BIAS 卖出”合并写成一个公式“BIAS 买卖”。

BIAS 买卖

```
BIASORG:=(C-MA(C,N))/MA(C,N)*100;
BUYXG:=BIASORG<-M;{BUY选股}
SELLXG:=BIASORG>M;{SELL选股}
XUANGU:BUYXG OR SELLXG;{选股}
```

参数设置

N：最小为 1；最大为 250；默认为 12。

M：最小为 1；最大为 250；默认为 12。

“BIAS 买入”中的选股条件是 <-6（默认），因为它的参数 N 默认为 6。“BIAS 买卖”中买入的选股条件改成了<-12（默认），因为它的参数 N 默认为 12。均线的变化会引起价格偏离程度的变化，从 -6 到 -12 的调整是符合原理的，也是适当的。这样的调整还是会带来选股结果上的差异，但这样的差异是合理的和可以接受的。可以用曲线显示的方法来了解这些差异。

同样，还得抄写一个相对应的技术指标公式“BIAS 买卖技”，并把它显示出来，如图 3-16 所示。

可以看出，“BIAS 买卖”完全接收了“BIAS 卖出”挑选出的信号，但仅部分接收了“BIAS 买入”挑选出的信号，这是因为参数组合（12,12）的要求还是要高于（6,6）的要求。各位读者可以尝试多种参数组合，加深对公式作用的理解，如（20,16）、（12,10）、（12,8）等。

图 3-16　"BIAS 买卖技"公式显示图形

再次提醒大家，因为是通过抄写完成的，所以公式"BIAS 买卖技"和"BIAS 买卖"实际上是同一个公式，"BIAS 买卖技"的显示就是"BIAS 买卖"的显示。

7. BOLL 买入　布林带买入条件选股

公式源码

```
MID:=MA(CLOSE,N);
UPPER:=MID+S*STD(CLOSE,N);
LOWER:=MID-S*STD(CLOSE,N);
CROSS(CLOSE,LOWER);
```

参数设置

N: 最小为 5; 最大为 100; 默认为 20。

S: 最小为 0; 最大为 10; 默认为 2。

动态翻译

MID 赋值: 收盘价的 N 日简单移动平均。

UPPER 赋值: MID+S* 收盘价的 N 日估算标准差。

LOWER 赋值: MID−S* 收盘价的 N 日估算标准差。

收盘价上穿 LOWER。

用法注释

收盘价由下向上穿越 BOLL 下轨（买入）。

解析和改进

当然，一看就知道，这个公式源于 BOLL（布林线），并且还有另一半。可以直接把它的另一半一起讨论了，这样更方便、清楚。

8. BOLL 卖出　布林带卖出条件选股

公式源码

```
MID:=MA(CLOSE,N);
UPPER:=MID+PP*STD(CLOSE,N);
LOWER:=MID-PP*STD(CLOSE,N);
CROSS(UPPER,CLOSE);
```

参数设置

N: 最小为 5; 最大为 100; 默认为 20。

PP: 最小为 0; 最大为 10; 默认为 2。

动态翻译

MID 赋值: 收盘价的 N 日简单移动平均。

UPPER 赋值: MID+PP* 收盘价的 N 日估算标准差。

LOWER 赋值: MID−PP* 收盘价的 N 日估算标准差。

UPPER 上穿收盘价。

用法注释

收盘价向下突破上限 UPPER，为卖出时机。

解析和改进

沿用以前的方法，以 BOLL 公式为基础，抄入“BOLL 买入”公式，修改参数后，另存为“BOLL 买借用”。把它引入副图区显示时，如图 3-17 所示。就碰到了问题，即有美国线在那里，把选股线压缩在图的底部，很不容易看，虽然写的公式源码里没有美国线，借用为基础的 BOLL 公式的源码里也没有美国线，但美国线还是在那里。美国线藏在“画线方法：副图（叠加美国线）”里，如果把画线方法设为【副图】，就没有叠加的美国线了。

图 3-17　“BOLL 买借用”和“BOLL 买入技”公式显示图形

使用软件就是有这样的问题，无法全部了解它们，只能多加注意，遇到问题，解决问题。有时不知道怎么办，采用“新建”的方法来写这个公式“BOLL 买入技”。按【Ctrl+F】组合键打开公式管理器，选择【技术指标公式】下的【路径型】，单击【新建】按钮，打开指标公式编辑器，输入内容、参数，如图 3-18 所示。

BOLL 买入技

```
MID:=MA(CLOSE,N);
UPPER:=MID+S*STD(CLOSE,N);
LOWER:=MID-S*STD(CLOSE,N);
BOLLBUY:CROSS(CLOSE,LOWER);{BOLL BUY 买入}
```

指标公式编辑器

公式名称 BOLL买入技　密码保护　公式类型 路径型　画线方法 副图　确 定

公式描述 BOLL买入公式的显示　版本 0　公式只用于PC　云公式　显示小数 缺省位数　取 消

参数1-4 | 参数5-8 | 参数9-12 | 参数13-16　交易法则　坐标线位置，最多6个，用分号分隔　另存为

	参数	最小	最大	缺省
1	N	5.00	100.00	20.00
2	S	0.00	10.00	2.00
3				
4				

无　自动

额外Y轴分界　值1　值2　值3　值4

编辑操作　插入函数　插入资源　引入公式　测试公式

```
MID := MA(CLOSE,N);
UPPER:= MID +S*STD(CLOSE,N);
LOWER:= MID -S*STD(CLOSE,N);
BOLLBUY: CROSS(CLOSE,LOWER);
```

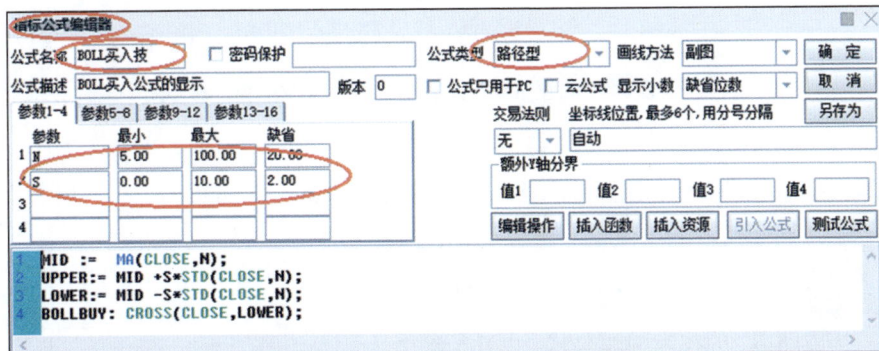

图 3-18　“BOLL 买入技”公式新建

给选股输出线起了一个名字 BOLLBUY，以方便使用。

把新公式引入副图区，显示图形如图 3-17 所示。新公式消除了美国线，可以清晰地显示选股线，明确表达条件选股公式的含义。因为这个新公式没有隐藏的干扰内容，所以之后有关 BOLL 公式的编辑、改动都可以借用它为基础了。又学会了解决问题的一招。依照上次的经验，写出公式“BOLL 卖出技”。

BOLL 卖出技

```
MID:=MA(CLOSE,N);
UPPER:=MID+S*STD(CLOSE,N);
LOWER:=MID-S*STD(CLOSE,N);
BOLLSELL:CROSS(UPPER,CLOSE);{BOLL SELL卖出}
```

把参数 PP 改回 S，避免养成滥用参数名称的坏习惯。

至于要把两个公式合并起来，同时选出买入、卖出信号就很简单了。合并公式“BOLL 买入”和“BOLL 卖出”，得到公式“BOLL 买卖”。再次提醒大家，公式“BOLL 买卖”和“BOLL 买卖技”的内容是一样的，只不过一个用于选股，另一个用于显示，它们的结果是相通的。

BOLL 买卖

```
MID:=MA(CLOSE,N);
UPPER:=MID+S*STD(CLOSE,N);
LOWER:=MID-S*STD(CLOSE,N);
BOLLBUY:=CROSS(CLOSE,LOWER);{BOLL BUY买入}
BOLLSELL:= CROSS(UPPER,CLOSE);{BOLL SELL卖出}
BOLLXUANGU:BOLLBUY OR BOLLSELL;{BOLL选股}
```

把它们引入副图区，显示图形如图 3-19 所示。可以看到，“BOLL 买卖”确实是“BOLL 买入”和“BOLL 卖出”的合二为一。

还记得之前写的那个 BOLL 改编的公式“BOLL 参考 1”（见图 2-70）吗？在那个公式中，引入了相对数值的概念，先用中轨（MA(C, N)）做分母、2*STD 做分子，做成上轨、下轨偏离中轨的 % 值，再用这个偏离 % 值对信号进行挑选，滤除偏离程度小的交叉信号，留下偏离程度足够大的交叉信号。并且这种方法可以把统一界限值标准应用到大多数个股上。

那么，那个公式可以变为条件选股公式吗？

当然可以，现在就编写公式“BOLL 参 1 选”。

图 3-19　“BOLL 买卖技”公式显示图形

BOLL 参 1 选

```
BOLLORG:=MA(C,M);{BOLL ORANGIN起始}
UBXD:=2*STD(C,M)/BOLLORG*100,COLORMAGENTA;{UB相对}
LBXD:=-UBXD,COLORBLUE;{LB相对}
CXIANGD:=(C-BOLLORG)/BOLLORG*100,COLORRED;{C相对}
BUYXH:=CROSS(CXIANGD,LBXD)AND MIN(LBXD,REF(LBXD,1))<-JX;
{BUY信号}
SELLXH:=CROSS(UBXD,CXIANGD)AND MAX(UBXD,REF(UBXD,1))>JX;
{SELL信号}
XUANGU:BUYXH OR SELLXH;{选股}
```

参数设置

M：最小为 5；最大为 100；默认为 20。

JX：最小为 0；最大为 100；默认为 15（界限值，指上轨、下轨偏离中轨的 % 值，类似于超买超卖区的界限值的意思）。

按【Ctrl+F】组合键打开公式管理器，选择【条件选股公式】下的【指标条件】，单击【新建】按钮，就可以在条件选股公式编辑器中编辑这个公式了，如图 3-20 所示。

同样，我们再抄写一个公式“BOLL 参 1 技”去显示一下，看一看它会把处于什么状态的股票挑选出来。当然，新公式和“BOLL 参 1 选”公式是一回事儿，只是放到了技术指标公式组中。

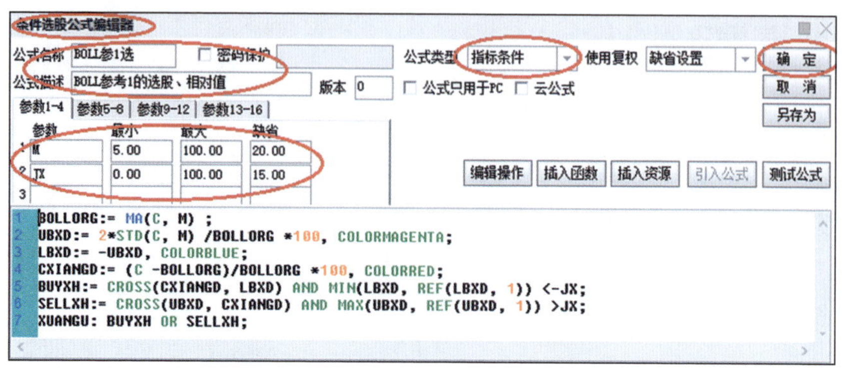

图 3-20　“BOLL 参 1 选”公式新建

把公式“BOLL 参 1 技”引入副图区，显示图形如图 3-21 所示。可以看到，公式“BOLL 参 1 选”的选股标准要远高于公式“BOLL 买卖”的选股标准。“BOLL 买卖”公式只要股价线上穿下轨，就作为买入点选出；只要股价线下穿上轨，就作为卖出点选出。“BOLL 参 1 选”公式的要求要高，它要对这些信号点进行筛选，只有股价偏离均价达到 ±15% 后，信号才值得被挑选。

图 3-21　“BOLL 参 1 技”公式显示图形

9. KDJ 买入　KDJ 买入条件选股

公式源码

```
RSV:=(CLOSE-LLV(LOW,N1))/(HHV(HIGH,N1)-LLV(LOW,N1))*100;
```

```
K:=SMA(RSV,N2,1);
D:=SMA(K,N3,1);
J:=3*K-2*D;
CROSS(J,0);
```

参数设置

N: 最小为 2; 最大为 100; 默认为 9。

N1: 最小为 2; 最大为 40; 默认为 3。

N2: 最小为 2; 最大为 40; 默认为 3。

动态翻译

RSV 赋值: (收盘价 -N1 日内最低价的最低值)/(N1 日内最高价的最高值 -N1 日内最低价的最低值)*100。

K 赋值: RSV 的 N2 日 [1 日权重] 移动平均。

D 赋值: K 的 N3 日 [1 日权重] 移动平均。

J 赋值: 3*K-2*D。

J 线上穿 0。

10. KDJ 卖出　KDJ 卖出条件选股

公式源码

```
RSV:=(CLOSE-LLV(LOW,N1))/(HHV(HIGH,N1)-LLV(LOW,N1))*100;
K:=SMA(RSV,N2,1);
D:=SMA(K,N3,1);
J:=3*K-2*D;
CROSS(100,J);
```

动态翻译

RSV 赋值: (收盘价 -N1 日内最低价的最低值)/(N1 日内最高价的最高值 -N1 日内最低价的最低值)*100。

K 赋值: RSV 的 N2 日 [1 日权重] 移动平均。

D 赋值: K 的 N3 日 [1 日权重] 移动平均。

J 赋值: 3*K-2*D。

100 上穿 J 线。

用法注释

KDJ 指标共绘制三条线, 其中, J 线向下突破 0 线, 为卖出信号 (注意: 有些软件自带的这个用法注释是有问题的）。

解析和改进

这两个公式源于 KDJ 公式，应该算是 KDJ 公式选股的两部分。但它们几乎没有遵从 KDJ 的指导（信号是 K、D 在超买超卖区的上下交叉），反而把 KDJ 中的一个注释（当 J>100 时，股价易反转下跌；当 J<0 时，股价易反转上涨）作为选股信号的判断标准。可以说这是放弃主要的，采用次要的。但股市是一个充满机会的地方，有些改变也许会带来可喜的效果。

请注意，很多软件中给出的“KDJ 卖出”公式的用法注释是说反了的（参见上面的用法注释）。按照它的真正原意，正确的说法是当 J 线向下突破 100 线时，为卖出信号；当 J 线向上突破 0 线时，为买入信号。

在第二章中分析过 KDJ 公式，认为 J 线没有新意，它只是把 K 和 D 的差值扩大 3 倍，也就是 J −D =3*(K −D)。在这里却把 J 线用作选股标准，难道仅仅是为了体现 KDJ 公式用法注释中的那句“当 J>100 时，股价易反转下跌；当 J<0 时，股价易反转上涨”？

仔细分析后，可以明白了，用 J 线做标准隐含一个重要的必然条件，即当 J 线超过 100 时，几乎都处在超买区；当 J 线低于 0 时，几乎都处在超卖区。这样一来，KDJ 公式选股的标准说清楚了就是在超买区 J 线下穿 100 线时，为卖出信号；在超卖区 J 线上穿 0 线时，为卖出信号。以 J 线为标准的选股方法顿时显得高级许多。

将这两个公式合并在一起，得到公式“KDJ 买卖”，并写出相应的显示公式“KDJ 买卖技”。

KDJ 买卖

```
RSV:=(C-LLV(L,N1))/(HHV(H, N1)-LLV(L, N1))*100;
K:=SMA(RSV,N2,1);
D:=SMA(K,N3,1);
J:=3*K-2*D;
BUYKDJ:=CROSS(J,0);
SELLKDJ:=CROSS(100,J);
KDJXUANGU:BUYKDJ OR SELLKDJ;{KDJ选股}
```

把新公式引入副图区，显示图形如图 3-22 所示。与 KDJ 及在前面写的“KD 买卖技”公式的显示图形进行对照，可以看到，“KDJ 买卖”公式挑选的信号多且乱，不如“KD 买卖”公式挑选的信号实用。看来前面的分析是正确的，J 线的意义较小，并且它与 100、0 线之间也缺少较直接的实际意义上的联系。看来 J 线是可以被忽略的，除非有新的发现。

图 3-22　“KDJ 买卖技”公式显示图形

11. MA 买入　均线买入条件选股

公式源码

```
CROSS(MA(CLOSE,SHORT),MA(CLOSE,LONG));
```

参数设置

SHORT: 最小为 1; 最大为 100; 默认为 5。

LONG: 最小为 2; 最大为 300; 默认为 20。

动态翻译

收盘价的 SHORT 日简单移动平均上穿收盘价的 LONG 日简单移动平均。

用法注释

短期均线从下向上穿越长期均线。

12. MA 卖出　均线卖出条件选股

公式源码

```
CROSS(MA(CLOSE,M),MA(CLOSE,N));
```

参数设置

N: 最小为 1; 最大为 100; 默认为 10。

M: 最小为 2; 最大为 300; 默认为 2。

动态翻译

收盘价的 M 日简单移动平均上穿收盘价的 N 日简单移动平均。

用法注释

长期均线从上往下交叉短期均线为卖出信号(注意: 有些软件自带的用法注释是有问题的)。

解析和改进

均线系统用短期均线上穿、下穿长期均线来确认买入、卖出参考信号。用于代表短期、中期、长期参数的名称应该能体现出长、短含义, 并且排列有序。MA 公式中的参数名称使用 MA1、MA2、MA3、MA4 等, 排列整齐, 也能猜出长短。"MA 买入"公式中的参数名称使用 SHORT、LONG 就更明确、清晰了。"MA 卖出"公式中的参数名称使用 N、M 不适当, 并且长的排在前面, 不同于一般公式的编写习惯, 很麻烦。其用法注释甚至写反了, 应该是短期均线从上向下交叉长期均线为卖出信号。

可以把"MA 卖出"公式写得规整一些。

MA 卖出

```
MA1:=MA(C,SHORT);
MA2:=MA(C,LONG);
SELLMAXG:CROSS(MA2, MA1);{SELL MA选股}
```

参数设置

SHORT: 最小为 1; 最大为 100; 默认为 5。

LONG: 最小为 2; 最大为 300; 默认为 20。

可以把两个公式合并在一起, 写成"MA 买卖"公式。

MA 买卖

```
MA1:=MA(C,SHORT);
MA2:=MA(C,LONG);
BUYMAXH:=CROSS(MA1,MA2);{BUY MA信号}
SELLMAXH:=CROSS(MA2,MA1);{SELL MA信号}
MAXUANGU:BUYMAXH OR SELLMAXH;{MA选股}
```

参数设置

SHORT：最小为 1；最大为 100；默认为 5。

LONG：最小为 2；最大为 300；默认为 20。

在指标公式编辑器中抄写一个相对应的可以显示的公式“MA 买卖技”，如图 3-23 所示。要注意【画线方法】选择【副图】，同时新建一个只有两条均线的公式“MA2 均线”，用于对照显示。

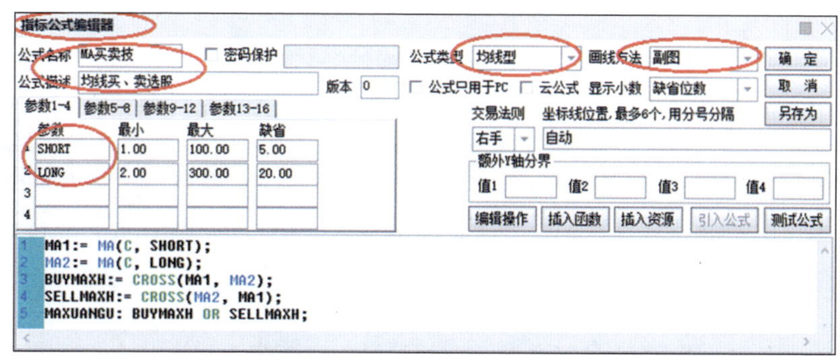

图 3-23 “MA 买卖技”公式内容

MA2 均线：

```
MA1:MA(C,SHORT);
MA2:MA(C,LONG);
```

将新公式列入副图区，形象地看一下“MA 买卖”公式的选股作用，如图 3-24 所示。

图 3-24 “MA 买卖技”公式显示图形

可以看到，MA 选股公式（MA 买入、MA 卖出、MA 买卖）的作用就是把短期均线和长期均线的交叉点都挑选出来，短期均线上穿长期均线的是买入信号，短期均线下穿长期均线的是卖出信号。

可以发挥一下想象力，如果一只股票处于长时间的小波浪震荡中，或者短期、长期参数设置得较小，那么短期均线和长期均线就会形成更多的交叉，并且是参考意义小的交叉，就会给出很多质量差的信号。这明显违背使用股票选股公式的初衷。需要增加和补充公式的内容，去掉这部分小交叉。

我们的思路是这些小交叉是由长期的小波浪震荡产生的，当产生小波浪时，股价 C 和短期均线偏离更加长期均线的程度较小，只要设置一个偏离程度的门槛值，就可以过滤这些小波浪小交叉产生的信号。在前面有关 BOLL、MACD 的章节中都有关于偏离程度的讨论，如果你仔细学习了那些内容，就会得出一个新方案，即能够滤除小震荡的 MA 选股公式“MA 买卖大”。

MA 买卖大

```
MA1:=MA(C,SHORT);
MA2:=MA(C,LONG);
MAWENDING:=MA(C,LONG*3);{MA稳定}
PIANLIDU:=ABS(MA1-MAWENDING)/MAWENDING*100;{偏离度}
PIANLI:=PIANLIDU>6;{偏离}
BUYMAXH:=CROSS(MA1,MA2)AND PIANLI;{BUY MA信号}
SELLMAXH:=CROSS(MA2,MA1)AND PIANLI;{SELL MA信号}
MAXUANGU:BUYMAXH OR SELLMAXH;{MA选股}
```

参数设置

SHORT：最小为 1；最大为 100；默认为 5。

LONG：最小为 2；最大为 300；默认为 20。

当然，同样抄写一个技术指标公式“MA 买卖大技”，看一下用偏离度过滤的选股公式“MA 买卖大”与原来的公式“MA 买卖”有何不同。将新公式引入副图区，显示图形如图 3-25 所示。可以看到，公式“MA 买卖大”挑选出的信号点比原来的公式“MA 买卖”挑选出的信号点要少，也就是偏离度小的那些信号点被滤除了。

图 3-25　“MA 买卖大技”公式显示图形

二、基本面和即时盘中

基本面和即时盘中选股主要利用即时行情函数、关联财务函数和专业财务数据进行，有时还会用到云数据指标。听上去很复杂，其实在股票行情列表中已经把它们大部分列好了，并且可以单击项目名称进行排序，如图 3-26 所示。这只是一个经过剪辑的列表，目的是示意在股票行情列表中确实已经列出了很多需要的基本面和即时盘中行情的项目与数据，只需找到即可。虽然利用股票行情列表可以帮助投资者掌握基本面和即时盘中数据，但了解有关基本面和即时盘中选股公式还是有意义的，特别是希望找到一些数据与股价的相关关系时。

1. A008　巴菲特选股

公式源码

```
    A1:=(FINANCE(20)-FINANCE(21))/FINANCE(20)*100>N1;{销售毛利率>
40%}
    A2:=FINANCE(30)/FINANCE(20)*100>N2;{净利率>5%}
```

名称	涨幅%↓	量比↓	细分行业	地区	内外比↓	流通市值	强弱度%↓	活跃度	20日涨幅%↓	利润同比%↓	毛利率%↓	净利润率%
资本	* 44.00	8.75	元器件	天津	16.03	12.57亿	44.77	1326	400.00	31918.64	99.67	-3390.34
股份	* 20.03	6.55	医药商业	浙江	9.40	33.14亿	21.64	3110	279.24	21787.91	99.11	30.89
股份	K 20.00	6.46	医疗保健	浙江	8.01	10.49亿	20.77	1954	154.79	19715.53	98.62	-5.74
科技	Z 16.78	6.19	环境保护	北京	7.26	19.62亿	18.39	4509	138.16	9105.58	98.38	-245.77
发展	Z 14.60	6.03	农药化肥	山西	6.17	21.67亿	16.21	4430	125.00	8212.80	96.66	-62.04
白药	Z 13.67	5.83	化学制药	湖北	4.36	14.62亿	15.28	2306	118.09	6799.35	95.77	10.42
电力A	R 13.02	5.80	电气设备	山西	4.09	82.77亿	14.63	4724	109.82	6527.13	95.76	9.65
金融	* 11.45	5.61	环境保护	湖南	4.06	25.97亿	13.06	2814	101.09	5700.20	95.63	5.13
山照明	R 10.25	5.59	环境保护	山东	4.05	145.24亿	11.86	4752	90.70	4533.03	95.63	45.55
电力	* 10.06	5.55	汽车配件	河南	3.89	36.54亿	11.67	2549	90.29	4201.79	95.39	1.86
环保	R 10.06	5.43	互联网	广东	3.71	25.35亿	11.65	4194	78.87	4043.43	94.93	5.93
钛业	* 10.06	5.07	家居用品	广东	3.46	41.16亿	11.65	2033	78.39	3990.78	94.61	66.60
股份	10.05	4.87	农药化肥	安徽	3.27	6.50亿	11.63	358	78.14	3183.57	94.53	22.83
发展	* 10.04	4.70	生物制药	上海	3.15	61.95亿	11.63	2735	76.52	3133.57	94.46	31.78
投资	R 10.03	4.49	专用机械	江苏	3.08	30.55亿	11.62	1746	75.07	2963.06	94.32	-20.75
汽车	N 10.02	4.48	中成药	上海	2.93	130.33亿	11.61	4297	74.71	2916.44	93.96	-18.52
科技	R 10.02	4.47	IT设备	深圳	2.90	5.86亿	11.61	950	73.47	2750.71	93.68	-13.04

图 3-26　股票行情列表示意图

```
A3:=FINANCE(30)/FINANCE(19)*100>N3;{净资产收益率>15%}
A1 AND A2 AND A3;
```

参数设置

N1: 最小为 1; 最大为 100; 默认为 40。

N2: 最小为 1; 最大为 100; 默认为 5。

N3: 最小为 1; 最大为 100; 默认为 15。

动态翻译

A1 赋值: (营业收入 – 营业成本)/ 营业收入*100>N1。

A2 赋值: 净利润 / 营业收入*100>N2。

A3 赋值: 净利润 / 股东权益 (净资产)*100>N3。

A1 AND A2 AND A3。

解析和改进

在这里说明一下，这个公式仅仅借用了巴菲特之名而已，巴菲特一定不是这样选股的。虽然巴菲特很看重公司的盈利能力，但是当年他投资可口可乐、比亚迪的时候，那两家公司都不盈利，当然也不符合这个公式里的标准。

这个公式中使用的主要是关联财务函数（FINANCE）。这类函数可以在公式编辑器中查看，如图 3-27 所示。

看关联财务函数的说明“上市公司最近一期财报数据”，已经说明大部分数据并不是历史上的当时数据，而只是最近一期财报数据。不过，对于选股工作来说，这已经足够了，因为一般不会远到历史上去选股，都会选现在或最近一段时间的股票。

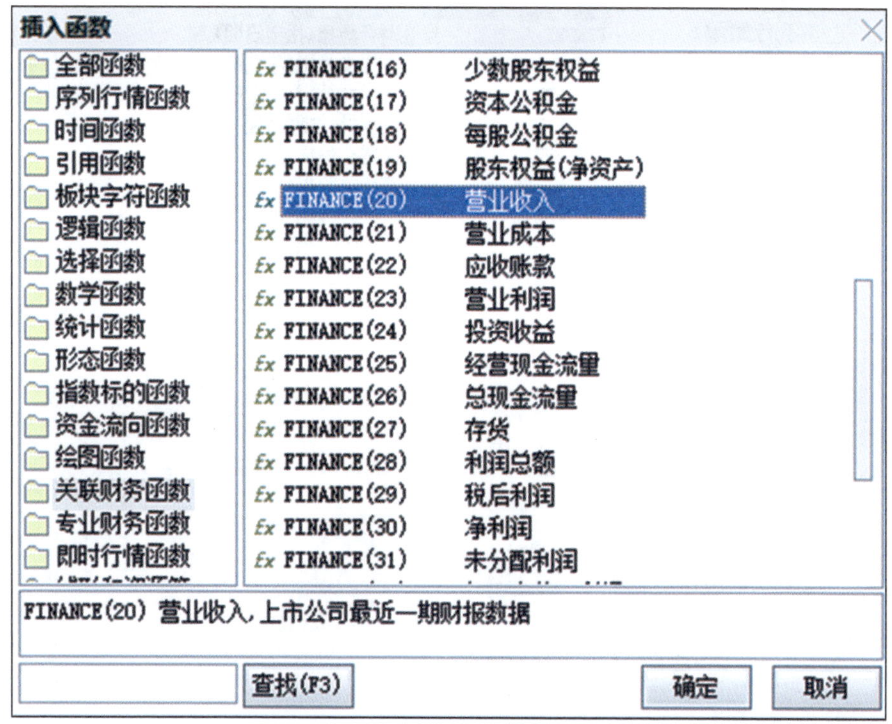

图 3-27　关联财务函数的位置

如果要使用这类函数在历史当时的数据，则可以使用专业财务函数（FINVALUE、FINONE 等），同样可以在公式编辑器中查看，如图 3-28 所示。在使用专业财务函数前，需要先下载，方法是依次单击【设置】→【专业财务数据下载】→财务数据包【开始下载】和股票数据包【开始下载】。

巴菲特选股公式有三个选股标准（默认值），即销售毛利率 >40%、净利率 > 5% 和净资产收益率 >15%。想象一下，它会把利润水平好的股票挑选出来，其中也会包含市盈率（PE）很高的股票，因为它并没有这方面的限制。为此，可以加上市盈率方面的要求，例如，加上“A001 低动态市盈率选股”。方法有两种，一是条件叠加选股，在“条件选股”对话框中加入这两个选股条件到选股条件列表中；二是把两个选股公式合并成一个新公式。

在进行条件叠加选股时，在找到相应的公式后，要先确认或修改【计算参数】，再单击【加入条件】按钮，还要注意全部条件相与及相或，如图 3-29 所示。

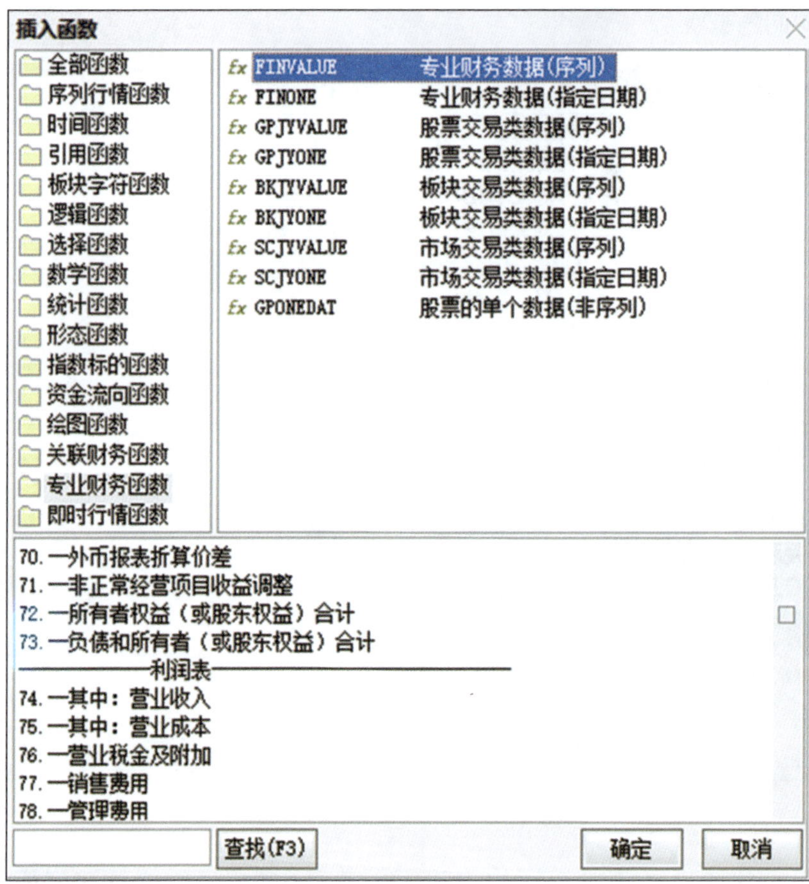

图 3-28 专业财务函数的位置

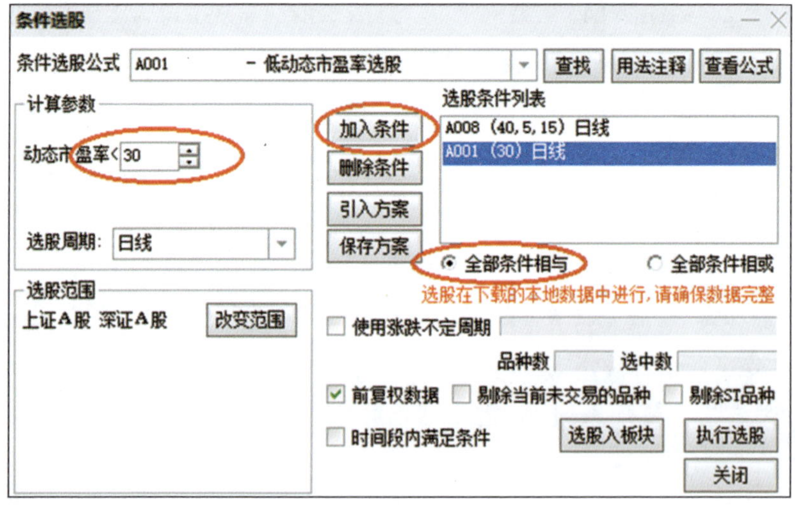

图 3-29 条件选股公式叠加

我们的目的是熟练运用股票公式，合并公式是有效的选股方法，也是有益的练习。把这两个公式合并成一个公式“巴菲特低 PE”。

巴菲特低 PE 如图 3-30 所示

```
A1:= (FINANCE(20)-FINANCE(21) )/FINANCE(20)*100>N1;{销售毛利率>40%}
A2:= FINANCE(30)/FINANCE(20)*100>N2; {净利率>5%}
A3:= FINANCE(30)/FINANCE(19)*100>N3; {净资产收益率>15%}
PELOW:= DYNAINFO(39)>0 AND DYNAINFO(39)<=NPE; {PE:0 ~30}
XUANGU: A1 AND A2 AND A3 AND PELOW; {选股}
```

参数设置：

N1：最小为 1；最大为 100；默认为 40。

N2：最小为 1；最大为 100；默认为 5。

N3：最小为 1；最大为 100；默认为 15。

NPE：最小为 1；最大为 1000；默认为 30。

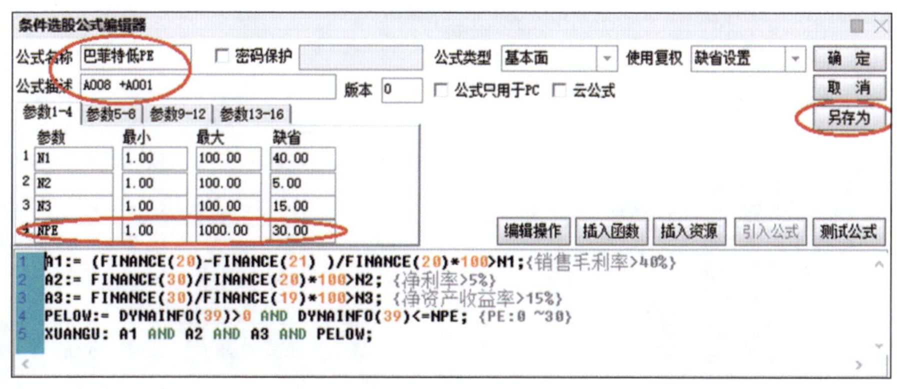

图 3-30　“巴菲特低 PE”公式内容

分别用公式 A008 叠加 A001、巴菲特低 PE 来进行条件选股，见图 3-29 和图 3-31。在图 3-31 中显示，在时间段 2022-12-20—2022-12-29 内，筛选沪、深股市共 4 936 只股票，选中符合选股条件的共 107 只，约占总数的 2.2%。给出选中股票的列表，如图 3-32 所示。当公式 A008 叠加 A001 进行选股操作时，图 3-29 只是被借用做部分示意，当然还要勾选【时间段内满足条件】复选框（2022-12-20—2022-12-29），单击【执行选股】按钮，等待数分钟后完成计算，显示同样的结果 107 只，并给出同样的选中股票的列表。这两种选股方法的选股结果相同，可见将两个公式合并成“巴菲特低 PE”公式的过程是正确的。

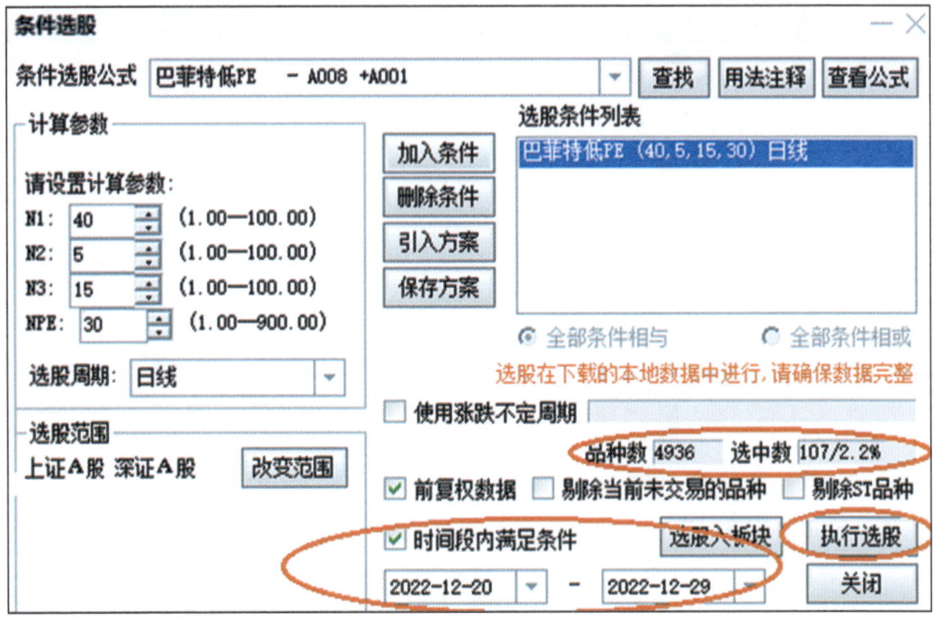

图 3-31　巴菲特低 PE 选股

行情报价 | 资金驱动力 | 资金博弈

	代码	名称		涨幅%	现价	涨跌	买价	卖价	总量	现量	涨速%	换手%
1	600123	兰花科创	R	1.59	13.40	0.21	13.40	13.41	177065	1493	-0.06	1.55
2	600188	兖矿能源	R	2.60	32.30	0.82	32.30	32.31	274803	2744	0.03	0.92
3	600236	桂冠电力	R	0.00	5.60	0.00	5.60	5.61	68998	1262	0.00	0.09
4	600285	羚锐制药	R	-0.14	14.64	-0.02	14.61	14.64	76260	1019	0.34	1.36
5	600348	华阳股份	R	3.57	15.68	0.54	15.68	15.69	986855	14336	0.06	4.10
6	600403	大有能源	R	0.62	4.84	0.03	4.83	4.84	67317	1319	-0.20	0.28
7	600508	上海能源	R	0.76	14.51	0.11	14.51	14.52	67515	637	0.07	0.93
8	600546	山煤国际	R	3.02	15.02	0.44	15.01	15.02	378022	3273	0.00	1.91
9	600566	济川药业	R	-3.27	29.00	-0.98	28.99	29.00	136427	1058	-0.02	1.49
10	600598	北大荒	R	0.22	13.92	0.03	13.91	13.92	166660	1877	0.00	0.94
11	600661	昂立教育	R	-0.83	10.69	-0.09	10.68	10.69	69769	754	-0.18	2.43
12	600777	新潮能源	R	1.18	2.57	0.03	2.56	2.57	166.4万	15917	0.00	2.61
13	600779	水井坊	R	-1.68	84.31	-1.44	84.31	84.32	67016	475	0.01	1.37
14	600867	通化东宝	R	-1.49	11.25	-0.17	11.25	11.26	251850	2352	-0.08	1.26

图 3-32　“巴菲特低 PE”公式选股结果

2. B007　沪深京涨跌停选股

公式源码

```
    ISST股:=NAMEINCLUDE('ST');
    ZTBL:=IF(FINANCE(3)=2,0.3,IF((FINANCE(3)=4 OR FINANCE(3)=3),
0.2,0.1));
    涨停10:=NOT(ISST股) AND DYNAINFO(5)=ZTPRICE(DYNAINFO(3),ZTBL)
```

```
AND DYNAINFO(5)>0;
    涨停5:=ISST股 AND DYNAINFO(5)=ZTPRICE(DYNAINFO(3),0.05) AND
DYNAINFO(5)>0;
    所有涨停:=(涨停10 OR 涨停5)AND(包括一字板 OR (NOT(包括一字板)AND
DYNAINFO(5)!=DYNAINFO(6)));
    当前涨停:=所有涨停 AND MAX(DYNAINFO(20),DYNAINFO(7))=DYNAINFO(5)
AND DYNAINFO(59)<1;
    仅盘中涨停:=所有涨停 AND NOT(当前涨停);
    跌停10:=NOT(ISST股) AND DYNAINFO(6)=DTPRICE(DYNAINFO(3),ZTBL)
AND DYNAINFO(6)>0;
    跌停5:=ISST股 AND DYNAINFO(6)=DTPRICE(DYNAINFO(3),0.05)AND
DYNAINFO(6)>0;
    所有跌停:=(跌停10 OR 跌停5)AND(包括一字板 OR (NOT(包括一字板)AND
DYNAINFO(5)!=DYNAINFO(6)));
    当前跌停:=所有跌停 AND MIN(DYNAINFO(21),DYNAINFO(7))=DYNAINFO(6)
AND DYNAINFO(58)<1;
    仅盘中跌停:=所有跌停 AND NOT(当前跌停);
    涨停RET:=IF(涨跌停类型=0,所有涨停,IF(涨跌停类型=1,当前涨停,仅盘中涨
停));
    跌停RET:=IF(涨跌停类型=3,所有跌停,IF(涨跌停类型=4,当前跌停,仅盘中跌
停));
    IF(涨跌停类型<3,涨停RET,跌停RET);
```

参数设置

涨跌停类型：最小为 0；最大为 5；默认为 0。

包括一字板：最小为 0；最大为 1；默认为 1。

动态翻译

ISST 股赋值：品种名称中包含 ST。

ZTBL 赋值：如果沪深京品种类型 =2，则返回 0.3，否则返回如果（沪深京品种类型 =4 OR FINANCE(3)=3），则返回 0.2，否则返回 0.1。

涨停 10 赋值：取反 (ISST 股) AND 最高价 = 计算涨停价 AND 最高价 >0。

涨停 5 赋值：ISST 股 AND 最高价 = 计算涨停价 AND 最高价 >0。

所有涨停赋值：(涨停 10 OR 涨停 5) AND (包括一字板 OR (取反 (包括一字板 (AND 最高价不等于最低价))。

当前涨停赋值：所有涨停 AND 买价（买一价）和现价的较大值 = 最高价 AND 卖量（卖一量）<1。

仅盘中涨停赋值：所有涨停 AND 取反 (当前涨停)。

跌停 10 赋值：取反 (ISST 股) AND 最低价 = 计算跌停价 AND 最低价 >0。

跌停 5 赋值：ISST 股 AND 最低价 = 计算跌停价 AND 最低价 >0。

所有跌停赋值:(跌停10 OR 跌停5) AND (包括一字板 OR (取反(包括一字板) AND 最高价不等于最低价))。

当前跌停赋值:所有跌停 AND 卖价(卖一价)和现价的较小值=最低价 AND 买量(买一量)<1。

仅盘中跌停赋值:所有跌停 AND 取反(当前跌停)。

涨停 RET 赋值:如果涨跌停类型=0,则返回所有涨停;否则返回如果涨跌停类型=1,则返回当前涨停,否则返回仅盘中涨停。

跌停 RET 赋值:如果涨跌停类型=3,则返回所有跌停;否则返回如果涨跌停类型=4,则返回当前跌停,否则返回仅盘中跌停。

如果涨跌停类型<3,则返回涨停 RET;否则返回跌停 RET。

解析和改进

这个公式能把沪、深、京三地市场所有涨停、跌停的股票挑选出来,很不容易。沪、深、京三地市场共有四种涨跌停幅度限制,即5%、10%、20%、30%,此公式第2句中使用函数沪深品种类型 FINANCE(3) 来进行区分,FINANCE(3)=2 是北京市场,涨跌停比例(ZTBL)为0.3(30%);FINANCE(3)=3 或 FINANCE(3)=4 是创业板或科创板,ZTBL 为0.2(20%);除此之外就算是主板市场,ZTBL 为0.1(10%)。第3句包含10%、20%、30%共三种涨停情况。第4句是 ST 股5%的涨停情况。第5句包含从开盘到现在全部出现过涨停的情况,并加上包含或不包含一字板涨停的情况(后半句内容虽然很巧妙,但不易理解)。第6句仅仅包含现在还在涨停位的情况。第7句仅仅包含从开盘到现在涨停过,但现在又不在涨停位的情况。第8~12句使用同样的方式,把跌停梳理一遍。第13句是为最后输出涨停股票做准备的,如果参数“涨跌停类型”选0(就是要所有涨停),就赋值所有涨停;如果选1(就是要当前涨停),就赋值当前涨停;如果选其他数值,就赋值仅盘中涨停(说明:在这里除了选2,还包括3、4、5关于跌停的情况,当然会引起混乱。公式的解决方法是交给第15句,用涨跌停类型<3来解决,排除选3、4、5的情况)。第14句类同第13句,但讲的是跌停部分,如果参数“涨跌停类型”选3,就赋值所要求的全部跌停;如果选4,就赋值所要求的当前跌停;如果选其他数值,就赋值仅盘中跌停,当然也把选0、1、2引起的混乱交给第15句。第15句是输出语句,这是选股公式唯一的输出语句,如果参数“涨跌停类型”<3,也就

是选 0、1、2，就输出涨停情况，也就是第 13 句，同时消除了第 13 句中可能的混乱（排除了 3、4、5）；如果参数“涨跌停类型”≥ 3，也就是选 3、4、5，就输出跌停情况，也就是第 14 句，同时消除了第 14 句中可能的混乱（排除了 0、1、2）。

注意：有的软件可能会把第 3 句中的 ZTBL 用第 2 句替换，将两句变成一句。

这个公式还有一大特点，就是它的参数取值并不代表普通意义上的数值，而是代码，代码及其对应的含义如下（可在公式编辑器中单击【参数精灵】按钮进行查看）。

（1）涨跌停类型：默认为 0（0— 所有涨停；1— 当前涨停；2— 仅盘中涨停；3— 所有跌停；4— 当前跌停；5— 仅盘中跌停）。

（2）包括一字板：默认为 1（0— 不包括 ；1— 包括）。

这是一个很巧妙的公式，尽管有些烦琐，花些力气弄懂这个公式，能使我们的水平提高一大步。

这个公式全部使用即时行情函数、关联财务函数，而没有使用 H、O、L、C 那些一看就懂的函数，给理解增加了难度。但在很多时候是必须使用这些函数的，如果你能记住其中常用的一部分，则会带来很大的便利。这个公式中还包含只有在极端情况下才需要的部分，如“DYNAINFO(5)>0”，可以去掉；又如“DYNAINFO(59)<1”要求涨停价上没有卖盘，既然都是涨停价了，卖盘上有没有仅是小区别，有没有都行。

可以把这个公式改写得简单一些，得到一个新公式“B007 改写 1”。

B007 改写 1

```
STGU:=NAMEINCLUDE('ST');{ST股}
ZTBL:=IF(FINANCE(3)=2,0.3,IF((FINANCE(3)=4 OR FINANCE(3)=3),
0.2,0.1));{涨停比例}
ZHANGTING10:=STGU=0 AND H=ZTPRICE(DYNAINFO(3),ZTBL);{涨停
10%}
ZHANGTING5:=STGU AND H=ZTPRICE(DYNAINFO(3),0.05);{涨停5%}
ZTALL:=(ZHANGTING10 OR ZHANGTING5) AND ( 包括一字板 OR (NOT(包
括一字板)AND H >L ));{涨停全部}
ZTNOW:=ZTALL AND MAX(DYNAINFO(20),C)=H AND DYNAINFO(59)<1;
{涨停现在}
ZTBEFORE:=ZTALL AND ZTNOW =0;{涨停盘中之前}
DIETING10:=STGU=0 AND L=DTPRICE(DYNAINFO(3),ZTBL);{跌停10%}
```

```
    DIETING5:=STGU AND L=DTPRICE(DYNAINFO(3),0.05);{跌停5%}
    DTALL:=(DIETING10 OR DIETING5)AND(包括一字板 OR (NOT(包括一
字板)AND H >L));{跌停全部}
    DTNOW:=DTALL AND MIN(DYNAINFO(21),C)=L AND DYNAINFO(58)<1;
{跌停现在}
    DTBEFORE:=DTALL AND DTNOW=0;{跌停盘中之前}
    ZHANGTINGRET:=IF(涨跌停类型=0,ZTALL,IF(涨跌停类型=1,ZTNOW,
ZTBEFORE));
    DIETINGRET:=IF(涨跌停类型=3,DTALL,IF(涨跌停类型=4,DTNOW,
DTBEFORE));
    ZTDTXUANGU:IF(涨跌停类型<3,ZHANGTINGRET,DIETINGRET);{涨停跌停
选股}
```

分别使用新公式“B007 改写 1”和原公式“B007”执行条件选股操作，结果一致，说明这两个公式的意义相同。

三、形态特征

形态是可视化的数据。本来数据是没有形态的，但经过形象化、可视化处理，连接成曲线、画成 K 线图等，就产生了形态。有了形态，就会出现有某些特征的形态。形态的优势在于一看就知、理解接受快、简单直接。一个地天板 20% 的情况，在 K 线图的形态上是一条突出的顶天立地大阳线，而用数据来表示就成了“开盘价 = 昨日收盘价 ×90%”和“收盘价 = 昨日收盘价 ×110%”。数据产生形态，特殊类数据产生特殊类形态，形态特征也就是数据特征。

1. MSTAR　早晨之星

公式源码

```
STAR:REF(CLOSE,2)/REF(OPEN,2)<0.95&&
REF(OPEN,1)<REF(CLOSE,2)&&
ABS(REF(OPEN,1)-REF(CLOSE,1))/REF(CLOSE,1)<0.03&&
CLOSE/OPEN>1.05&&CLOSE>REF(CLOSE,2);
```

动态翻译

输出 STAR：2 日前的收盘价 /2 日前的开盘价 <0.95 并且 1 日前的开盘价 < 2 日前的收盘价并且 1 日前的开盘价 −1 日前的收盘价的绝对值 /1 日前的收盘价 <0.03 并且收盘价 / 开盘价 >1.05 并且收盘价 >2 日前的收盘价。

用法注释

K 线模式早晨之星，指示见底反弹。

解析和改进

早晨之星公式描述的是三条 K 线的组合，即今日、前 1 日、前 2 日。今日大阳线，实体 >5%，并且收盘价 C> 前 2 日收盘价（C2）；前 1 日低开，实体 <3% 的小阳或小阴；前 2 日是大阴线，实体 >5%。这样的三条 K 线组合可能出现在走势的低位，也可能出现在走势的高位，还可能出现在走势的中位。它的用法注释中说指示见底反弹，但是公式中没有指示低位的语句，因而这样的目的是难以达到的。

把这个公式改写一下，加入走势在低位的要求，并把它的长句子分开来写，这样容易写，也容易解释。新公式为“MSTAR 修改 1”。

MSTAR 修改 1

```
DAYINXIAN:=C/O<0.95;{大阴线}
DIKAI:=O<REF(C,1);{低开}
SHITIXIAO:=ABS(C-O)/C<0.03;{实体小}
DAYANGXIAN:=C/O>1.05;{大阳线}
DIWEI:=C<MA(C,20)AND C<MA(C,60);{低位}
MSTARXG:REF(DAYINXIAN,2)AND REF(DIKAI,1)AND REF(SHITIXIAO,1)
AND DAYANGXIAN AND C>REF(C,2)AND REF(DIWEI,1);{MSTAR选股}
```

为了方便学习和练习，需要把条件选股公式抄写成技术指标公式，把 MSTAR 公式抄写成相对应的“MSTAR 技”公式，把“MSTAR 修改 1”公式抄写成相对应的“MSTAR 修 1 技”公式。同样，需要注意 MSTAR 公式和“MSTAR 技”公式是一回事儿，“MSTAR 技”公式的显示本质上就是 MSTAR 公式的显示，“MSTAR 修改 1”公式与“MSTAR 修 1 技”公式也是一回事儿。

先分别用 MSTAR 公式和“MSTAR 修改 1”公式来进行条件选股，再分别用相对应的显示公式看一下它们选股的结果和差别。举个京山轻机的例子，这两个公式的显示图形如图 3-33 所示。可以看到，两个选股公式都能把图中示意的两处三条 K 线组合的早晨之星选出来，选出点在早晨之星的最后一条 K 线上。在京山轻机的这一段走势上，两个选股公式的效果相同。

图 3-33　早晨之星京山轻机

再举个精华制药的例子，这两个公式的显示图形如图 3-34 所示。MSTAR 公式在 2022 年 12 月挑选出了精华制药，但“MSTAR 修改 1”公式没有选择它。根据早晨之星的用法注释，它具有低位反弹的特征，所以，在修改的公式中增加了走势处于低位的条件（DIWEI:= C <MA(C, 20) AND C <MA(C, 60);），提高了选出信号的质量要求，体现了早晨之星原公式的真实原则，取得了良好的效果。

图 3-34　早晨之星精华制药

2. CSFR　出水芙蓉

公式源码

```
    AAA:=CLOSE>OPEN;
    BBB:=AAA&&CLOSE>MA(CLOSE,S)&&CLOSE>MA(CLOSE,M)&&CLOSE>MA(CLOS
E,N);
    CCC:=BBB&&OPEN<MA(CLOSE,M)&&OPEN<MA(CLOSE,N);
    CSFR:CCC&&(CLOSE-OPEN)>0.0618*CLOSE;
```

参数设置

S: 最小为 2; 最大为 60; 默认为 20。

M: 最小为 2; 最大为 60; 默认为 40。

N: 最小为 2; 最大为 60; 默认为 60。

动态翻译

AAA 赋值: 收阳线。

BBB 赋值: AAA 并且收盘价 > 收盘价的 S 日简单移动平均并且收盘价 > 收盘价的 M 日简单移动平均并且收盘价 > 收盘价的 N 日简单移动平均。

CCC 赋值: BBB 并且开盘价 < 收盘价的 M 日简单移动平均并且开盘价 < 收盘价的 N 日简单移动平均。

输出 CSFR: CCC 并且 (收盘价 − 开盘价)>0.0618* 收盘价。

用法注释

阳线穿过 20、40、60 日均线，展示了多方上攻的实力和决心。

解析和改进

这个公式的含义是一条大实体阳线从 20、40、60 日均线的下方上穿到 20、40、60 日均线的上方。但它的写法不是很好。除非有特别的目的，一般公式写作以直接、简明为好,让人容易理解。这个公式的每下一句都要拖带上一句,显得烦琐,参数 N 的最大值 = 默认值，而且很小，没有余地。

把它改写一下，得到公式“CSFR 改写 1”。

CSFR 改写 1

```
YANGXIAN:=C>O;{阳线}
CGAO:=C>MAX(MA(C,S),MAX(MA(C,M),MA(C,N)));{C高}
OLOW:=O<MIN(MA(C,M),MA(C,N));{O低}
DAYANGSHITI:=(C-O)/C>0.618;{大阳实体}
CSFRGX:YANGXIAN AND CGAO AND OLOW AND DAYANGSHITI;{CSFR选股}
```

参数设置

S: 最小为 2; 最大为 60; 默认为 20。

M: 最小为 2; 最大为 120; 默认为 40。

N: 最小为 2; 最大为 500; 默认为 60。

提示: DAYANGSHITI 中已经包含了 YANG, 因为“(C −O)/C >0.618”已经要求 C >O, 所以句子中的 YANG 重复了, 可以写成“CSFRGX: CGAO AND OLOW AND DAYANGSHITI;”。但是, 为了理解上的直接、省力, 常常采用这样的重复写法, 而不单单靠隐含的内容。

3. RUBLINE　揉搓线

公式源码

```
A1:=(REF(H,1)-MAX(REF(C,1),REF(O,1)))/(REF(H,1)-REF(L,1))*100>
N;{上影线占K线的N%以上}
A2:=(MIN(O,C)-L)/(H-L)*100>N;{下影线占K线的N%以上}
A3:=ABS(C-REF(C,1))/MIN(C,REF(C,1))*100<2;{下影K的跌幅不能超过2%}
A4:=REF(C,2)>REF(C,3);{揉搓形态前收涨}
A5:=V<REF(V,1);{缩量}
A7:A1 AND A2 AND A3 AND A4 AND A5;
```

参数设置

N: 最小为 50; 最大为 100; 默认为 50。

动态翻译

A1 赋值: (1 日前的最高价 −1 日前的收盘价和 1 日前的开盘价的较大值)/(1 日前的最高价 −1 日前的最低价)*100>N。

A2 赋值: (开盘价和收盘价的较小值 − 最低价)/(最高价 − 最低价)*100>N。

A3 赋值: 收盘价 −1 日前的收盘价的绝对值 / 收盘价和 1 日前的收盘价的较小值 *100<2。

A4 赋值: 2 日前的收盘价 >3 日前的收盘价。

A5 赋值: 成交量（手）<1 日前的成交量（手）。

输出 A7: A1 AND A2 AND A3 AND A4 AND A5。

解析和改进

揉搓线说的是相邻的两条 T 形线, 前倒 T 后正 T, 在中位出现, 考虑继续看涨；在高位出现，考虑可能见顶。这个公式还加上了之前的一条 K 线的阳线要求，共有三条 K 线。这个公式确认 T 线的方法是看影线长度占整个 K 线的比例。这种方法是有待商榷的，因为这样做会使得明明影线很短但实体更短的小 K 线也被算成 T 形线。

T 形线的确认方法有两种，一种是要求影线长度占价格的 % 值大，同时其他部分占价格的 % 值小；另一种是要求影线长度占本身 K 线的 % 值大。RUBLINE 公式使用的就是后面这种方法。我们认为前一种方法更适当，特别是在有涨跌幅限制的股市中，因为没有对影线长度绝对大小的要求，所以会把小 K 线也挑出来。把这个公式改写一下，增加 T 线的影线长度占价格 2% 的要求，增加影线长度要求参数 YD（影线长），得到公式“RUBLINE 改写 1”。

RUBLINE 改写 1

```
    SHANGYINGDA:=(H-MAX(C,O))/(H-L)*100>N AND(H-MAX(C,O))/C*100>
YD;{上影线长，占K线的50%以上，同时占价格的2%以上}
    XIAYINGDA:=(MIN(C,O)-L )/(H-L)*100>N AND(MIN(C,O)-L)/C*100>
YD ;{下影线长，占K线的50%以上，同时占价格的2%以上}
    UP:=C>REF(C,1);{上涨}
    UPXIAO:=ABS(C-REF(C,1))/MIN(C,REF(C,1))*100<2;{涨幅小}
    SUOLIANG:=V<REF(V,1);{缩量}
    XUANGU:REF(UP,2)AND REF(SHANGYINGDA,1)AND XIAYINGDA AND
UPXIAO AND SUOLIANG;{选股}
```

参数设置

N：最小为 50；最大为 100；默认为 3。

YD：最小为 0.2；最大为 30；默认为 2。

在增加了上影线、下影线的长度大于价格 2% 的要求后，影线过短的 K 线就不在挑选的范围内了，挑选出的个股数量也会相应减少。同样，抄写两个相对应的技术指标公式“RUBLINE 技”和“RUBLINE 改 1 技”来形象地显示原公式 RUBLINE 和我们改写的公式“RUBLINE 改写 1”的效果和含义，如图 3-35 所示。原公式 RUBLINE 可以在 2022 年 9 月选出两个信号，在 2022 年 12 月选出一个信号，但新公式“RUBLINE 改写 1”只选出 2022 年 12 月的一个信号，2022 年 9 月的两个信号因为出现了上影线或下影线的长度小于价格 2% 的情况，被过滤掉了。

图 3-35　揉搓线显示图形

第四章

专家系统公式

专家系统公式是一组公式的名称，虽然名称中有“专家”，但实际上是买入、卖出的指令，它就是被放入专家系统公式文件夹中的买卖指令公式。对这个文件夹中的公式有一项重要的要求，即输出变量必须至少是 ENTERLONG（多头买入）、EXITLONG（多头卖出）、ENTERSHORT（空头卖出）、EXITSHORT（空头买入）之一，并且严格按照顺序（两个一组），不能颠倒。

ENTERLONG（多头买入）和 EXITLONG（多头卖出）是一组，公式中要先有 ENTERLONG（多头买入），后有 EXITLONG（多头卖出），也可以没有 EXITLONG（多头卖出）。但如果没有 EXITLONG（多头卖出），那么公式在某些应用上可能会受到限制。同样，ENTERSHORT（空头卖出）和 EXITSHORT（空头买入）是一组，其用法与前一组的用法相同。

一般来说，一个可以指导买入点、卖出点的技术指标公式，先把全部句子改成中间句，再加上上面四个函数中的 1~4 个，放入专家系统公式组中，就能成为一个相关的专家系统公式。对于股票来说，通常只加上 ENTERLONG（多头买入）和 EXITLONG（多头卖出），因为做空的情况很少。反过来，一个专家系统公式，先去掉含有的上面四个函数，再把原 ENTERLONG 函数中的变量相对应的句子改成输出句，抄写到技术指标公式组中，就成为一个相关的技术指标公式。

更简单的方法是可以直接把专家系统公式抄写到技术指标公式组中，成为相对应的技术指标公式，其指示点就是专家系统公式指示的买入点和卖出点。

专家系统公式可以作为系统指示叠加在主图 K 线上，自动标识买卖信号，也可以用于程序交易评测系统和探索最佳专家系统。专家系统公式的参数设置中增加了“步长”一项，用于探索最佳专家系统节省的计算量，步长越大，计算量越少。

一、MACD　MACD 专家系统

公式源码

```
DIFF:=EMA(CLOSE,SHORT)-EMA(CLOSE,LONG);
DEA:=EMA(DIFF,M);
MACD:=2*(DIFF-DEA);
ENTERLONG:CROSS(MACD,0);
EXITLONG:CROSS(0,MACD);
```

参数设置

LONG: 最小为 10; 最大为 200; 默认为 26; 步长为 5。

SHORT: 最小为 2;　最大为 200; 默认为 12; 步长为 4。

M: 最小为 2;　最大为 200; 默认为 9; 步长为 1。

动态翻译

DIFF 赋值: 收盘价的 SHORT 日指数移动平均 – 收盘价的 LONG 日指数移动平均。

DEA 赋值: DIFF 的 M 日指数移动平均。

MACD 赋值: 2*(DIFF-DEA)。

多头买入: 平滑异同平均线上穿 0 线。

多头卖出: 0 线上穿平滑异同平均线。

用法注释

(1) 分析 MACD 柱状线, 由红变绿(由正变负)为卖出信号; 由绿变红为买入信号。

(2) 参数 LONG、SHORT、M 表示天数, 在计算 MACD 时使用, 一般设为 26、12、9。

解析和改进

一看这个公式就觉得很眼熟, 就是先把 MACD 公式全部变成中间句, 再加上专家系统公式要求的两个函数 ENTERLONG 和 EXITLONG, 输出买入、卖出信号点。专家系统公式可以用于系统指示, 直接叠加在主图 K 线上, 显示买入、卖出信号参考点。

把这个公式引入主图区做系统指示, 方法为右击主图区空白处, 在弹出的快捷菜单中选择【系统指示】→【专家系统指示】命令, 在弹出的【专家系统指示】

对话框中选择【专家系统指示】下的【MACD　MACD 专家系统】，单击【确定】按钮，如图 4-1 和图 4-2 所示。也可以按【Ctrl+E】组合键打开“专家系统指示”对话框，选择【专家系统指示】下的【MACD　MACD 专家系统】，单击【确定】按钮。操作完成后，MACD 专家系统公式就作为系统指示叠加在主图 K 线上了，并用红、绿色箭头分别标识买入点、卖出点的位置，如图 4-3 所示。

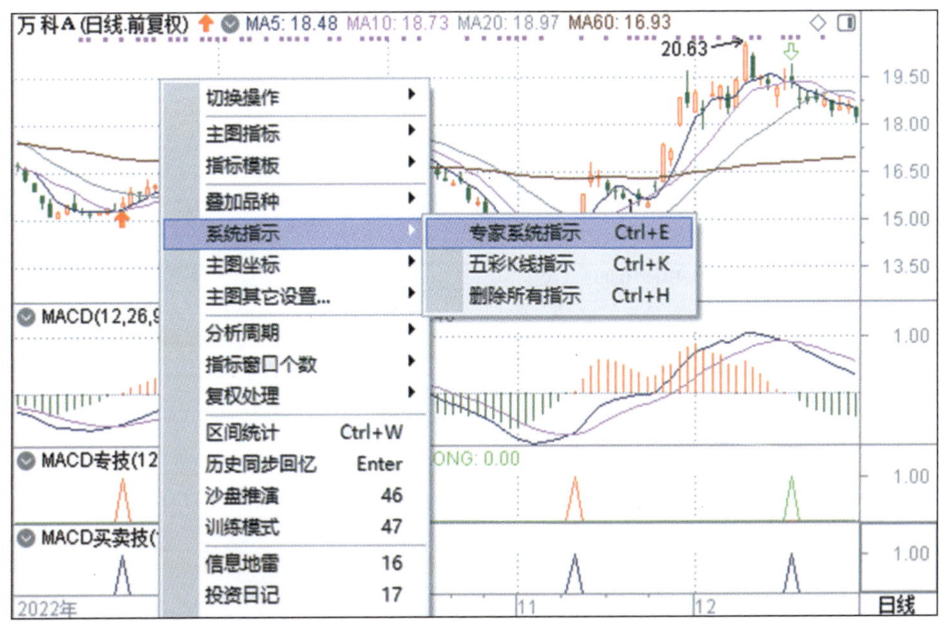

图 4-1　专家系统公式系统指示 1

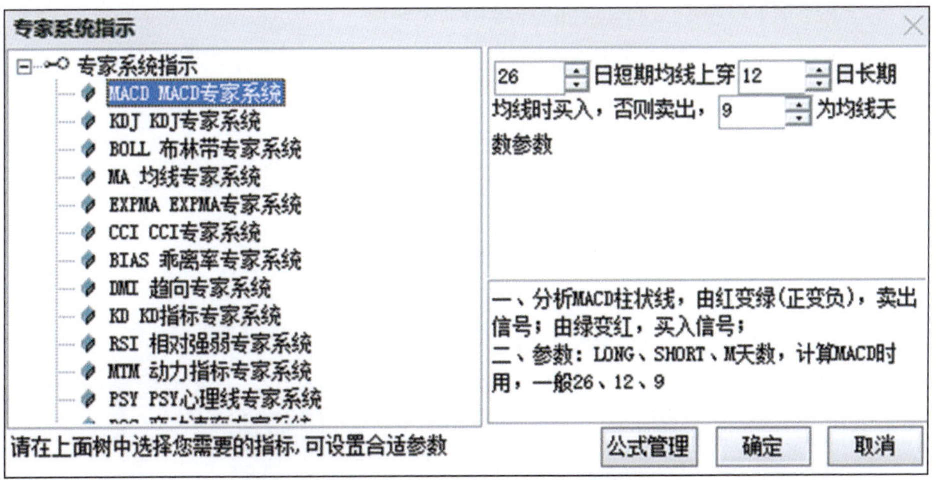

图 4-2　专家系统公式系统指示 2

图 4-3　MACD 专家系统公式系统指示

专家系统公式的去除

如果要把已经引入的专家系统公式去除，则右击主图区空白处，在弹出的快捷菜单中选择【系统指示】→【删除所有指示】命令（或按【Ctrl+H】组合键）；或者右击专家系统公式显示的红、绿色箭头，在弹出的快捷菜单中选择【删除当前专家系统指示】命令。

为了形象、具体地了解公式的含义，还要多做一些功课，先把 MACD 专家系统公式抄写成相对应的技术指标公式“MACD 专技”。因为技术指标公式中没有“步长”这个参数，所以步长可以省略。

MACD 专技

```
DIFF:=EMA(CLOSE,SHORT)-EMA(CLOSE,LONG);
DEA:=EMA(DIFF,M);
MACD:=2*(DIFF-DEA);
ENTERLONG:CROSS(MACD,0),COLORRED;
EXITLONG:CROSS(0,MACD),COLORGREEN;
```

给两条输出线分别加上颜色，红色 COLORRED 用在买入输出线上，绿色 COLORGREEN 用在卖出输出线上，使得显示更加清晰明了。

再把 MACD 的两个条件选股公式“MACD 买入”和“MACD 卖出”合并，并抄写成技术指标公式“MACD 买卖技”，用于显示两个条件选股公式的买入点、卖出点的选择。但因为是抄写条件选股公式，所以只能用一条输出语句，也就是一条输出线，只能有一种颜色。

MACD 买卖技

```
DIFF:=EMA(CLOSE,SHORT)-EMA(CLOSE,LONG);
DEA:=EMA(DIFF,M);
SELLXUANGU:=CROSS(DEA,DIFF);
BUYXUANGU:=CROSS(DIFF,DEA);
XUANGU:BUYXUANGU OR SELLXUANGU;
```

把三个公式“MACD 专技”“MACD 买卖技”MACD 引入副图区，显示图形见图 4-3。在这里，再次提醒，抄写内容相同的公式，放在不同的类别组中，仍然是同样的公式，仅仅是起作用的方式不同而已。投资者翻来覆去地抄写、分组，目的是把它们显示出来，更好地理解公式。例如，“MACD 专技”就是 MACD 专家系统公式的显示公式；MACD 专家系统公式是“MACD 专技”的专家系统公式，当然也是 MACD 的专家系统公式；尽管 MACD 中没有 ENTERLONG 函数，但它是 MACD 专家系统公式的根源。

在图 4-3 中，各个公式的信号关系显示得很清楚。MACD 专家系统公式用红色箭头标识买入信号点，用绿色箭头标识卖出信号点，分别符合 MACD 的上交叉、下交叉；“MACD 专技”公式用红线山峰标识买入点，用绿线山峰标识卖出点，分别符合上交叉和红色箭头、下交叉和绿色箭头；“MACD 买卖技”公式用单色线突起分别符合以上全部信号点，因为它受到条件选股公式只有一个输出的限制，不能使用多色。

在第二章中，将 MACD 公式改写成新公式“MACD 改进 1”，使它采用相对数值来衡量差异，便于个股之间的直接比较，并且设置了偏离值 ±4% 的标准，用于滤除偏离值小的信号。现在，把“MACD 改进 1”公式抄写到专家系统公式组中，成为专家系统公式“MACD 改进 1 专”。

MACD 改进 1 专

```
DIF:=EMA(CLOSE,SHORT)-EMA(CLOSE,LONG);
DIFGJ:=DIF/(EMA(C,SHORT)+EMA(C,LONG))*2*100;{DIF改进}
DEAGJ:=EMA(DIFGJ,MID);{DEA改进}
MACDGJ:=(DIFGJ-DEAGJ);{MACD改进}
{4,DOTLINE,COLORGREEN;}{卖出参考界限}
{-4,DOTLINE,COLORRED;}{买入参考界限}
SELLAREA:=STICKLINE(DIFGJ>4,4,DIFGJ,1,0),COLORGREEN;
BUYAREA:=STICKLINE(DIFGJ<-4,-4,DIFGJ,1,0),COLORRED;
```

```
SELLXINHAO:=CROSS(DEAGJ,DIFGJ)AND MAX(DIFGJ,REF(DIFGJ,1))>4;
BUYXINHAO:=CROSS(DIFGJ,DEAGJ)AND MIN(DIFGJ,REF(DIFGJ,1))<-4;
SELLIC:=DRAWICON(SELLXINHAO,3,2);{SELL图标ICON}
BUYIC:=DRAWICON(BUYXINHAO,-3,1);{BUY图标ICON}
ENTERLONG:BUYXINHAO;
EXITLONG:SELLXINHAO;
```

新公式在专家系统公式编辑器中编写，如图 4-4 所示。

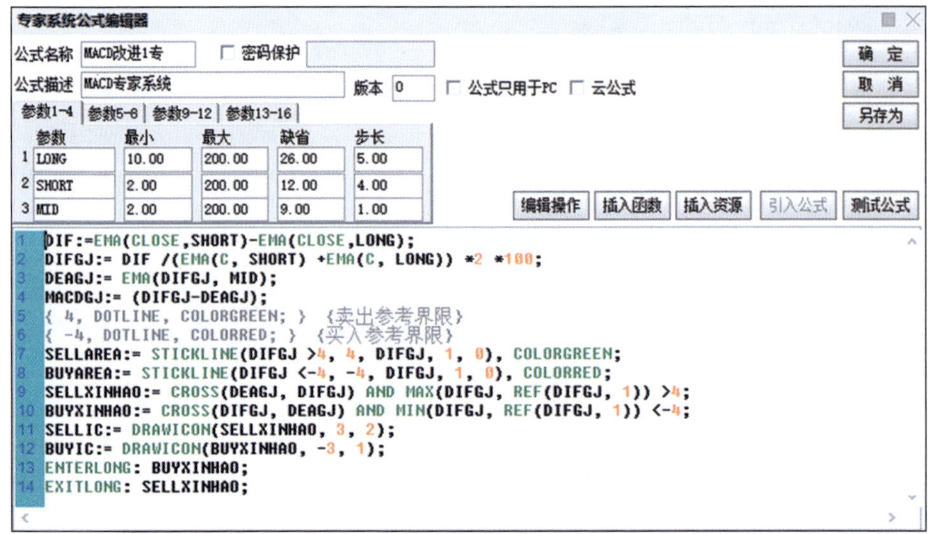

图 4-4　“MACD 改进 1 专”公式内容

先将原公式中的全部句子改成中间句；再将第 4 句中的画线函数 COLORSTICK 去除，因为在专家系统公式中没有该函数；接着，因为第 5、6 句没有句子名，不能作为中间句，所以直接用“{ }”变成不执行部分；最后加上专家系统公式所必需的 ENTERLONG 和 EXITLONG 函数，以上抄写方式简单、直接，如果细致一些，新公式仅仅需要以下几句：

```
DIF:=EMA(CLOSE,SHORT)-EMA(CLOSE,LONG);
DIFGJ:=DIF/(EMA(C,SHORT)+EMA(C,LONG))*2*100;
DEAGJ:=EMA(DIFGJ,MID);
SELLXINHAO:=CROSS(DEAGJ,DIFGJ)AND MAX(DIFGJ,REF(DIFGJ,1))>4;
BUYXINHAO:=CROSS(DIFGJ,DEAGJ)AND MIN(DIFGJ,REF(DIFGJ,1))<-4;
ENTERLONG:BUYXINHAO;
EXITLONG:SELLXINHAO;
```

把新公式引入主图区做系统指示，方法为右击主图区空白处，在弹出的快捷菜单中选择【系统指示】→【专家系统指示】命令，在弹出的对话框中选择【MACD 改进 1 专】，单击【确定】按钮，显示画面如图 4-5 所示。

图 4-5　“MACD 改进 1 专”公式显示画面

与图 4-3 对照发现，改进的公式只保留了两个信号点，即 2022 年 11 月的买入点和 2022 年 12 月的卖出点。原公式还有两个信号点，即 2022 年 8 月的买入点和 2022 年 9 月的卖出点，但因为股价偏离度 <4%，被认为参考质量不足，将其过滤了。

学到这里，投资者可能已经有所领悟，三组类别的公式（技术指标公式、条件选股公式、专家系统公式）原来就是一起的。技术指标公式画出图线却不包含买卖点，也不标上买卖点，只是在用法注释中说一下在哪里买入、在哪里卖出；条件选股公式把技术指标公式的用法注释中的买卖点用语句写到公式里，却又不显示，只能用于暗中选股，好像进了一步，但又退了一步；专家系统公式也把技术指标公式的用法注释中的买卖点用语句写到公式里，使用统一的标准句名 ENTERLONG、EXITLONG，可以直接在主图区显示买入点、卖出点，却不能在副图区和原图线一同显示，真是前进了一步又退了半步。

需要做的就是认识它们的统一性，通过在三组类别之间相互抄写练习，熟悉它们的转换性，把它们用多种形式显示出来，比较和认识它们的多样性。同时根据它们的基本原理和应用要点合理地增加条件（加入语句、改写语句），发挥公式的长处，弥补和减少公式的短处，让公式更好地为我们所用。

二、BOLL 布林带专家系统

公式源码

```
MID:=MA(CLOSE,N);
UPPER:=MID+2*STD(CLOSE,N);
LOWER:=MID-2*STD(CLOSE,N);
ENTERLONG:CROSS(CLOSE,LOWER);
EXITLONG:CROSS(CLOSE,UPPER);
```

参数设置

N: 最小为 5; 最大为 100; 默认为 20; 步长为 2。

动态翻译

MID 赋值: 收盘价的 N 日简单移动平均。

UPPER 赋值: MID+2* 收盘价的 N 日估算标准差。

LOWER 赋值: MID-2* 收盘价的 N 日估算标准差。

多头买入: 收盘价上穿 LOWER。

多头卖出: 收盘价上穿 UPPER。

用法注释

(1)收盘价向上突破下限, 为买入信号。

(2)收盘价向上突破上限, 为卖出信号。

(3)参数 N 表示天数, 在计算布林带时使用, 一般为 26 天; P 一般为 20, 用于调整上限和下限的值。

解析和改进

这个公式的用法解释原文确实写错了, N 一般为 20 天, 而不是 26 天; 公式里没有 P, 显然借用了条件选股公式中的 PP, 那也是一般为 2, 而不是 20。软件自带的内容偶尔也会有写错的地方, 对股票公式越熟练, 就越容易识别出这些小错误。

仔细看一下, 这个公式的第 5 句 "EXITLONG:CROSS(CLOSE, UPPER);" 竟然是一个关键性的错误。这是公式编辑中大的疏忽, 与技术分析的基本原理是相违背的。技术分析的基本原理是顺应趋势, 当股价 C 向上突破某一界限时, 都是上涨趋势, 而不是趋势的转折。趋势转折的表现是趋势放缓、走平、下挫或下跌趋势形成, 股价表现为向下突破。所以, CROSS(C, X) 是上升趋势的信号，而 CROSS(X，C) 是下跌趋势的信号。这一句应该改成“EXITLONG:CROSS(UPPER，C);”，动态翻译相应改成“多头卖出：收盘价下穿 UPPER”。修正好的公式命名为“BOLL 专正”，并且后面都以此为准。

BOLL 专正

```
MID:=MA(C,N);
UPPER:=MID+2*STD(C,N);
LOWER:=MID-2*STD(C,N);
ENTERLONG:CROSS(C,LOWER);
EXITLONG:CROSS(UPPER,C);
```

为了更清晰地显示股价上穿、下穿上轨、下轨的状态，再写一个只显示三条线（上轨、下轨、股价）的公式“BOLL 上下 C”，注意选择【画线方法】为【副图】，去除美国线的干扰。

BOLL 上下 C

```
BOLLC:=MA(C,M);{中轨}
UBC:BOLLC+2*STD(C,M),COLORMAGENTA;{上轨}
LBC:BOLLC-2*STD(C,M),COLORGRAY;{下轨}
C0:C,COLORBLUE;{收盘价C}
```

把公式“BOLL 专正”引入主图区做系统指示，同时在副图区引入 BOLL、BOLL 改 K1、BOLL 上下 C，显示图形如图 4-6 所示。

图 4-6　BOLL 专家系统公式显示图形

可以看到，主图区叠加的 BOLL 专家系统公式标识出买卖点的位置，红色箭头对应于收盘价 C 上穿下轨的位置，绿色箭头对应于收盘价 C 下穿上轨的位置。

虽然公式 BOLL、“BOLL 改 K1”的对应位置也对应红绿箭头位置，但看起来很费力；而在“BOLL 上下 C”公式的显示图形中，看起来要容易许多。

把专家系统公式抄写到技术指标公式组中，再加以显示，是形象地分析、理解公式的好方法。为了加快编写速度，以原有的公式为基础，利用原来的参数。但如果以 BOLL 这类公式为基础，则一定要注意修改【画线方法】为【副图】，就没有叠加的内容了。如果忘了修改，保留了画线方法【副图（叠加美国线）】，就会叠加美国线，比如公式“BOLL 专技直接”，美国线依然在，直线和山峰线被压缩在底部，如图 4-7 所示，难以看清楚。

图 4-7　“BOLL 专技直接”和“BOLL 专正技”公式显示图形

我们把专家系统公式“BOLL 专正”抄写成技术指标公式“BOLL 专正技”。

BOLL 专正技

```
MID:=MA(C,N);
UPPER:=MID+2*STD(C,N);
LOWER:=MID-2*STD(C,N);
ENTERLONG:CROSS(C,LOWER),COLORRED;
EXITLONG:CROSS(UPPER,C),COLORGREEN;
```

后两句加上红色、绿色画线指令，是为了显示方便，用红色山峰线标识买入信号，用绿色山峰线标识卖出信号，简单明了。把公式“BOLL 专技直接”和“BOLL 专正技”引入副图区显示。专家系统公式“BOLL 专正”用作系统指示在主图区显示的买入、卖出信号，对应于“BOLL 专正技”的山峰线，对应于“BOLL 上下 C”的交叉点。

为了熟练掌握三组类别公式的相互转换关系，我们回想一下第三章中关于BOLL条件选股公式所做的修改，把其中的相关公式“BOLL买入技”“BOLL卖出技”“BOLL买卖技”全部引入副图区显示，如图4-8所示。

图4-8　BOLL多公式显示图形

图4–8中对信号的显示是BOLL买入技+BOLL卖出技=BOLL买卖技=BOLL专正技=BOLL专家系统（BOLL专正）。

我们注意到BOLL专家系统公式给出的信号很多，但有些是不合适的，过多的信号是一种严重的干扰，特别是当市场上股票数量很多时，要想办法对信号进行挑选、优化，避免浪费时间。回想一下，我们在第二章中对BOLL类公式进行过一系列的改写、优化，使用相对化%数值，设置股价偏离程度参考界限标准，可以统一衡量各只股票。

试着把公式“BOLL参考1”改写成专家系统公式“BOLL参考1专”和条件选股公式“BOLL参考1选”，再显示出来看看它们的效果。

BOLL参考1专

```
BOLLORG:=MA(C,M);{中轨原值，20日均线}
UBXD:=2*STD(C,M)/BOLLORG*100, COLORMAGENTA;{上轨变成相对值}
LBXD:=-UBXD,COLORBLUE;{下轨变成相对值}
CXIANGD:=(C-BOLLORG)/BOLLORG*100,COLORRED;{C变成相对值}
SELLAREA:=MAX(CXIANGD,REF(CXIANGD,1))>15;{上偏差>15%}
BUYAREA:=MIN(CXIANGD,REF(CXIANGD,1))<-15;{下偏差<-15%}
ENTERLONG:CROSS(CXIANGD,LBXD)AND BUYAREA;
EXITLONG:CROSS(UBXD,CXIANGD)AND SELLAREA;
```

不同的公式组之间允许有相同的公式名。为了相互参考、对照的方便，我们把这个公式在技术指标公式组和专家系统公式组中都命名为“BOLL 参考 1 专”。

BOLL 参考 1 选

```
BOLLORG:=MA(C,M);{中轨原值，20日均线}
UBXD:=2*STD(C, M) /BOLLORG *100,COLORMAGENTA; {上轨变成相对值}
LBXD:=-UBXD,COLORBLUE;{下轨变成相对值}
CXIANGD:=(C-BOLLORG)/BOLLORG*100,COLORRED; {C变成相对值}
SELLAREA:=MAX(CXIANGD,REF(CXIANGD, 1))>15;{上偏差>15%}
BUYAREA:=MIN(CXIANGD,REF(CXIANGD,1))<-15;{下偏差<-15%}
ENTERLONG:=CROSS(CXIANGD,LBXD)AND BUYAREA;
EXITLONG:=CROSS(UBXD,CXIANGD)AND SELLAREA;
XUANGU:ENTERLONG OR EXITLONG;
```

同样，为了相互参考、对照的方便，把这个公式在技术指标公式组和条件选股公式组中都命名为“BOLL 参考 1 选”。

把这些公式分别引入主图区做系统指示和副图区显示，如图 4-9 所示。

图 4-9　BOLL 相对值专家系统公式显示图形

可以看到，在这段时间区间内，新公式只注意两个信号。再来看图 4-8，原来的“BOLL 专正”专家系统公式和相对应的条件选股公式给出的信号就多得多。新公式采用相对值的数据处理方式，用股价偏离均价的程度 ±15% 作为门槛，过滤靠近中线的信号，因为它们的参考质量低，只保留远离中线的参考质量高的信号。

相对值的数据处理方式可以对各只股票进行统一标准的衡量，无论个股股价的高低差异，比如这个 ±15% 的标准，可以统一用于各只股票，无论是 5 元，还是 500 元。这个 ±15% 的标准也是一个参考值，如果为了更加广泛地应用，可以使用设置参数的方式，让这个标准可以适时调整。如果使用参数，公式如下：

BOLL 参考 1 专（使用两个参数）

```
BOLLORG:=MA(C,M);{中轨原值，20日均线}
UBXD:=2*STD(C,M)/BOLLORG*100,COLORMAGENTA;{上轨变成相对值}
LBXD:=-UBXD,COLORBLUE;{下轨变成相对值}
CXIANGD:=(C-BOLLORG)/BOLLORG*100,COLORRED;{C变成相对值}
SELLAREA:=MAX(CXIANGD,REF(CXIANGD,1))>JX;{上偏差>15%}
BUYAREA:=MIN(CXIANGD,REF(CXIANGD,1))<-JX;{下偏差<-15%}
ENTERLONG:CROSS(CXIANGD,LBXD)AND BUYAREA;
EXITLONG:CROSS(UBXD,CXIANGD)AND SELLAREA;
```

参数设置

M：最小为 50；最大为 100；默认为 20；步长为 2。

JX：最小为 0.5；最大为 100；默认为 15；步长为 3（注：JX 的含义是界限）。

BOLL 参考 1 选（使用两个参数）

```
BOLLORG:=MA(C,M);{中轨原值，20日均线}
UBXD:=2*STD(C,M)/BOLLORG*100,COLORMAGENTA;{上轨变成相对值}
LBXD:=-UBXD,COLORBLUE;{下轨变成相对值}
CXIANGD:=(C-BOLLORG)/BOLLORG*100,COLORRED;{C变成相对值}
SELLAREA:=MAX(CXIANGD,REF(CXIANGD,1))>JX;{上偏差>15%}
BUYAREA:=MIN(CXIANGD,REF(CXIANGD,1))<-JX;{下偏差<-15%}
ENTERLONG:=CROSS(CXIANGD,LBXD)AND BUYAREA;
EXITLONG:=CROSS(UBXD,CXIANGD)AND SELLAREA;
XUANGU:ENTERLONG OR EXITLONG;
```

参数设置

M：最小为 50；最大为 100；默认为 20。

JX：最小为 0.5；最大为 100；默认为 15（注：JX 的含义是界限）。

三、DMI　趋向专家系统

公式源码

```
MTR:=SUM(MAX(MAX(H-L,ABS(H-REF(C,1))),ABS(L-REF(C,1))),N);
```

```
HD:=H-REF(H,1);
LD:=REF(L,1)-L;
PDM:=SUM(IF(HD>0&&HD>LD,HD,0),N);
MDM:=SUM(IF(LD>0&&LD>HD,LD,0),N);
PDI:=PDM*100/MTR;
MDI:=MDM*100/MTR;
ENTERLONG:CROSS(PDI,MDI);
EXITLONG:CROSS(MDI,PDI);
```

参数设置

N: 最小为 2; 最大为 800; 默认为 14; 步长为 15。

动态翻译

MTR 赋值: 最高价 − 最低价和最高价 −1 日前的收盘价的绝对值的较大值和最低价 −1 日前的收盘价的绝对值的较大值的 N 日累和。

HD 赋值: 最高价 −1 日前的最高价。

LD 赋值: 1 日前的最低价 − 最低价。

PDM 赋值: 如果 HD>0 并且 HD>LD, 则返回 HD; 否则返回 0 的 N 日累和。

MDM 赋值: 如果 LD>0 并且 LD>HD, 则返回 LD; 否则返回 0 的 N 日累和。

PDI 赋值: PDM*100/MTR。

MDI 赋值: MDM*100/MTR。

多头买入: PDI 上穿 MDI。

多头卖出: MDI 上穿 PDI。

用法注释

（1）当市场行情趋向明显时, 效果理想。

（2）PDI 表示上升方向线, MDI 表示下降方向线。

① PDI 线从下向上突破 MDI 线, 显示有新多头进场, 为买入信号。

② MDI 线从下向上突破 PDI 线, 显示有新空头进场, 为卖出信号。

（3）参数 N 表示天数, 计算趋向值用。

解析和改进

对公式的理解程度需要不断加深, 例如, 它采用了哪些基本数据, 数据之间的计算关系代表什么, 采用的数学计算方法的目的是什么, 这些都是理解公式的必要因素。下面以 DMI 公式为例来分析一下这些因素。

DMI 讲的是多方、空方的力量对比，以总力量为分母，把多、空力量变成相对值来进行比较，当多方力量超过空方力量时，为买入点；反之，为卖出点。

DMI 确定多空力量的方法是看今天和昨天的价格变化，如图 4-10 所示。

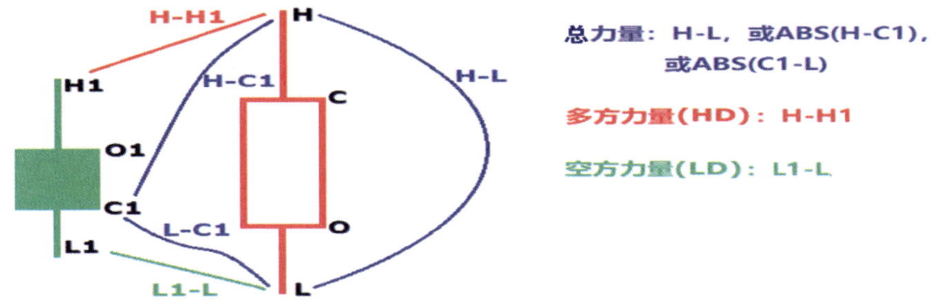

图 4-10　DMI 的多空力量分析

DMI 认为：

（1）多方力量（HD）=H−H1，就是多方能把今天的最高价拉得比昨天的最高价高多少，就说明多方的力量有多强；如果比昨天的最高价低，就说明多方的力量弱。

（2）空方力量（LD）=L1−L，就是空方能把今天的最低价打压得比昨天的最低价低多少，就说明空方的力量有多强；如果比昨天的最低价高，就说明空方无力。

（3）总力量的代表有三个，即今天的振幅（H−L）、从昨天的收盘价 C1 拉升到今天的最高价 H 的幅度（绝对值）、从昨天收盘价 C1 打压到今天的最低价 L 的幅度（绝对值），取这三者中的最大值。如果今天是一根大跌的小 K 线，L−C1 就可能大于 H−L，当然更能代表总力量；如果今天是一根大涨的小 K 线，H−H1 就可能大于 H−L，当然也更能代表总力量。DMI 就这样确定这三种力量及它们的数值的。

当然不能以单单一天的力量为准，因为偶然因素的影响会很大。DMI 选择以 14 日（默认）的累计和为准，在公式的第 1 句中解决了总力量的确认和计算问题；第 2 句是多方力量的确认；第 4 句是多方力量的累计计算。

多方力量的累计计算是有条件的。首先，HD>0，也就是确实拉高了 H，证明有多方力量；其次，HD>LD，也就是多方力量要大于空方力量。只有全部符合这两个条件，才能记录多方力量，否则多方力量就是 0；14 日累计和就是多方力量合计 PDM。

第 3 句和第 5 句是关于空方力量的，方法相同，14 日空方力量累计和 MDM。

第 6 句，先用多方力量除以总力量，变成相对值，再乘以 100，变成 % 相对值 PDI。

第 7 句，把空方力量变成 % 相对值 MDI。

第 8 句，多方 % 力量 PDI 上穿空方 % 力量 MDI，多方力量开始占优势，为买入点。

第 9 句，空方 % 力量 MDI 上穿多方 % 力量 PDI，空方力量开始占优势，为卖出点。

按照这样的分解、识别，DMI 公式的意义也就明了了。如果你自己有什么新的思路、想法，也就知道加在哪里了。

遇到一个新公式，要想办法看懂它。如果看不懂，有两种选择：一种是盲从，很危险；另一种是暂时不用，等看懂了再说。通过不断地学习，总有一天能看懂。

有一类公式基本上是很值得怀疑的，即不断地套叠使用数学函数，对这类公式要十分警惕，或者干脆不予理睬。

四、KD　KD 指标专家系统

公式源码

```
WRSV:=(CLOSE-LLV(LOW,N))/(HHV(HIGH,N)-LLV(LOW,N))*100;
WK:=SMA(WRSV,M1,1);
D:=SMA(WK,M2,1);
ENTERLONG:CROSS(WK,D)&&WK<20;
EXITLONG:CROSS(D,WK)&&WK>80;
```

参数设置

N：最小为 1；最大为 40；默认为 9；步长为 1。

M1：最小为 2；最大为 10；默认为 3；步长为 1。

M2：最小为 2；最大为 10；默认为 3；步长为 1。

动态翻译

WRSV 赋值：(收盘价 −N 日内最低价的最低值)/(N 日内最高价的最高值 −N

日内最低价的最低值)*100。

WK 赋值：WRSV 的 M1 日 [1 日权重] 移动平均。

D 赋值：WK 的 M2 日 [1 日权重] 移动平均。

多头买入：WK 上穿 D 并且 WK<20。

多头卖出：D 上穿 WK 并且 WK>80。

用法注释

（1）K 线向上突破 D 线，且 K 值在 20 以下，为买入信号。

（2）K 线向下跌破 D 线，且 K 值在 80 以上，为卖出信号。

解析和改进

一看就知道了，这是 KD 技术指标公式 +ENTERLONG、EXITLONG，再放入专家系统公式组中，只不过把 RSV 改成了 WRSV、把 K 改成了 WK。它的显示图形如图 4-11 所示。

图 4-11　KD 专家系统公式显示图形

可以看到，KD 专家系统公式仅仅标识了 2022 年 8 月、9 月、10 月的三个信号，预期的 12 月信号并没有被标识出来。这让我们很不安，虽然写公式的目的主要在于自动、快速地挑选信号，但也要尽量把参考质量高的信号全部挑出来，同时不挑或尽量不挑参考质量低的信号。

为了解释上的统一、方便，直接把这个公式的句子名称说成 RSV、K、D，与 KD 类公式一致。

公式最后一句的含义是“K 线向下跌破 D 线并且 K>80”，说的就是要从超买区下来。设想一下，K 线到了超买区（K>80），如果要下穿 D 线，那么数值当然要下降，一下降就可能刚好小于 80；也就是 K 线从超买区拐头向下，下穿了 D 线，应该形成一个卖出信号，却发现自己已经小于 80，不在超买区了，尽管昨天还在那里，也确实是从超买区出来的。

比如万达 A，2022 年 12 月 6 日，K=82，D=79，在超买区；2022 年 12 月 7 日，K=77，D=78，稳稳地下穿了，却出了超买区，信号被无视。

找到了原因，也就找到了解决方案。依照 KD 指标的原理，K 线刚刚从超买区出来就下穿 D 线应该是有效的信号，也就是昨天 K>80 也算，写成句子就由“K>80”变成“K>80 OR REF(K, 1)>80”。

我们还注意到，条件选股公式“KD 卖出”的最后一句使用的是“D>N3（默认为 80）”，而不是“K>N3（默认为 80）”。就是考虑到 K 线下穿 D 线时可能会出现 K<D 而不在超买区的情况，D 比 K 大一点儿，可能还留在超买区，信号还可能成立；但如果它们正好都出了超买区呢？比如万科 A 在 2022 年 12 月 7 日的 K=77，D=78，K、D 都出了超买区。看来问题只解决了一半，要全解决就得用“K>80 OR REF(K, 1)>80”，当然写成“MAX(K, REF(K, 1)) >80”也一样。

先把 KD 专家系统公式改写一下，合理加入上面的内容，写成“KD 专改 1”，再把我们在第三章中提到的“KD 原式注释”写出来，然后都显示出来。

KD 专改 1

```
RSV:=(C-LLV(L,N))/(HHV(H,N)-LLV(L,N))*100;
K:=SMA(RSV,M1,1);
D:=SMA(K,M2,1);
ENTERLONG:CROSS(K,D)AND MIN(K,REF(K,1))<20,COLORRED;
EXITLONG:CROSS(D,K)AND MAX(K,REF(K,1))>80,COLORGREEN;
```

去掉了原公式中既不花哨也没用的 W，直接使用 RSV、K，同时抄写一个到技术指标公式组中。

KD 原式注释

```
RSV:=(CLOSE-LLV(LOW,N))/(HHV(HIGH,N)-LLV(LOW,N))*100;
K:SMA(RSV,M1,1);
D:SMA(K,M2,1);
```

```
    CHAOBUYLINE:80,DOTLINE,COLORGREEN;{超买线}
    CHAOSELLLINE:20,DOTLINE,COLORRED;{超卖线}
    CHAOBUYAREA:=K>80;{超买区域}
    CHAOSELLAREA:=K<20;{超卖区域}
    CHAOBUYZHU:STICKLINE(CHAOBUYAREA,80,K,1,0),COLORGREEN;
{超买柱}
    CHAOSELLZHU:STICKLINE(CHAOSELLAREA,20,K,1,0),COLORRED;
{超卖柱}
    BUYXINHAO:=CROSS(K,D)AND(REF(K,1)<20 OR K<20);{买信号}
    SELLXINHAO:=CROSS(D,K)AND(REF(K,1)>80 OR K>80);{卖信号}
    BUYIC:DRAWICON(BUYXINHAO,30,1);{买图标}
    SELLIC:DRAWICON(SELLXINHAO,80,2);{卖图标}
    BUYSM:DRAWTEXT(FILTER(BUYXINHAO,6),35,'买入'),COLORRED;
{买说明}
    SELLSM:DRAWTEXT(FILTER(SELLXINHAO,6),65,'卖出' ),COLORGREEN;
{卖说明}
    BUYKSZ:DRAWNUMBER(FILTER(BUYXINHAO,6),50,ROUND(K)),
COLORRED;{买数值}
    SELLKSZ:DRAWNUMBER(FILTER(SELLXINHAO,6),60,ROUND(K)),
COLORGREEN;{卖数值}
```

把公式“KD 专改 1”引入主图区做系统指示，同时把相应的公式引入副图区显示，如图 4-12 所示。可以看到，新公式“KD 专改 1”虽选出和标识了 2022 年 12 月的卖出信号，但也在 2022 年 9 月底增加了一个买入信号，而且是一个参考质量差的信号。公式方法难免有些遗憾，并不尽如人意。投资者需要的是公式方

图 4-12 “KD 专改 1”公式显示图形

法的优点——自动、快速、超级效率，在它进行初选后，再细选确定，决定权在投资者手上。

图 4-12 中主图和副图之间的信号点的相互认证一致，说明改写、编写的公式相互符合，没有矛盾类型的错误。

第五章

五彩 K 线公式

五彩 K 线公式可以通过系统指示加载到主图区，将主图 K 线全部变成淡的单色，只把它选出的 K 线用重点颜色突出显示。在形式上，五彩 K 线公式就是放入五彩 K 线公式组中的公式，没有什么特殊要求。

一、KSTAR2　早晨之星

公式源码

```
KSTAR:(REF(CLOSE,2)/REF(OPEN,2)<0.95)&&
(REF(OPEN,1)<REF(CLOSE,2))&&
(ABS(REF(OPEN,1)-REF(CLOSE,1))/REF(CLOSE,1)<0.03) &&
CLOSE/OPEN>1.05 && CLOSE>REF(CLOSE,2);
```

动态翻译

输出 KSTAR：(2 日前的收盘价 /2 日前的开盘价 <0.95) 并且 (1 日前的开盘价 < 2 日前的收盘价) 并且 (1 日前的开盘价 −1 日前的收盘价的绝对值 /1 日前的收盘价 <0.03) 并且收盘价 / 开盘价 >1.05 并且收盘价 >2 日前的收盘价。

用法注释

早晨之星由三条 K 线组成，代表可能见底回升。

第一日：在跌势中出现一支长阴烛。

第二日：裂口下跌，烛身短，可以是阴烛或阳烛。

第三日：阳烛，回升到第一支蜡烛上。

解析和改进

把公式“早晨之星”引入主图区做系统指示，方法为右击主图区空白处，在弹出的快捷菜单中的选择【系统指示】→【五彩 K 线指示】命令,在弹出的对话框中选择【早晨之星】,单击【确定】按钮;也可以按【Ctrl+K】组合键,在弹出的对话框中选择【早晨之星】,单击【确定】按钮,显示图形如图 5-1 所示。

图 5-1　早晨之星显示图形

在加载了五彩 K 线公式后,图中第一行有一个红灯笼标记,标识已经加载了五彩 K 线公式,右击红灯笼标记会出现快捷菜单;原 K 线都变成淡的单色 K 线,只有早晨之星的 K 线用彩色显示,右击早晨之星的 K 线同样会出现快捷菜单。

用法注释中说早晨之星有三条 K 线,但图中仅仅显示出一条 K 线。如果能完整显示出早晨之星的三条 K 线,则会更加明显,那就需要修改公式。在第四章中改写过早晨之星公式,把它拆分成容易阅读和理解的几个句子。现在,按照同样的方式改写一下这个五彩 K 线公式,命名为“KSTAR2 改 3 线”。

KSTAR2 改 3 线

```
DAYINXIAN:=C/O<0.95;{大阴线}
DIKAI:=O<REF(C,1);{低开}
SHITIXIAO:=ABS(C-O)/C<0.03;{实体小}
DAYANGXIAN:=C/O>1.05;{大阳线}
DIWEI:=C<MA(C,20)AND C<MA(C,60);{低位}
MSTARXG:=REF(DAYINXIAN,2)AND REF(DIKAI,1)AND REF(SHITIXIAO, 1)
```

```
AND DAYANGXIAN AND C>REF(C,2)AND REF(DIWEI,1);{MSTAR选股}
    KSTAR3K:BACKSET(MSTARXG,3);
```

按【Alt+S】组合键打开五彩 K 线公式编辑器，修改好公式，单击【另存为】按钮，如图 5-2 所示。

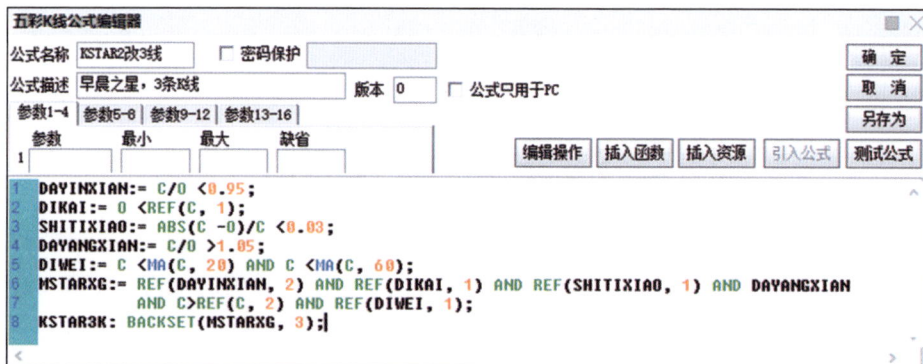

五彩K线公式编辑器
公式名称 KSTAR2改3线　密码保护　确定
公式描述 早晨之星，3条K线　版本 0　公式只用于PC　取消
参数1-4 | 参数5-8 | 参数9-12 | 参数13-16　另存为
参数 最小 最大 缺省
编辑操作 插入函数 插入资源 引入公式 测试公式

```
DAYINXIAN:= C/O <0.95;
DIKAI:= O <REF(C, 1);
SHITIXIAO:= ABS(C -O)/C <0.03;
DAYANGXIAN:= C/O >1.05;
DIWEI:= C <MA(C, 20) AND C <MA(C, 60);
MSTARXG:= REF(DAYINXIAN, 2) AND REF(DIKAI, 1) AND REF(SHITIXIAO, 1) AND DAYANGXIAN
          AND C>REF(C, 2) AND REF(DIWEI, 1);
KSTAR3K: BACKSET(MSTARXG, 3);
```

图 5-2　早晨之星三条 K 线公式内容

把新公式引入主图区做系统指示，如图 5-3 所示。可以看到，早晨之星完整结构的三条 K 线显示出来了。

图 5-3　早晨之星三条 K 线显示图形

各位读者可能已经注意到了，在主图区左下方多出一行文字“指示用到未来

数据”。这是因为在新公式中使用了函数 BACKSET，它是一个未来函数。未来函数是一个问题，但也不是问题，关键看怎么用、用的目的是什么。我们在这里用它来显示早晨之星的三条 K 线，是直到第三条 K 线走完才确认的，并没有倒过来看到第一条 K 线就预测会出现早晨之星的意思，所以，这样的应用就没有问题。

二、SSSBQ　上升三部曲

公式源码

```
BACKSET(
REF(CLOSE,4)/REF(OPEN,4)>1.03AND
REF(CLOSE,3)<REF(OPEN,3)AND
REF(CLOSE,2)<REF(OPEN,2)AND
REF(CLOSE,1)<REF(OPEN,1)AND
REF(LOW,4)<REF(LOW,3)AND
REF(LOW,4)<REF(LOW,2)AND
REF(LOW,4)<REF(LOW,1)AND
REF(HIGH,4)>REF(HIGH,3)AND
REF(HIGH,4)>REF(HIGH,2)AND
REF(HIGH,4)>REF(HIGH,1)AND
CLOSE/OPEN>1.03 AND
CLOSE>REF(CLOSE,4),5);
```

动态翻译

如果 4 日前的收盘价 /4 日前的开盘价 >1.03 AND REF（收盘价，3）<3 日前的开盘价 AND REF（收盘价，2）<2 日前的开盘价 AND REF（收盘价，1）<1 日前的开盘价 AND REF（最低价，4）<3 日前的最低价 AND REF（最低价，4）<2 日前的最低价 AND REF（最低价，4）<1 日前的最低价 AND REF（最高价，4）>3 日前的最高价 AND REF（最高价，4）>2 日前的最高价 AND REF（最高价，4）>1 日前的最高价 AND CLOSE/ 开盘价 >1.03 AND CLOSE>4 日前的收盘价，则将最近 5 个周期设置为 1。

解析和改进

这个公式是平铺直叙的，碰到这样的公式也简单，一直读下去即可，但也实在太长了，读了后面忘了前面。先分析一下，这个公式讲的是 5 条 K 线（最早的是 REF(X,4)，表示的是前面的 4 条，加上现在的 1 条，共 5 条 K 线）；最早

1 条（前 4）是中阳线以上；当中 3 条是阴线；当中 3 条的高、低值全部在前 4 的高、低之间；现在是中阳线以上，收盘价高于前 4 的收盘价；全部满足条件时，倒推 5 日。既然明白了，就把它改写一下，目的是更清楚一些，命名为“SSSBQ 改写 1”。

SSSBQ 改写 1

```
    K4YANGZHONG:=REF(CLOSE,4)/REF(OPEN,4)>1.03;{K4阳中}
    ZHONGJIAN3YIN:=REF(CLOSE,3)<REF(OPEN,3)AND REF(CLOSE,2)<
REF(OPEN,2)AND REF(CLOSE,1)<REF(OPEN,1);{中间3阴线}
    K4BAOHAN3K:=REF(LOW,4)<REF(LOW,3)AND REF(LOW,4)<REF(LOW,2)
AND REF(LOW,4)<REF(LOW,1)AND REF(HIGH,4)>REF(HIGH,3)AND REF
(HIGH,4)>REF(HIGH,2)AND REF(HIGH,4)>REF(HIGH,1);{K4包含3条阴线}
    YANGZHONGGAO:=CLOSE/OPEN>1.03 AND CLOSE>REF(CLOSE,4);{阳、中、
高}
    WANT:=K4YANGZHONG AND ZHONGJIAN3YIN AND K4BAOHAN3K AND
YANGZHONGGAO;{要求=上面全部}
    SSSBQ:BACKSET(WANT,5);
```

当然，为了学习、练习，还得先把公式 SSSBQ 和“SSSBQ 改写 1”分别抄写成相对应的技术指标公式和条件选股公式，分别放入相对应的组别中，再把它们相应地引入主图区和副图区显示，如图 5-4 和图 5-5 所示。

图 5-4　SSSBQ 公式显示图形

图 5-5 “SSSBQ 改写 1”公式显示图形

“SSSBQ 改写 1”的显示与 SSSBQ 的显示一致，都清楚地显示了上升三部曲的 5 条 K 线。但“SSSBQ 改写 1”被提示“指示用到未来数据”，而原公式没有被提示，尽管都使用了未来函数 BACKSET。这并不是对用户公式的歧视或软件自带公式的特权，而是在前面提到的未来函数未必就一定有问题。因为软件的编写者知道在 SSSBQ 中使用未来函数的方式没有未来的含义，也就没有问题，但软件并不能判断用户的使用方式是否会有问题，所以，只要使用了未来函数，系统就会加以提醒。

也可以把 SSSBQ 抄写成专家系统公式。如果直接全抄，就会在 5 条 K 线下标 5 个箭头。把它稍微改一下，去掉 BACKSET，就可以只标一个箭头了。

SSSBQ（专家系统公式）

```
SSSBQ:=REF(CLOSE,4)/REF(OPEN,4)>1.03 AND REF(CLOSE,3)<REF(OPEN,3) AND REF(CLOSE,2)<REF(OPEN,2)AND REF(CLOSE,1)<REF(OPEN,1) AND REF(LOW,4)<REF(LOW,3) AND REF(LOW,4)<REF(LOW,2) AND REF(LOW,4)<REF(LOW,1) AND REF(HIGH,4)>REF(HIGH,3) AND REF(HIGH,4)>REF(HIGH,2) AND REF(HIGH,4)>REF(HIGH,1) AND CLOSE/OPEN>1.03 AND CLOSE>REF(CLOSE,4);
ENTERLONG:SSSBQ;
```

把它引入主图区做系统指示，如图 5-6 所示。

图 5-6　SSSBQ 五彩、专家显示图形

在这里，用 SSSBQ 做例子，再演示一次，只要合理，一个公式就可以写成技术指标公式、条件选股公式、专家系统公式和五彩 K 线公式，并且名字可以一样，因为软件允许不同组、型的公式使用相同的名字，也是为了系列化公式的方便。

三、CSFR　出水芙蓉

公式源码

```
A:=CLOSE>OPEN;
B:=A&&CLOSE>MA(CLOSE,S)&&CLOSE>MA(CLOSE,M)&&CLOSE>MA(CLOSE,LL);
CC:=B&&OPEN<MA(CLOSE,M)&&OPEN<MA(CLOSE,LL);
CSFRO:CC&&(CLOSE-OPEN)>0.0618*CLOSE;
```

参数设置

S：最小为 2；最大为 60；默认为 20。

M：最小为 2；最大为 60；默认为 40。

LL：最小为 2；最大为 60；默认为 60。

动态翻译

A 赋值：收阳线。

B 赋值：A 并且收盘价 > 收盘价的 S 日简单移动平均并且收盘价 > 收盘价的 M 日简单移动平均并且收盘价 > 收盘价的 LL 日简单移动平均。

CC 赋值：B 并且开盘价 < 收盘价的 M 日简单移动平均并且开盘价 < 收盘价的 LL 日简单移动平均。

输出 CSFRO：CC 并且（收盘价 − 开盘价）>0.0618* 收盘价。

用法注释

阳线穿过 20、40、60 日均线，展示了多方上攻的实力和决心。

解析和改进

在第三章中我们讨论过这个公式，当时它是一个条件选股公式，现在它是一个五彩 K 线公式。当时分析它的含义是一条大实体阳线从 20、40、60 日均线的下方上穿到 20、40、60 日均线的上方。现在，可以细致地用技术指标公式的方式来分析一下这个公式，看看那条符合标准的 K 线是怎样被挑选出来的。

看公式的 4 个句子，第 1 句的要求很简单：阳线；第 2 句的要求长一些：要求 A（第 1 句的要求）+ 收盘价 C 高于三条均线；第 3 句的要求：要求 B（第 2 句的要求）+ 开盘价 O 低于中期、长期均线；第 4 句的要求：要求 CC（第 3 句的要求）+6.18% 以上的大阳线。公式采用层层叠加的方法，较为烦琐，比如把要求 A 叠加了三次。

沿用之前的方法，先分列各个要求，再加在一起。当然，如果遇到过于复杂的要求，可以先分列各个小要求，再将多个小要求合加成一个中等要求，最后将全部中等要求合加成总要求。另外，句子名仅用一个字母不合适，容易引起混乱，最好用三个字母以上。

在指标公式编辑器中抄写（当然要适当改一点）CSFR 成“CSFR 编辑”。

CSFR 编辑（暂时选择在“能量型”中新建）

```
3.5,DOTLINE,COLORGRAY;
AAA:=C>O;
AAAXS:AAA+0.2,COLORRED;{AAA显示}
BBB:=C>MA(C,S)AND C>MA(C,M)AND C>MA(C,LL);
BBBXS:BBB+0.3,COLORLIRED;{BBB显示}
CCC:=O<MA(C,M)AND O<MA(C,LL);
CCCXS:CCC+0.4,COLORGREEN;{CCC显示}
DDD:=(C-O)>0.0618*C;
DDDXS:DDD+0.5,COLORBLUE;{DDD显示}
CSFR:=AAA AND BBB AND CCC AND DDD;
CSFRXS:CSFR+2.2,COLORRED;{CSFR显示}
```

参数设置

S：最小为 2；最大为 60；默认为 20。

M：最小为 2；最大为 120；默认为 40。

LL：最小为 2；最大为 500；默认为 60。

第 1 句是为了保持显示坐标的稳定性，能保持在 3.5，不会因为有没有山峰形显示而上下跳。各个单项要求本身不显示，用它们各自的显示语句从下往上排列显示，如 BBBXS 比 AAAXS 高 0.1，可以分开显示，能够分辨。

为了对照方便，把 CSFR 五彩 K 线公式直接抄写到技术指标公式组中，变成公式“CSFR”。

把 CSFR 五彩 K 线公式、CSFR 编辑、CSFR 分别引入主图区和副图区显示，如图 5-7 所示。主图区标出了出水芙蓉的那条 K 线；副图区 CSFR 也标出了那条出水芙蓉 K 线的位置；“CSFR 编辑”也标出了那条 K 线，同时还有很多杂线。

图 5-7　CSFR 五彩 K 线公式、CSFR 编辑、CSFR 显示图形

问个问题：这条 K 线是怎么被挑选出来的？是由 CSFR 公式挑选出来的。但继续问是怎么由 CSFR 公式挑选的？这就要靠“CSFR 编辑”公式的显示来解答了。

“CSFR 编辑”公式显示了 5 条线，分别对应于公式中的 5 条显示语句，也就是对应于公式中的 4 个分要求（小要求）和 1 个总要求（大要求）。最上面的那条红线就是总要求，在符合总要求的 K 线位置有一个峰（处于高位，或“真”），其余的处于低位（或“假”）。看这个 K 线位置下面的 4 条线，全部处于高位（真），而在其余的位置上总是至少有 1 条线处于低位（假）。这就是 4 个小真合成 1 个总真；4 个中若有假，则合成 1 个总假。

在 4 条线中，红色线（范围为 0.2~1.2）显示是否为阳线，若为真，才有可能成为出水芙蓉 K 线；若为假，就一“线”否决了。淡红线（范围为 0.3~1.3）显示收盘价是否站上 3 条均线。绿色线显示开盘价是否低于 2 条均线。蓝色线显示是否是大阳线。这 4 条线都有一票否决权。

例如，2022 年 11 月 15 日的那条 K 线为什么不是出水芙蓉 K 线？因为绿色线在低位（为假），它的开盘价没有低于中期、长期均线，尽管另外 3 条线都符合要求。这个编辑公式的作用在于帮助我们直观地看到究竟哪里有问题、哪里没过关。

五彩 K 线公式有缺点吗？可以来挑一挑。把 K 线图都变成淡单色的，应该算是一个缺点。因为 K 线图是最重要的分析工具，如果把它变成不熟悉的样子，就不便于识别。最好在挑选出来的位置上做一个标记，告诉位置就行了，保留正常的 K 线图。这虽然有点儿像专家系统公式，但也可以用技术指标公式实现。思路是写一个用图标做标记的主图叠加公式“CSFR 主图”，如图 5-8 所示。

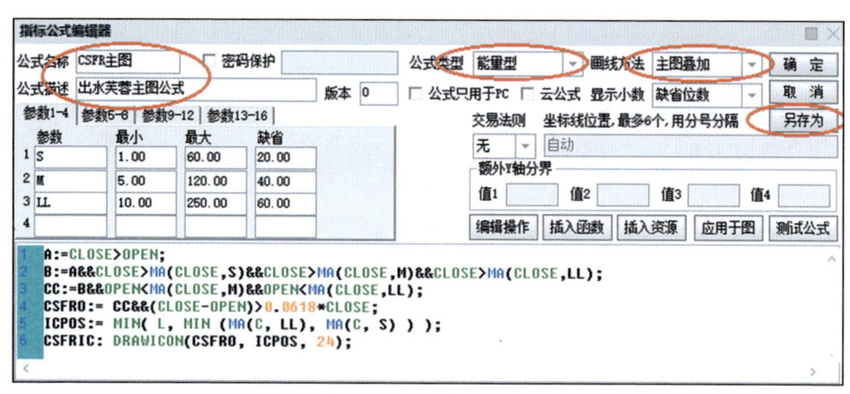

图 5-8 CSFR 主图叠加公式内容

CSFR 主图（以技术指标能量型中的 CSFR 公式为基础进行编写）：

```
    A:=CLOSE>OPEN;
    B:=A&&CLOSE>MA(CLOSE,S)&&CLOSE>MA(CLOSE,M)&&CLOSE>MA(CLOSE,
LL);
    CC:=B&&OPEN<MA(CLOSE,M)&&OPEN<MA(CLOSE,LL);
```

```
CSFRO:=CC&&(CLOSE-OPEN)>0.0618*CLOSE;
ICPOS:=MIN(L,MIN(MA(C,LL),MA(C,S)));{图标位置ICON POSITION}
CSFRIC:DRAWICON(CSFRO,ICPOS,24);{CSFR图标}
```

把“CSFR 主图”公式引入主图区，方法为右击主图区空白处，在弹出的快捷键菜单中选择【主图指标】→【叠加其他指标】命令，在弹出的【请选择指标】对话框中选择【能量型】类别中的【CSFR 主图 出水芙蓉主图公式】，单击【确定】按钮，如图 5-9 和图 5-10 所示。

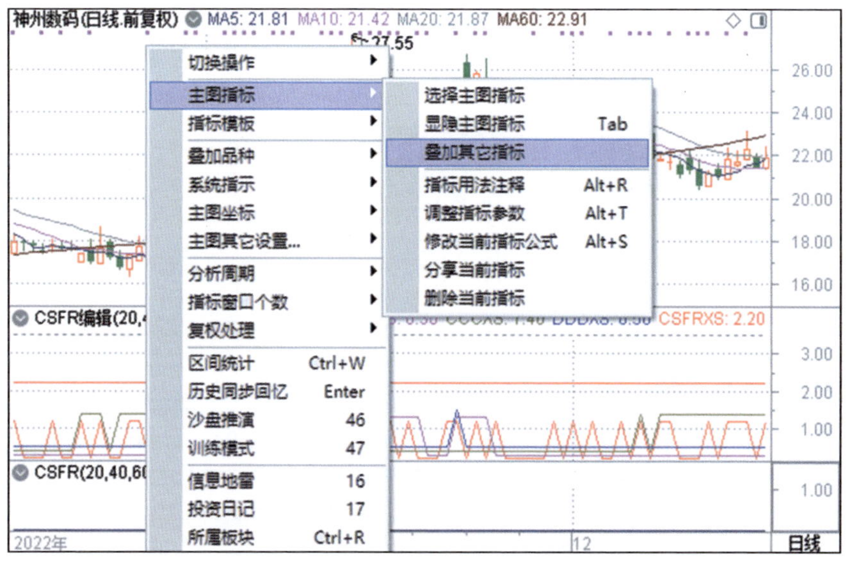

图 5-9　CSFR 主图叠加公式叠加操作 1

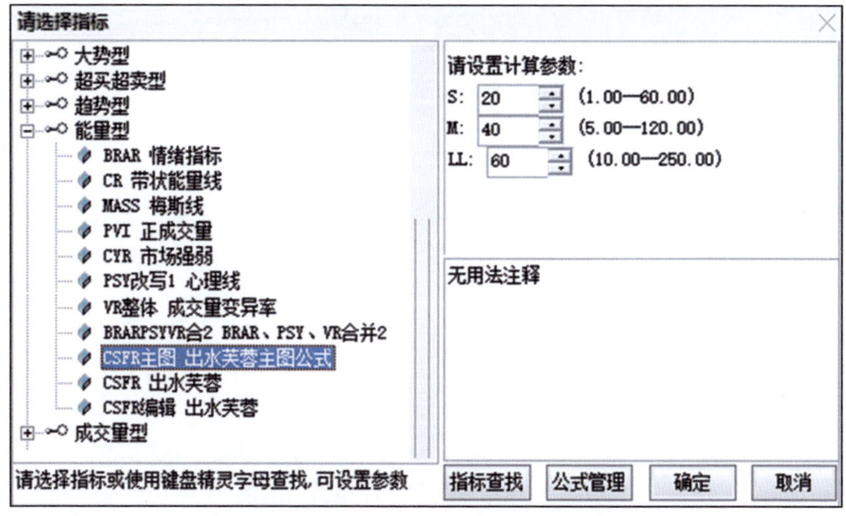

图 5-10　CSFR 主图叠加公式叠加操作 2

把“CSFR 主图”公式引入主图区显示，如图 5-11 所示。可以看到，蓝色钻石标出了出水芙蓉的那条 K 线；第一行的均线指标说明后面有“CSFR 主图(20,40,60)”，说明已经叠加了公式名称“CSFR 主图”及其使用的参数 20、40、60。“CSFR 主图”公式既标出了符合要求的 K 线，又不影响 K 线图。

图 5-11　CSFR 主图叠加公式显示图形

第六章

公式统一系统

股票公式被分成 4 组，即技术指标公式组、条件选股公式组、专家系统公式组和五彩 K 线公式组。它们的用法和功能虽然有相同的部分，但更多的是不同的部分。当一个思路、一个想法发展成方案、公式时，为了实现不同的功能，就得给 4 组各编写一个公式，或因为细节试验因素，还要写更多个公式。通常在对公式进行修改、优化时，也要写 4 组的公式，工作量很大。

如果有方法能扩大它们功能相同的地方，用 1 组公式就能完成 4 组公式的功能，则会带来很大进步。特别是同组公式可以"另存为"，就可以以现有的公式为基础，进行修改后，另存为新公式即可，从而提高工作效率。

在前面的章节中，我们已经开始了这种尝试，用画线方法为主图叠加的技术指标公式替代完成专家系统公式、五彩 K 线公式的主图指示功能，如 CSFR 主图叠加公式。并且还增加了公式编辑步骤的显示公式，如 CSFR 编辑公式。至于之前的技术指标公式、条件选股公式、专家系统公式和五彩 K 线公式这 4 组公式之间的相互抄写转换，我们就尝试过更多了。可以说，已经熟悉了这 4 组公式之间的关系。

有了前面的知识，可以建立起一个统一的公式系统，把实现各个功能的公式都在指标公式编辑器中进行编辑，也都放在技术指标公式组之中，既可以直接显示对照找出问题、错误，又可以减少编辑工作量。称为"公式统一系统"，具体内容见表 6-1。

表 6-1　公式统一系统的 6 种公式

序　号	种　类	功　能
1	编辑公式	用于层次显示各个要求的图线，帮助核对编写情况或找出问题
2	显示公式	用于副图显示
3	排序公式	用于指标排序选股，替代条件选股公式的功能

续上表

序　　号	种　　类	功　　能
4	主图标记公式	用于在主图区显示标识，替代专家系统公式和五彩 K 线公式的功能
5	交易公式	用于程序交易评测系统，替代专家系统公式的功能
6	输出公式	输出指标，用于其他公式引用

这 6 种公式都在指标公式编辑器中进行编辑，先编写出其中的一种，再以它为基础修改成其他 5 种公式，“另存为”即可。例如，可以先编写编辑公式，完成核对后，再修改成其他 5 种公式。熟练后，从任何一种公式开始都没有问题。一般来说，只要有显示公式、排序公式这两种公式基本就够用了，其他的根据需要再写。

一、SWORD　剑

SWORD 公式是条件选股公式组和五彩 K 线公式组中的一个公式。

公式源码

```
AA:=VOL>REF(VOL,1)||VOL>(CAPITAL*0.1);
BB:=OPEN>=(REF(HIGH,1))&&REF(HIGH,1)>(REF(HIGH,2)*1.06);
CC:=CLOSE>(REF(CLOSE,1))-(REF(CLOSE,1)*0.01);
DD:=CLOSE<(HIGH*0.965) && HIGH>(OPEN*1.05);
EE:=LOW<OPEN && LOW<CLOSE&&HIGH>(REF(CLOSE,1)*1.06);
FF:=(HIGH-(MAX(OPEN,CLOSE)))/2>(MIN(OPEN,CLOSE))-LOW;
GG:=(ABS(OPEN-CLOSE))/2<(MIN(OPEN,CLOSE)-LOW);
SWORDO:AA&&BB&&CC&&DD&&EE&&FF&&GG;
```

动态翻译

AA 赋值：成交量（手）>1 日前的成交量（手）或者成交量（手）>（当前流通股本（手）*0.1）。

BB 赋值：开盘价 >=（1 日前的最高价）并且 1 日前的最高价 >（2 日前的最高价 *1.06）。

CC 赋值：收盘价 >（1 日前的收盘价）-（1 日前的收盘价 *0.01）。

DD 赋值：收盘价 <（最高价 *0.965） 并且 最高价 >（开盘价 *1.05）。

EE 赋值：最低价 < 开盘价 并且 最低价 < 收盘价并且最高价 >（1 日前的收盘价 *1.06）。

FF 赋值:(最高价 -(开盘价和收盘价取大值))/2>(开盘价和收盘价取小值)-最低价。

GG 赋值:(开盘价 - 收盘价的绝对值)/2<(开盘价和收盘价的较小值 - 最低价)。

输出 SWORDO: AA 并且 BB 并且 CC 并且 DD 并且 EE 并且 FF 并且 GG。

用法注释

出鞘利剑,冲破了空头束缚的阴影。

解析和公式统一系统

这个公式涉及三条 K 线,因为它提到最早的 K 线是第 2 句 BB 中的 REF(H, 2),所以它涉及前 2 K 线、前 1 K 线、今日 K 线,共三条 K 线。这个公式在形式上写得很规矩、整齐,先从 AA 到 GG 写出 7 个小要求,再在最后一句中合成为总条件。但在含义上,也就是对 K 线的描写上,这个公式却显得有些杂乱,没有按顺序描写三条 K 线:第 1、4、6、7 句是描写今日 K 线的;第 2 句是描写今日 K 线、前 1 K 线、前 2 K 线之间关系的;第 3、5 句是描写今日 K 线、前 1 K 线之间关系的。

规整的描写方式应该是按顺序进行的,一描写今日 K 线,二描写前 1 K 线,三描写前 2 K 线等,或者反过来。

之所以选 SWORD 公式为例,一是因为虽然软件中有这个公式,但不是 4 个组中都有;二是因为它虽然在形式上很规整,但在含义上需要改进。这正是学习和练习的好例子。

好的公式要让人看了容易理解,并且感觉顺畅。如果一公式写得乱,或者写得复杂,那就说明写得差,或者另有目的。如果前面使用“>”,那么后面尽量都使用“>”,除非使用“<”更适当。公式中的“DD:=C <(H *0.965) && H >(O *1.05);”是比较难看的句子,完全可以写成“DD:=H >(C *1.036) && H >(O *1.05);”。可以比较一下“收盘价 C 小于最高价 H 的 96.5% 并且最高价 H 大于开盘价 O 的 105%”与“最高价 H 大于收盘价 C 的 103.6% 并且最高价 H 大于开盘价 O 的 105%”,虽然它们的含义一样,但后者读起来很顺畅。

剑形态描述的是一条剑形状的 K 线,以及它与之前两条 K 线的关系。此条 K 线(K0)的上影线长于下影线的两倍(句子 FF),有下影线(句子 EE 的前半句),下影线大于实体的 1/2(句子 GG),要求上影线长至少 3.6%,C<H*96.5% 和 H>O*105%(句子 DD),今日放量或换手率 >10%(句子

AA);今日 H> 前 1 日 H1*106%(句子 EE 的后半句),今日无大跌,今日 C> 前 1 日 C1*99%(句子 CC);今日开盘价 O 不低于前 1 日 H1 和前 1 日 H1> 前 2 日 H2*106%,如图 6-1 所示。

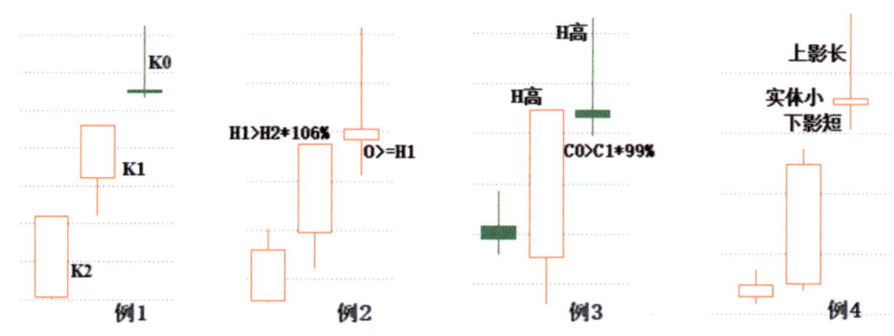

图 6-1　剑形态的 4 个例子

清楚了对 K 线的具体数字要求,以及 K 线相互之间的关系后,就可以开始分步骤编写公式统一系统中的各个公式了。

1. 编辑公式

编辑公式把每一个小步骤都显示出来,让我们直观地看到、核对编写的情况。它采用层层渐高的显示方法,可以同时显示各个步骤的曲线。

SWORD 编辑

```
FANGLIANG:=V>REF(V,1)OR HSL>10;{放量}
FANGLXS:FANGLIANG+0.1,COLORRED;{放量显示}
SHANGYINGCHANG:=H>C*1.0362 AND H >O*1.05;{上影长}
SHANGYCXS:SHANGYINGCHANG+0.2,COLORLIRED;{上影长显示}
SHANGYINGDA:=(H-MAX(C,O))>(MIN(C,O)-L)*2;{上影大下影2倍}
SHANGYDXS: SHANGYINGDA+0.3,COLORYELLOW;{上影大显示}
SHITIXIAYING:=(MIN(C,O)-L)>ABS((C-O))/2;{下影和实体}
SHTXIAYXS:SHITIXIAYING+0.4,COLORGREEN;{下影和实体显示}
YOUXIAYING:=O>L AND C>L;{有下影}
YOUXYXS:YOUXIAYING+0.5,COLORBLUE;{有下影显示}
WUDADIE:=C>REF(C,1)*0.99;{无大跌}
WUDADIEXS:WUDADIE+0.6,COLORMAGENTA;{无大跌显示}
GAOKAI:=O>=REF(H,1);{高开}
GAOKAIXS:GAOKAI+0.7,COLORBROWN;{高开显示}
H1GAO:=REF(H,1)>REF(H,2)*1.06;{H1高}
H1GAOXS:H1GAO+0.8,COLORGRAY;{H1高显示}
SWORD:=FANGLIANG AND SHANGYINGCHANG AND SHANGYINGDA AND
SHITIXIAYING AND YOUXIAYING AND WUDADIE AND GAOKAI AND H1GAO;{要
求总和}
SWORDXS: SWORD +2.1, COLORRED; {总和显示}
```

打开公式管理器，选择技术指标公式组中的一个类型节点，如【其他类型】，单击【新建】按钮，在打开的指标公式编辑器中编写公式，写好后单击【确定】按钮，如图 6-2 所示。

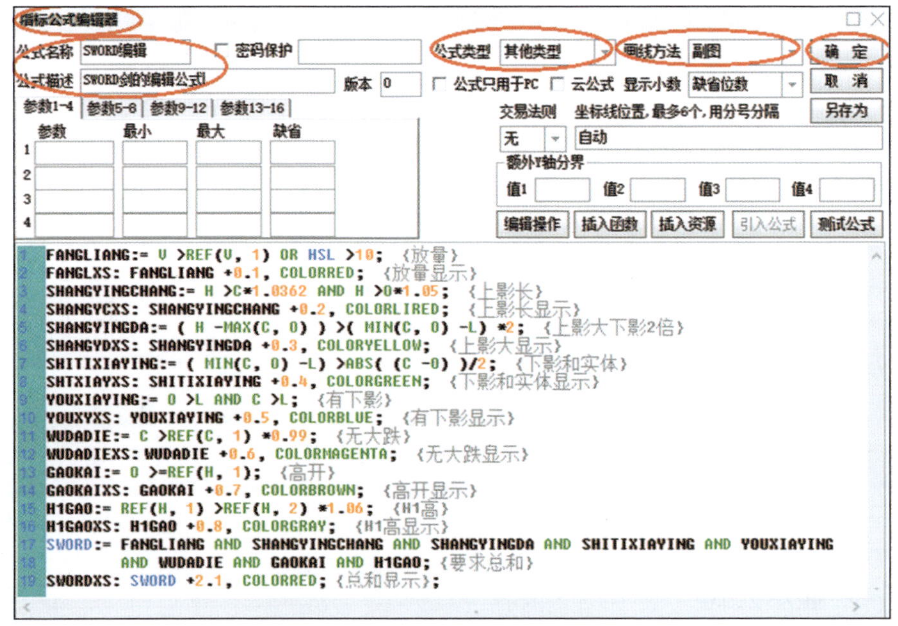

图 6-2　SWORD 编辑公式的编写

把新公式引入副图区，同时把五彩 K 线 SWORD 公式引入主图区做系统指示，如图 6-3 所示。可以看到，总要求显示线（上边的红色线）显示的位置与五彩 K 线的显示位置对应一致。下边共有 7 条线，分别对应于 7 个小要求，当 K 线不满足要求时（为假、=0），数值范围为 0.1~0.8；当 K 线满足要求时（为真、=1），数值范围为 1.1~1.8。当所有小要求都满足（都为真）时，满足了总要求，总要求出现峰值 3.1。当任何一个小要求都不满足时，它相对应的显示线就在低位（为假、=0），总要求也就在低位（为假、=0）。

以 2022 年 12 月 6 日（周二）的 K 线为例，符合要求 1 放量，红色线高位 1.1；不符合要求 2 上影线长，淡红色线低位 0.2；符合要求 3 上影大，黄色线高位 1.3；不符合要求 4 实体下影比例，绿色线低位 0.4；符合要求 5 有下影，蓝色线高位 1.5；符合要求 6 无大跌，紫色线高位 1.6；不符合要求 7 高开，棕色线低位 0.7；不符合要求 8 H1 高很多，灰色线低位 0.8；自然也不会符合总要求 SWORD，红色线低位 2.1。

图 6-3 SWORD 编辑公式显示图形

2. 显示公式

显示公式是技术指标公式，仅仅显示必要的线、标记和提示，把不必要的都去除或隐藏起来。有了编辑公式，只需以它为基础，根据需要加以修改后，另存为显示公式“SWORD 显示”即可。

SWORD 显示

```
    FANGLIANG:=V>REF(V,1)OR HSL >10;{放量}
    SHANGYINGCHANG:=H >C*1.0362 AND H >O*1.05;{上影长}
    SHANGYINGDA:=(H-MAX(C,O))>(MIN(C,O)-L)*2;{上影大下
影2倍}
    SHITIXIAYING:=(MIN(C,O)-L)>ABS((C-O))/2;{下影和实体}
    YOUXIAYING:=O >L AND C >L;{有下影}
    WUDADIE:=C >REF(C,1) *0.99;{无大跌}
    GAOKAI:=O >=REF(H,1);{高开}
    H1GAO:=REF(H,1)>REF(H,2)*1.06;{H1高}
    SWORD:FANGLIANG AND SHANGYINGCHANG AND SHANGYINGDA AND
SHITIXIAYING AND YOUXIAYING AND WUDADIE AND GAOKAI AND H1GAO,
COLORRED;{要求总和}
    SWORDSM:DRAWTEXT(SWORD,SWORD,'剑'),COLORBLUE;{SWORD说明}
```

把“SWORD 显示”公式引入副图区显示，如图 6-4 所示。

图 6-4　“SWORD 显示”公式显示图形

公式“SWORD 显示”的显示图形很简洁，只有必要的显示，再加上一个简单的文字作为说明。

3. 排序公式

排序公式可用于“报表分析”中的“历史行情·指标排序”，按照公式的输出指标给出股票列表，其中的各个指标都可以按升序或降序排列。利用这个功能在公式中加入专用的语句，就可以实现选股功能，起到与条件选股公式一样的作用。

以显示公式为基础可以很容易地编写排序公式：选择所需的信号，加入 BARSLAST 语句，适当修改后，另存为“SWORD 排序”即可。

SWORD 排序

```
FANGLIANG:=V>REF(V,1)OR HSL >10;{放量}
SHANGYINGCHANG:=H >C*1.0362 AND H >O*1.05;{上影长}
SHANGYINGDA:=(H-MAX(C,O))>(MIN(C,O)-L)*2;{上影大下影2倍}
SHITIXIAYING:=(MIN(C, O) -L)>ABS((C-O))/2; {下影和实体}
YOUXIAYING:=O >L AND C >L;{有下影}
WUDADIE:=C >REF(C,1)*0.99;{无大跌}
GAOKAI:=O >=REF(H,1);{高开}
H1GAO:=REF(H, 1) >REF(H, 2) *1.06;  {H1高}
SWORD:=FANGLIANG AND SHANGYINGCHANG AND SHANGYINGDA AND
```

```
SHITIXIAYING AND YOUXIAYING AND WUDADIE AND GAOKAI AND H1GAO,
 COLORRED; {要求总和}
    SWORDPAIXV:BARSLAST(SWORD),COLORBLUE;{剑K线的日数排序}
```

把“SWORD 排序”引入副图区显示,如图 6-5 所示。

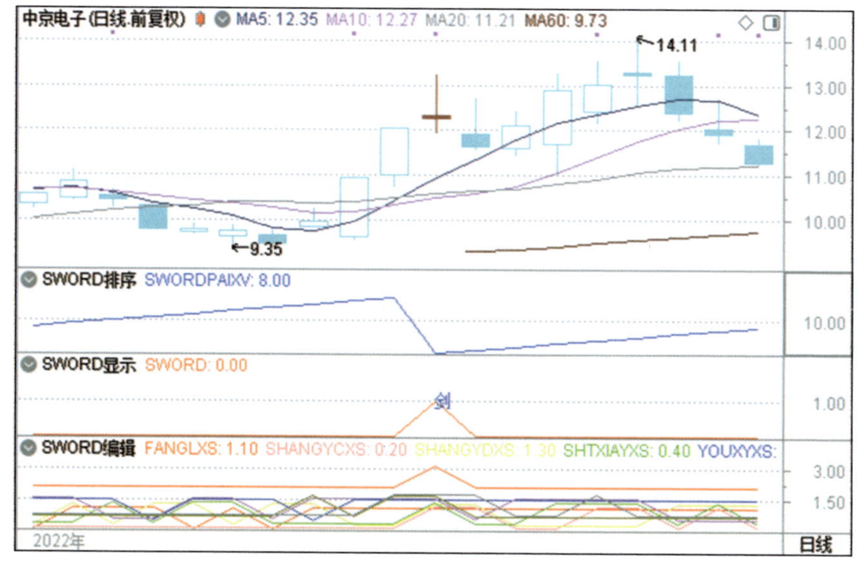

图 6-5 “SWORD 排序”公式显示图形

可以看到,排序公式的输出 SWORDPAIXV 值在信号那日为 0,代表信号出现当日;在 2022 年 12 月 29 日为 8,代表信号出现后已经第 8 日了。如果把其他股票的 SWORDPAIXV 也列出来,也就知道它们都在哪一日出现过信号了,用“历史行情·指标排序”即可实现这一功能。

SWORD 排序用于选股:

方法为选择【系统】→【报表分析】→【历史行情·指标排序】命令,在弹出的界面中右击空白处,在弹出的快捷菜单中选择【更改】→【附加排序指标】命令,在弹出的对话框中选择【SWORD 排序】,单击【确定】按钮。几分钟后,即可完成对沪、深 A 股近 5 000 只个股的排序,给出列表,如图 6-6 所示。

在列表中,排在第 10 位的是中京电子,SWORDPAIXV 值为 8,也就是在前第 8 日出现剑信号,与图 6-5 所示的公式“SWORD 显示”“SWORD 排序”“SWORD 编辑”给出的信号一致。再看排在第 1 位的祥源文旅,SWORDPAIXV 值为 0,也就是今日(2022 年 12 月 29 日)出现剑信号;SWORDPAIXV 值为 0 的只有一只股票,也就是今日只有一只股票出现剑信号。

历史行情.指标排序 沪深A股 周期: 日线 日期: 2022-12-29,四 指标: SWORD排序 使用1000个数据 前复权

	代码	名称		涨幅%	收盘	成交量	总金额	SWORDPAIXV ↑
1	600576	祥源文旅		4.21	7.42	707270	5.34亿	0.000
2	000615	奥园美谷		10.00	8.58	904736	7.39亿	1.000
3	001236	弘业期货	N	-7.79	14.67	409491	6.10亿	1.000
4	002687	乔治白		-0.61	4.87	457342	2.20亿	1.000
5	002431	棕榈股份	R	-1.66	2.96	642212	1.92亿	2.000
6	000929	兰州黄河		-4.89	11.87	359243	4.25亿	4.000
7	002607	中公教育	R	-1.05	4.71	172.4万	8.15亿	4.000
8	600636	国新文化	R	-3.06	9.49	131507	1.26亿	4.000
9	000953	河化股份		-0.42	7.12	205240	1.43亿	8.000
10	002579	中京电子	R	-5.46	11.25	958276	11.0亿	8.000
11	002621	美吉姆	R	0.00	4.25	426163	1.82亿	9.000
12	000524	岭南控股	R	-4.29	11.60	196191	2.31亿	10.000
13	002094	青岛金王		3.81	4.36	741718	3.17亿	10.000
14	002449	国星光电	R	-2.78	8.40	221858	1.90亿	10.000

图 6-6　“SWORD 排序”公式指标排序

打开祥源文旅的显示画面，如图 6-7 所示。祥源文旅今日 (2022 年 12 月 29 日) 出现了剑信号，SWORD 排序 =0，SWORD 显示 =1。再看看前 1 日的 K 线，SWORDPAIXV=607，说明祥源文旅上一次出现剑信号是在前 607 日，已经是两年多之前了，看来剑信号是一个不常出现的信号，要求还是很高的。

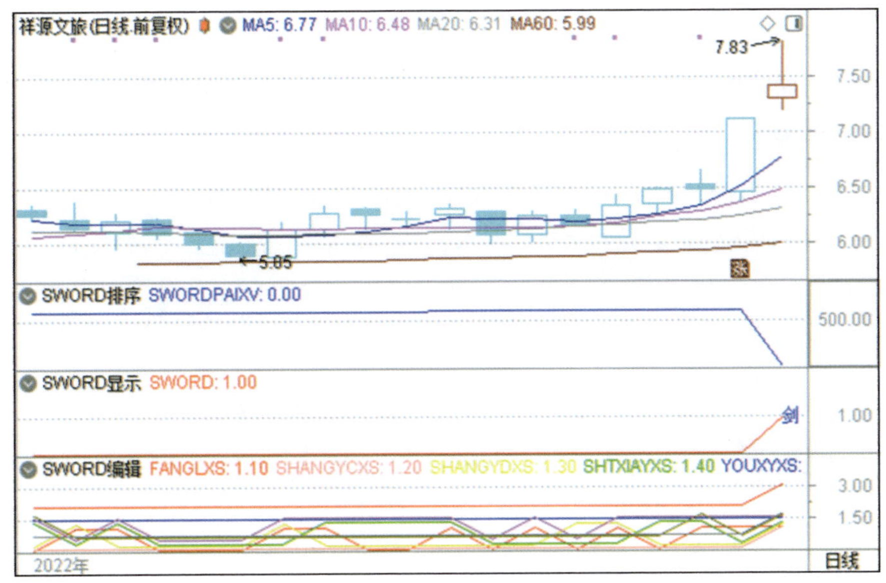

图 6-7　祥源文旅的 SWORD 排序

练习到这里，我们应该对公式统一系统有些感觉和信心了，公式全部是技术指标公式，“另存为”使得公式相互之间的改编非常容易，还能起到选股作用，并且能给出完整的信号时间列表，有点超过条件选股公式的功能了。

4. 主图标记公式

把公式的画线方法设置为"主图叠加",就能在主图区的 K 线上标识出信号的位置,起到相当于专家系统公式、五彩 K 线公式的作用。当然,除了选择"主图叠加",还需要对公式进行相应的改动。

以"SWORD 显示"公式为基础,编写 SWORD 主图标记公式"SWORD 主图"。

SWORD 主图

```
FANGLIANG:=V >REF(V,1)OR HSL >10;{放量}
SHANGYINGCHANG:=H >C*1.0362 AND H >O*1.05;{上影长}
SHANGYINGDA:=(H -MAX(C,O))>(MIN(C,O)-L)*2;{上影大下影2倍}
SHITIXIAYING:=(MIN(C, O)-L)>ABS((C -O))/2;{下影和实体}
YOUXIAYING:=O >L AND C >L;{有下影}
WUDADIE:=C >REF(C, 1) *0.99;{无大跌}
GAOKAI:=O >=REF(H, 1);{高开}
H1GAO:=REF(H,1)>REF(H,2)*1.06;{H1高}
SWORD:=FANGLIANG AND SHANGYINGCHANG AND SHANGYINGDA AND
SHITIXIAYING AND YOUXIAYING AND WUDADIE AND GAOKAI AND H1GAO,
COLORRED; {要求总和}
SWORDIC: DRAWICON(SWORD, L, 24); {标识图标}
SWORDSM: DRAWTEXT(SWORD, H, '剑'), COLORBLUE; {文字说明}
```

编写好内容后,修改公式名称为"SWORD 主图",修改公式描述为"SWORD 剑的主图标记公式",选择画线方法为【主图叠加】,单击【另存为】按钮,完成新公式的编写。

把公式"SWORD 主图"引入主图区显示,如图 6-8 所示。

图 6-8 "SWORD 主图"公式显示图形

“SWORD 主图”公式在 K 线上标识出了信号的位置，与公式“SWORD 显示”“SWORD 排序”“SWORD 编辑”给出的信号一致。“SWORD 主图”公式起到了专家系统公式和五彩 K 线公式的部分作用，可以在主图区标识参考信号。

5. 交易公式

交易公式可以起到专家系统公式的作用，它既可以叠加到主图区标识参考信号，也可以用于程序交易评测系统。它的编写也很方便，只需以显示公式为基础，加以改写后，另存为即可，都在技术指标公式组内完成，不必跨组增加参数输入的麻烦。

交易公式的特点是前面全部是中间句，最后使用“交易信号函数”作为输出。交易信号函数 BUY、SELL、SELLSHORT、BUYSHORT、SELL_SELSHORT、BUY_BUYSHORT、AUTOFILTER 都可以使用。需要注意的是，AUTOFILTER 是自动过滤交易信号函数，其作用是对交易信号进行过滤，去除连续重复相同方向的信号，使输出的信号能够呈现相互间隔状。例如，如果出现连续的 BUY 信号，那么 AUTOFILTER 会只保留第一个 BUY 信号，把后面的 BUY 信号都省略，直到出现 SELL 信号。

注意：如果交易公式只写了一个输出，则不可以使用 AUTOFILTER 函数。为了避免用错，在一般情况下，尽量不要使用 AUTOFILTER 函数。

现在，以“SWORD 显示”公式为基础，编写交易公式“SWORD 交易”。

SWORD 交易

```
    FANGLIANG:=V >REF(V,1)OR HSL >10;{放量}
    SHANGYINGCHANG:= H >C*1.0362 AND H >O*1.05;{上影长}
    SHANGYINGDA:=(H -MAX(C,O))>(MIN(C,O)-L)*2;{上影大下
影2倍}
    SHITIXIAYING:=(MIN(C,O)-L)>ABS((C-O))/2;{下影和实体}
    YOUXIAYING:=O >L AND C >L;{有下影}
    WUDADIE:=C >REF(C,1)*0.99;{无大跌}
    GAOKAI:=O >=REF(H,1);{高开}
    H1GAO:=REF(H,1)>REF(H,2)*1.06;{H1高}
    SWORD:=FANGLIANG AND SHANGYINGCHANG AND SHANGYINGDA AND
SHITIXIAYING AND YOUXIAYING AND WUDADIE AND GAOKAI AND H1GAO,
COLORRED;{要求总和}
    BUY(SWORD,L);
```

在指标公式编辑器中进行编辑，修改公式名称为“SWORD 交易”，画线方法选【副图】，编写好公式内容，另存即可。如果选择画线方法为【主图叠加】，那么公式一样可以使用，但不能直接引入副图区显示。

把“SWORD 交易”公式引入主图区，方法为右击主图区空白处，在弹出的快捷菜单中选择【主图指标】→【叠加其他指标】命令，在弹出的对话框中选择【其他类型】下的【SWORD 交易】，单击【确定】按钮。同时把“SWORD 交易”公式引入副图区显示，如图 6-9 所示。

图 6-9 “SWORD 交易”公式显示图形

公式“SWORD 交易”在主图区的 K 线上标识出了信号的位置，在副图区的相应位置上也做出了标记，与公式“SWORD 显示”“SWORD 编辑”给出的信号一致。

SWORD 交易公式可以用于程序交易评测系统，方法为选择【公式】→【程序交易评测系统 】命令，在弹出的对话框中先切换至【评测公式】选项卡，选择【SWORD 交易】，再设置建仓规则、交易方式、平仓规则、评测品种、设置报告、下载数据等内容后，即可开始评测，如图 6-10 所示。

至此，我们把一个公式写成全部在一个公式组（技术指标公式组）中的 5 种公式，形成一个公式统一系统，可以完成 4 个公式组的功能，即显示、指示、选股、评测，基本已经完整了。但还有一件事没有做，即输出（用于其他公式引用）。

所以，我们还得再加上一个输出公式，让公式的内容可以被其他公式引用，以实现公式编写的简单、快捷。

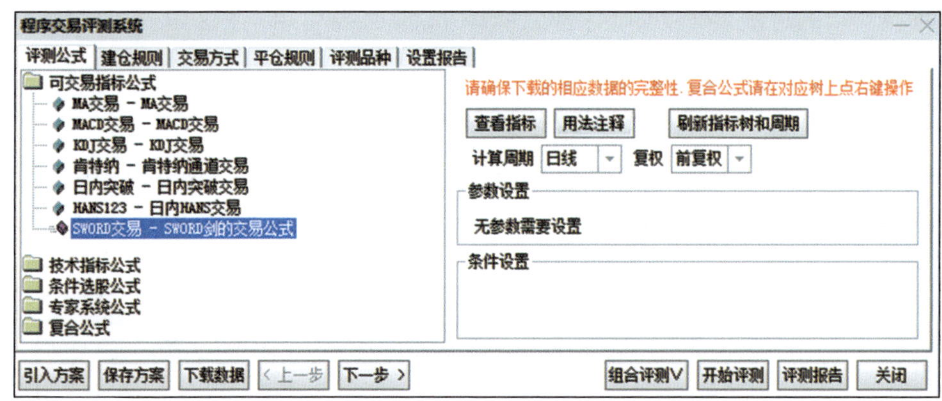

图 6-10　“SWORD 交易”公式程序交易评测系统

6. 输出公式

一个公式的内容可以被其他公式引用，以实现公式编写的简单、快捷，但要求这个公式有那个要被引用的输出才行，如果是中间语句，就不能引用。由于简洁、清晰的要求和数值相近（可以适合同一个坐标尺）的要求，有些输出是不能被放在显示公式中的。为了可以被引用，或者需要引用而又没有那个输出时，就需要编写一个输出公式了。

以显示公式为基础，输出公式的编写就简单多了，把中间句都改成输出句就行了。但这样一来，输出公式的副图显示基本上是没法看了，或乱作一团，或偏上偏下，好在对输出公式没有显示要求。

SWORD 输出

```
    FANGLIANG:V >REF(V,1)OR HSL >10;{放量}
    SHANGYINGCHANG:H >C*1.0362 AND H >O*1.05;{上影长}
    SHANGYINGDA:(H -MAX(C,O))>(MIN(C,O)-L)*2;{上影大下影2倍}
    SHITIXIAYING:(MIN(C,O)-L)>ABS((C-O))/2;{下影和实体}
    YOUXIAYING:O >L AND C >L; {有下影}
    WUDADIE:C >REF(C, 1) *0.99;{无大跌}
    GAOKAI:O >=REF(H, 1);{高开}
    H1GAO:REF(H,1) >REF(H,2)*1.06;{H1高}
    SWORD:FANGLIANG AND SHANGYINGCHANG AND SHANGYINGDA AND
SHITIXIAYING AND YOUXIAYING AND WUDADIE AND GAOKAI AND H1GAO,
COLORRED;{要求总和}
    SWORDSM:DRAWTEXT(SWORD,SWORD,'剑'),COLORBLUE;{文字说明}
```

修改公式名称为“SWORD 输出”，编写好内容，另存即可。

想必各位读者也都看得出来，这个公式的输出，除了 SWORD 句，不会有被引用的可能。确实如此，都太简单了，没必要引用，在这里仅仅是为了举个例子。

输出的文字也可以被引用。之前写过一个公式“KDJ 文字说明”，如果在那个公式的最后加上一句引用句“JIAN: SWORD 显示.SWORDSM, COLORRED;”，再引入副图区显示，就会看到引用的文字，如图 6-11 所示。

图 6-11　SWORD 输出和引用

可以看到，“SWORD 输出”公式的显示是没法看的，像竹篱笆，但是可以被引用。“KDJ 文字说明”公式中加了引用句，在相应的位置上就出现了标识文字“剑”。

至此，已经完成了SWORD 剑的公式统一系统，全部在技术指标公式组中，共有 6 个公式，即 SWORD 编辑、SWORD 显示、SWORD 排序、SWORD 主图、SWORD 交易、SWORD 输出。作为讲解，把 6 个公式全写了，而在实际工作中，根据需要编写相应的公式即可。

如果你也仔细做了这些练习，在公式管理器中就会有排列整齐的这 6 个公式，如图 6-12 所示。

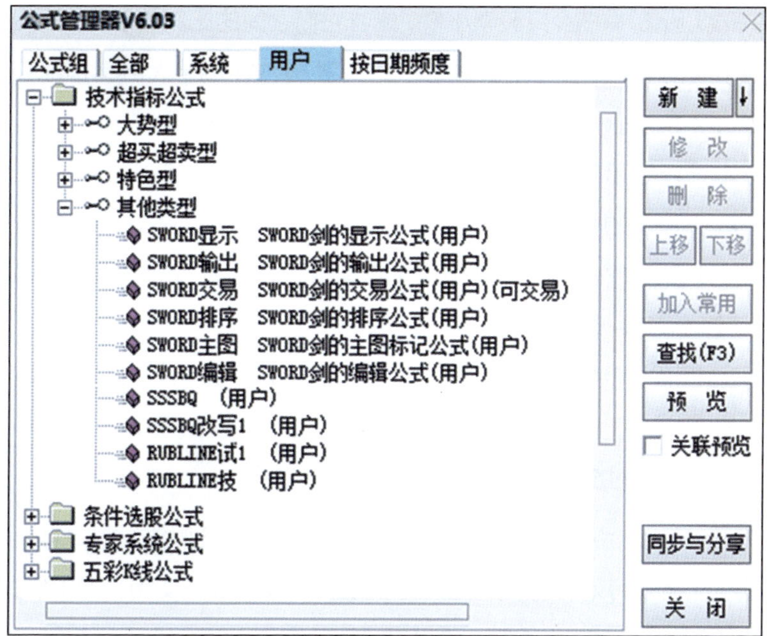

图 6-12　SWORD 公式统一系统

二、个股与全体个股

提一个问题：你知道在今天股市全体个股近 5 000 只股票之中，有多少只个股的 20 日均线上穿 60 日均线吗？或者有多少只个股的 K 线上穿 D 线（KDJ）吗？

股指期货投资者及大盘走势研究者对上面的问题可能会有自己的答案或想法，但更多的人还没有找到好的、快速的解决方法。现在来研究一下这个问题，希望能找出较好的解决方法。

股指期货与商品期货不同。商品期货有各自单一的实物形态商品作为标的物，它的分析与个股的分析相似。股指期货的标的物是它所包含的全体样本股的指数，虽然单单的指数分析也类似于个股的分析，但深层次的是这些样本股的涨跌，所以对样本股上涨或下跌数量的分析及走势分析就有了深层次的意义。

技术指标公式组中的大势型有 9 个股票公式，可用在指数的 K 线图上，指示有多少只股票上涨、有多少只股票下跌，或者它们之间的比例关系。如果把这 9 个公式用到个股的 K 线图上，则会显示一行文字“公式: ### 大势型指标只能用于沪深指数”，不能用。

这些公式只使用两个基本函数 ADVANCE 和 DECLINE。ADVANCE 代表这个指数所包含的全部个股的上涨家数，DECLINE 代表这个指数所包含的全部个股的下跌家数。但是，公式中连平盘家数的数字都没有，更别提有关均线、K 值、D 值等中等层次的问题了。

股票公式可以解决或部分解决这个问题，这对股指期货投资会有所帮助。

1. 全部个股的涨跌问题

ADVANCE(上涨家数)和 DECLINE(下跌家数)的用法说明中有一条:“本函数仅对沪深指数有效”。所以，这两个函数可能会有很多使用上的限制，但具体情况也只有试试才知道。先编写一个公式“涨跌家数”来试试。

涨跌家数如图 6-13 所示。

```
上涨:ADVANCE,COLORRED;
下跌:DECLINE,COLORGREEN;
全部:MAX(MA((ADVANCE+DECLINE),20),ADVANCE+DECLINE),NODRAW;
```

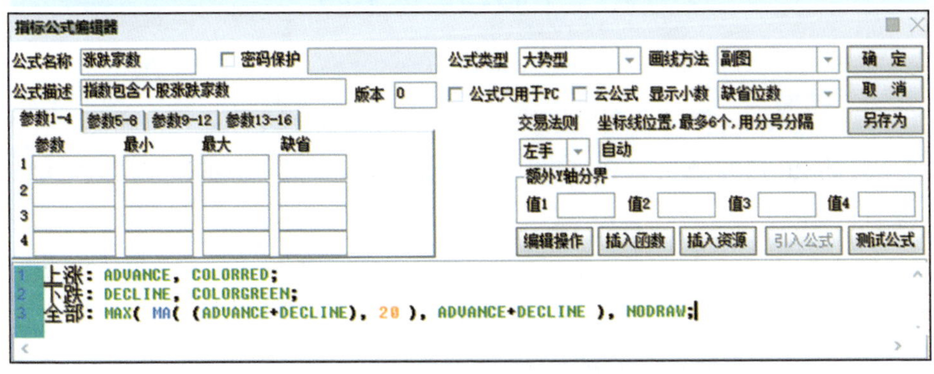

图 6-13 “涨跌家数”公式内容

注: 这个“全部”略少于实际的全部股票家数，因为不知道平盘家数，并且该数值每天都在变化，所以暂时用平均值作为大致的家数数值。

把公式“涨跌家数”引入副图区显示，并引入 ABI、BTI 公式，如图 6-14 和图 6-15 所示。对于上证指数，可以显示出 ABI 的两条曲线、BTI 的两条曲线，以及涨跌家数的两条曲线和“全部”数值。当用于 IF 标的沪深 300 指数时，却遇到了困难，不能显示，并告知“公式：### 大势型指标只能用于沪深指数”。“涨跌家数”公式也都是 0 值，不适用。之前提到 ADVANCE 和 DECLINE 函数仅对沪深指数有效，看来它们的应用范围还是很有限的，得另想办法。

图 6-14　上证指数的指标显示

图 6-15　IF 标的沪深 300 指数的指标显示

有人会提出，使用股票列表中的“涨幅 %”或“61”等来个排名就可以了。确实，这样做虽能解决当时和当日的涨跌家数问题，但是不能解决有关 20 日、60 日均线的问题，也不能解决以前涨跌家数的问题。问题往往不是单一的，而是连在一起的，所以在更多的时候要求我们努力找到解决问题的共同的、长远的、系统的方法，这样才能较好地解决问题。

用历史行情·指标排序的方法来解决股票涨跌家数的问题

下面再编写一个简单的公式“ZDJS 排序”。

ZDJS 排序如图 6-16 所示。

```
ZHANGDIEFU: ( C -REF(C, 1) )/REF(C, 1)*100, COLORRED;
```

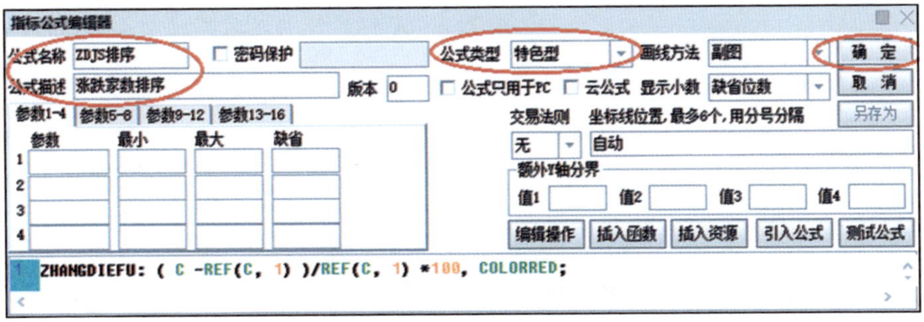

图 6-16　“ZDJS 排序”公式内容

这就是一个简单的涨幅公式，但用到指标排序中，它就会有更大的作用。

现在，我们用它来对 IF 股指期货的全部标的股沪深 300 板块进行历史行情·指标排序，方法如下：

（1）进入指标排序。选择【系统】→【报表分析】→【历史行情·指标排序】命令，这时软件已经开始排序，但这可能不是我们想要的，可以单击【取消】按钮停止排序，右击空白处，进入右键操作。

（2）更改排序指标。选择【更改排序指标】命令，在弹出的对话框中选择【ZDJS 排序】，单击【确定】按钮，也可以根据需要选择【附加排序指标】命令，如图 6-17 所示。

（3）选择排序日期。选择【选择交易日】命令，在弹出的对话框中填写好日期，单击【确定】按钮，如图 6-18 所示。

（4）选择排序的股票范围或板块。在列表下面的选项卡中选择自己需要的股票范围，如 IF 沪深 300。

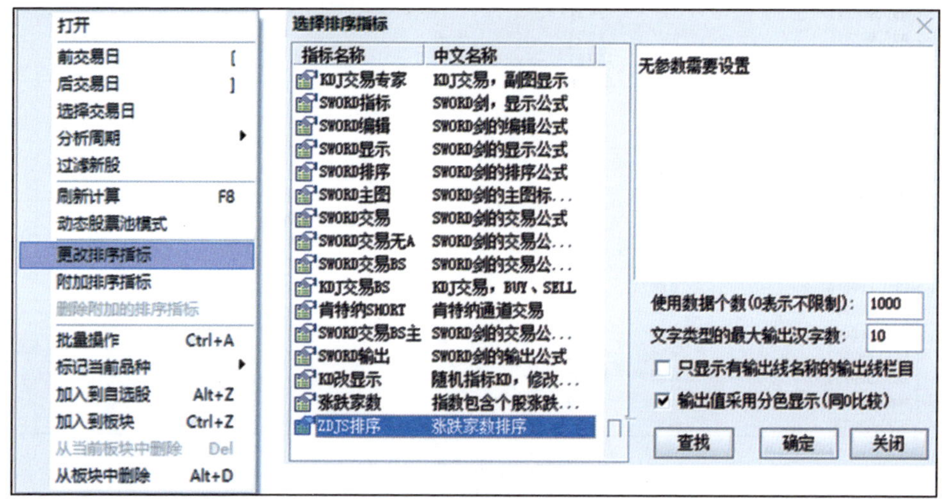

图 6-17　“ZDJS 排序”指标更改

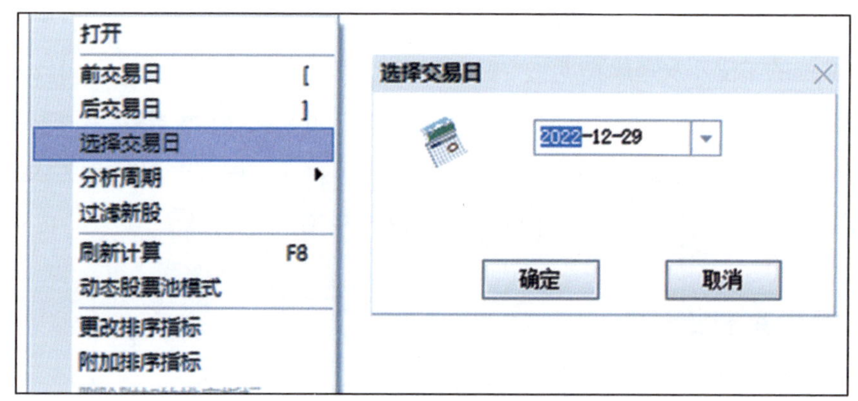

图 6-18　“ZDJS 排序”选择交易日

（5）按【F8】键，刷新计算。

“ZDJS 排序”公式排序结果如图 6–19 所示。可以看到，在沪深 300 指数板块中的 300 家股票中，用公式“ZDJS 排序”按照指标 ZHANGDIEFU 进行排序，共有 96 家上涨，8 家平盘，196 家下跌。这个结果与列表前面的条目“涨幅 %”的排序相同，一方面印证了“ZDJS 排序”公式的排序结果是正确的，另一方面显得“ZDJS 排序”公式好像有些多余。但是，如果遇到复杂一些的项目，那么这类公式就变得很有必要了。

历史行情.指标排序 沪深300 周期: 日线 日期: 2022-12-29,四 指标: ZDJS排序 使用1000个数据 前复权 点右键操作 F8刷新计算

	代码	名称		涨幅%	收盘	成交量	总金额	ZHANGDIEFU ↓
89	600111	北方稀土	R	0.08	25.31	212313	5.38亿	0.079
90	002916	深南电路	R	0.07	72.39	9040	6546万	0.069
91	002049	紫光国微	R	0.06	133.93	63822	8.57亿	0.060
92	002594	比亚迪	R	0.05	254.76	72256	18.4亿	0.055
93	600309	万华化学	R	0.05	92.91	79152	7.33亿	0.054
94	603369	今世缘	R	0.04	50.92	81249	4.12亿	0.039
95	300595	欧普康视	R	0.03	35.71	128944	4.64亿	0.028
96	000538	云南白药	R	0.02	54.25	29151	1.58亿	0.018
97	601901	方正证券	R	0.00	6.35	119159	7541万	0.000
98	601615	明阳智能	R	0.00	25.66	199874	5.12亿	0.000
99	601169	北京银行	R	0.00	4.29	374183	1.59亿	0.000
100	600025	华能水电	R	0.00	6.54	144463	9456万	0.000
101	600016	民生银行	R	0.00	3.43	501287	1.72亿	0.000
102	600015	华夏银行	R	0.00	5.18	199088	1.03亿	0.000
103	300408	三环集团	R	0.00	31.00	109278	3.38亿	0.000
104	002027	分众传媒	R	0.00	6.55	724599	4.83亿	0.000
105	300750	宁德时代	R	-0.01	393.96	98975	39.1亿	-0.010
106	002410	广联达	R	-0.02	59.25	33204	1.97亿	-0.017
107	688981	中芯国际	K	-0.02	40.89	64762	2.65亿	-0.024

图 6-19　“ZDJS 排序”公式排序结果

2. 全部个股的均线问题

我们的某位朋友是股指期货专业投资人，对股指期货的走势技术研讨较为深刻，除了股指本身的走势，还研讨股指所包含的全部个股的上涨家数、下跌家数，更进一步到 20 日均线上涨的家数、20 日均线高于 60 日均线的家数等趋势因素。采用排序公式的方法可以较为便利地得到这些数据。采用的公式是“ZDJS 排序均线”。

ZDJS 排序均线

ZDJS 排序均线如图 6-20 所示。

```
ZHANGDIEFU:(C-REF(C,1))/REF(C,1)*100,COLORRED;{涨跌幅}
MA20:=MA(C,M20),COLORLIRED;
MA60:=MA(C,M60),COLORYELLOW;
MA20SHENG:MA20>REF(MA20,1),COLORGREEN;{20日均线升}
MA20OVMA60:MA20>MA60,COLORBLUE;{20日OVER（高）60日均线};
```

参数设置

M20：最小为 1，最大为 100，默认为 20。

M60：最小为 5，最大为 300，默认为 60。

用新公式“ZDJS 排序均线”进行指标排序

先把公式“ZDJS 排序均线”加入指标排序中，方法为在【历史行情·指标排序】画面中右击空白处，在弹出的快捷菜单中选择【更改排序指标】命令，在弹

出的对话框中选择【ZDJS 排序均线】，调整参数，勾选【输出值采用分色显示（同 0 比较）】复选框，单击【确定】按钮，如图 6-21 所示。

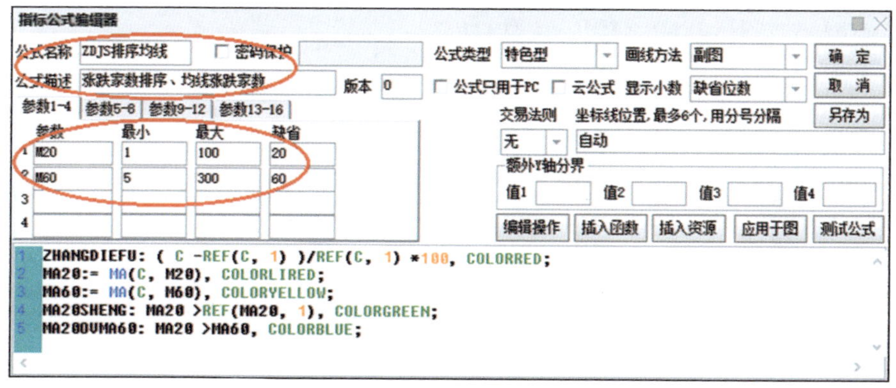

图 6-20　"ZDJS 排序均线"公式内容

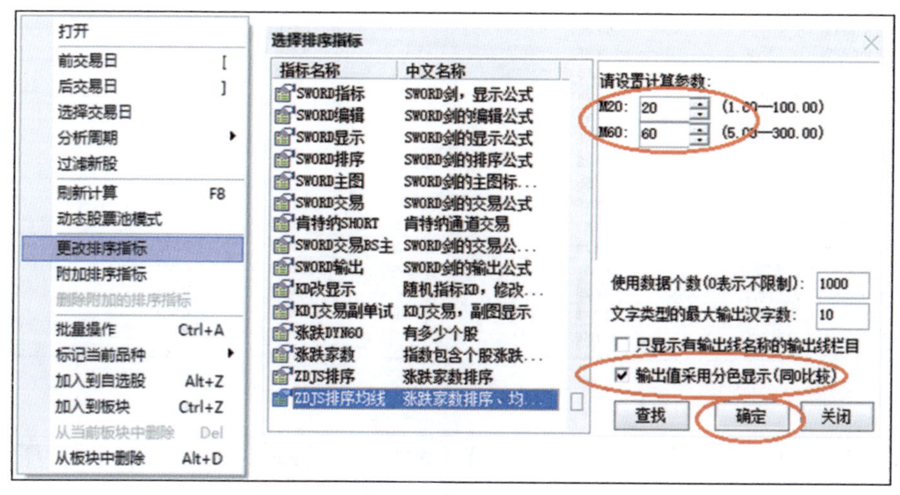

图 6-21　"ZDJS 排序均线"指标更改

按【F8】键刷新计算，得到排序后的股票列表，如图 6-22 和图 6-23 所示。

单击列表中的指标名称，可以得到以这个指标为准的升序或降序排序结果。图 6–22 为以指标 MA20SHENG（20 日均线上升）为准的降序排序结果。MA20SHENG 的输出是逻辑判断句，当 20 日均线上升时，为 1；当 20 日均线下降时，为 0。当然，平值时也为 0，但可以不考虑平值，因为计算机在计算 20 日均线时会保留小数点后很多位，平值的情况极少。图 6–22 中以降序排序，前面的都是 1，共有包含中兴通讯的 86 家股票的 20 日均线是上升的。沪深 300 指数板块共有 300 家股票，也就是 20 日均线下降的股票有 214 家。

历史行情.指标排序 沪深300 周期: 日线 日期: 2022-12-29,四 指标: ZDJS排序均线(20,60) 使用1000个数据 前复权 点右键操作 F8刷新计算

	代码	名称		涨幅%	收盘	成交量	总金额	ZHANGDIEFU	MA20SHENG↓	MA20OVMA60
81	000858	五粮液	R	-0.79	178.75	168505	30.0亿	-0.794	1.000	1.000
82	000733	振华科技	R	1.72	115.50	34812	4.02亿	1.717	1.000	0.000
83	000596	古井贡酒	R	0.50	269.34	12110	3.24亿	0.500	1.000	1.000
84	000568	泸州老窖	R	-2.29	219.17	80775	17.7亿	-2.287	1.000	1.000
85	000333	美的集团	R	-0.61	51.73	119951	6.20亿	-0.615	1.000	1.000
86	000063	中兴通讯	R	1.47	25.55	209923	5.34亿	1.469	1.000	1.000
87	688981	中芯国际	K	-0.02	40.89	64762	2.65亿	-0.024	0.000	1.000
88	688599	天合光能	K	0.77	63.20	128514	8.12亿	0.765	0.000	0.000
89	688396	华润微	K	-0.25	52.87	18594	9834万	-0.245	0.000	1.000
90	688303	大全能源	K	-1.18	47.57	34577	1.65亿	-1.184	0.000	0.000
91	688187	时代电气	K	-0.62	54.25	26363	1.42亿	-0.623	0.000	0.000
92	688169	石头科技	K	-3.20	253.51	4488	1.15亿	-3.200	0.000	1.000
93	688126	沪硅产业-U	K	-0.11	17.48	69116	1.22亿	-0.114	0.000	0.000
94	688065	凯赛生物	K	-1.17	61.58	4580	2843万	-1.172	0.000	0.000
95	688036	传音控股	K	1.18	77.31	17832	1.39亿	1.178	0.000	1.000
96	688012	中微公司	K	0.66	99.65	33970	3.38亿	0.657	0.000	1.000
97	688008	澜起科技	K	0.09	63.65	58289	3.70亿	0.094	0.000	1.000

图 6-22 “ZDJS 排序均线”公式排序结果 1

历史行情.指标排序 沪深300 周期: 日线 日期: 2022-12-29,四 指标: ZDJS排序均线(20,60) 使用1000个数据 前复权 点右键操作 F8刷新计算

	代码	名称		涨幅%	收盘	成交量	ZHANGDIEFU	MA20SHENG	MA20OVMA60↓
181	000568	泸州老窖	R	-2.29	219.17	80775	-2.287	1.000	1.000
182	000538	云南白药	R	0.02	54.25	29151	0.018	0.000	1.000
183	000425	徐工机械	R	-1.18	5.01	209922	-1.183	0.000	1.000
184	000338	潍柴动力	R	-0.20	10.13	188346	-0.197	0.000	1.000
185	000333	美的集团	R	-0.61	51.73	119951	-0.615	1.000	1.000
186	000166	申万宏源	R	-0.50	3.97	287235	-0.501	0.000	1.000
187	000157	中联重科	R	-0.91	5.42	138012	-0.914	0.000	1.000
188	000069	华侨城A	R	-3.65	5.28	739217	-3.650	0.000	1.000
189	000063	中兴通讯	R	1.47	25.55	209923	1.469	1.000	1.000
190	000002	万科A	R	-2.26	18.16	606869	-2.260	0.000	1.000
191	000001	平安银行	R	-0.84	13.03	666890	-0.837	0.000	1.000
192	688599	天合光能	K	0.77	63.20	128514	0.765	0.000	0.000
193	688303	大全能源	K	-1.18	47.57	34577	-1.184	0.000	0.000
194	688187	时代电气	K	-0.62	54.25	26363	-0.623	0.000	0.000
195	688126	沪硅产业-U	K	-0.11	17.48	69116	-0.114	0.000	0.000
196	688111	金山办公	K	2.93	267.00	34734	2.926	1.000	0.000
197	688065	凯赛生物	K	-1.17	61.58	4580	-1.172	0.000	0.000

图 6-23 “ZDJS 排序均线”公式排序结果 2

如果再次单击指标名称 MA20SHENG，则会得到以它为准的升序排序结果，下拉到 0 值的最后一家股票，一共是 214 家。

图 6-23 为以指标 MA20OVMA60（20 日均线大于 60 日均线）为准的降序排序结果。这个指标采用的大小判断也是一种逻辑判断，当 20 日均线高于 60 日均线时，为 1；当 20 日均线低于 60 日均线时，为 0。下拉到最后一个 1，是排在第 191 位的平安银行，也就是有 191 家股票的 20 日均线高于 60 日均线，剩余 109 家股票的 20 日均线低于 60 日均线。

需要特别注意的是，这是 2022 年 12 月 29 日的排序结果。在进行指标排序时要注意日期是否正确，如果不正确，就要通过右键快捷菜单重新【选择交易日】。

3. 全部个股的 K 线、D 线问题

指标排序可以排序逻辑值，也可以排序数值，像前面排序股票的涨幅（ZHANGDIEFU）那样，并且排序数值型指标的作用更大一些。例如，通过排序 K、D 值，可以查看板块中有多少家股票处于超买或超卖状态。

通过引用 KD 随机指标中的 K、D 值，编写一个公式“ZDJS 排均超”，给原来的公式“ZDJS 排序均线”增加一些内容。

ZDJS 排均超

```
ZHANGDIEFU: ( C -REF(C, 1) )/REF(C, 1) *100, COLORRED;  {涨跌幅}
MA20:= MA(C, M20), COLORLIRED;
MA60:= MA(C, M60), COLORYELLOW;
MA20SHENG: MA20 >REF(MA20, 1), COLORGREEN;  {20日均线升}
MA20OVMA60: MA20 >MA60, COLORBLUE;  {20日OVER（高）60日均线}
KKK: KD.K;
DDD: KD.D;
```

用新公式“ZDJS 排均超”对沪深 300 指数成分股进行排序，结果如图 6-24 和图 6-25 所示。

历史行情.指标排序 沪深300 周期: 日线 日期: 2022-12-29,四 指标: ZDJS排均超(20,60) 使用1000个数据 前复权 点右键操作 F8刷新计算

	代码	名称		涨幅%	收盘	成交量	总金额	ZHANGDIEFU	MA20SHENG	MA20OVMA60	KKK↓	DDD
1	300347	泰格医药	R	2.31	105.15	82120	8.71亿	2.306	1.000	1.000	82.617	75.455
2	603806	福斯特	R	1.20	66.86	77325	5.17亿	1.196	1.000	0.000	81.270	64.716
3	603369	今世缘	R	0.04	50.92	81249	4.12亿	0.039	1.000	1.000	81.049	75.091
4	300015	爱尔眼科	R	0.26	30.69	358020	11.0亿	0.261	1.000	1.000	80.998	71.154
5	300957	贝泰妮	Z	0.27	150.80	41436	6.24亿	0.273	1.000	0.000	80.348	72.435
6	300896	爱美客	Z	-0.18	565.00	12628	7.14亿	-0.177	1.000	1.000	80.305	72.163
7	688599	天合光能	K	0.77	63.20	128514	8.12亿	0.765	0.000	0.000	79.564	60.055
8	300595	欧普康视	R	0.03	35.71	128944	4.64亿	0.028	1.000	0.000	79.006	66.848
9	600570	恒生电子	R	2.70	40.37	126678	5.08亿	2.697	0.000	1.000	78.292	60.743
10	002311	海大集团	R	0.53	60.79	26368	1.59亿	0.529	1.000	1.000	77.810	64.539
11	300413	芒果超媒	R	-2.09	29.96	158276	4.78亿	-2.092	1.000	1.000	77.460	78.635
12	601628	中国人寿	R	-0.62	36.72	110441	4.02亿	-0.622	1.000	1.000	76.856	66.308
13	600674	川投能源	R	0.17	11.92	85957	1.02亿	0.168	1.000	0.000	76.648	56.582
14	300122	智飞生物	R	1.15	88.31	87933	7.77亿	1.145	0.000	0.000	76.405	61.292
15	688363	华熙生物	K	-0.37	135.49	32244	4.37亿	-0.368	1.000	1.000	76.212	70.559
16	600309	万华化学	R	0.05	92.91	79152	7.33亿	0.054	1.000	1.000	76.120	59.670
17	300274	阳光电源	R	-0.33	108.75	181104	19.8亿	-0.330	0.000	0.000	75.905	54.165
18	601615	明阳智能	[illegible]	0.00	25.66	199874	5.12亿	0.000	0.000	0.000	75.621	59.821

图 6-24　“ZDJS 排均超”公式排序结果 1

先看图 6-24，以 K 值为标准降序排序，IF 标的的 300 家股票中仅有 6 家的 K 值大于 80，处于超买状态；再看图 6-25，以 K 值为标准升序排序，下拉到 K<20 的位置，共有 76 家股票处于超卖状态，对照一下，相差 10 倍，是不是 IF 看多的可能性要大一点呢？

历史行情-指标排序 沪深300 周期: 日线 日期: 2022-12-29,四 指标: ZDJS排均超(20,60) 使用1000个数据 前复权 点右键操作 F8刷新计算

	代码	名称		涨幅%	收盘	成交量	总金额	ZHANGDIEFU	MA20SHENG	MA20OVMA60	KKK↑	DDD
67	601989	中国重工	R	0.57	3.50	352213	1.23亿	0.575	0.000	1.000	18.947	15.073
68	600176	中国巨石	R	1.12	13.53	244144	3.27亿	1.121	0.000	1.000	19.110	18.466
69	600048	保利发展	R	-2.34	15.01	626668	9.37亿	-2.342	0.000	0.000	19.138	23.927
70	000100	TCL科技	R	-0.80	3.70	839642	3.11亿	-0.804	0.000	0.000	19.148	20.156
71	002050	三花智控	R	0.57	21.18	197450	4.20亿	0.570	0.000	1.000	19.259	25.823
72	300207	欣旺达	R	-1.43	21.31	154361	3.32亿	-1.434	0.000	0.000	19.517	19.385
73	600183	生益科技	R	-1.29	14.54	54265	7925万	-1.290	0.000	1.000	19.600	27.670
74	601211	国泰君安	R	-0.37	13.53	128347	1.73亿	-0.368	0.000	1.000	19.777	18.469
75	002466	天齐锂业	R	0.20	80.83	186690	15.2亿	0.198	0.000	0.000	19.878	19.381
76	300769	德方纳米	R	-0.25	231.37	19629	4.58亿	-0.246	0.000	0.000	19.961	23.624
77	002008	大族激光	R	-0.27	25.60	51116	1.31亿	-0.273	0.000	0.000	20.403	19.880
78	600196	复星医药	R	0.79	35.65	220376	7.85亿	0.792	0.000	1.000	20.669	25.259
79	600233	圆通速递	R	-0.35	20.09	91224	1.84亿	-0.347	1.000	1.000	20.750	23.072
80	601319	中国人保	R	-2.31	5.08	778787	3.95亿	-2.308	0.000	1.000	20.888	18.281
81	002600	领益智造	R	-0.22	4.52	113696	5148万	-0.221	0.000	0.000	20.888	20.255
82	601878	浙商证券	R	-0.20	9.91	155308	1.53亿	-0.201	0.000	1.000	20.977	19.126
83	002064	华峰化学	R	-0.59	6.77	86487	5877万	-0.587	0.000	1.000	20.978	19.512
84	601229	上海银行	R	-0.84	5.88	134138	7883万	-0.843	0.000	1.000	21.585	19.841

图 6-25 “ZDJS 排均超”公式排序结果 2

写在最后

做了那么多年的投资，牛市、熊市、赖皮市都经历过；股票、基金、期货、期权，样样了解；基本面、技术面、消息面、政策面、跟风面转圈研究。有了充足的经历，总算可以发几句股市感言或股市闲言了。

有人说股市是政策市。问一问自己：我们能了解和消化政策吗？能跟得上政策吗？如果能，那么很好。当白酒、医药板块大涨的时候，我们都记得政策从来没有支持过白酒，并且一直要降药价让老百姓看得起病。如果不能跟上政策，那还得回来。

有人说股市是消息市。问一问自己，我们从哪里得来的消息？消息让我们赔了还是赚了？我们看到的几乎都是听消息的后悔者，还得回来。

有人说股市是跟风市。怎么跟？多数发现跟的不是风，还得回来。

回到哪里？回到基本面，回到技术面——投资永恒的话题。选股票就是选公司，基本面是公司的根本。技术不是万能的，没有技术却是万万不能的。再有就是提高效率，一天能完成过去三天才能完成的事，靠的是股票公式。基本面 + 技术面 + 股票公式 = 如虎添翼。